Brigitte und Kai Biermann

Mütter und Söhne

Wege zu einem
entspannten Miteinander

Ch. Links

Ch. Links Verlag, Berlin

Die **Deutsche Bibliothek** verzeichnet diese Publikation
in der Deutschen Nationalbibliographie; detaillierte
bibliographische Daten sind im Internet über http://dnb.ddb.de
abrufbar.

2. Auflage, September 2003
© Christoph Links Verlag – LinksDruck GmbH, März 2003
Schönhauser Allee 36, 10435 Berlin, Tel.: (030) 44 02 32-0
Internet: www.linksverlag.de; mail@linksverlag.de
Umschlaggestaltung: KahaneDesign, Berlin,
unter Verwendung eines Fotos von Herbert Schulze
Lektorat: Heike Olbrich, Andernach
Satz: Marina Siegemund, Berlin
Druck und Bindung: Friedrich Pustet, Regensburg

ISBN 3-86153-291-3

Inhaltsverzeichnis

Warum wir dieses Buch gemacht haben 9
Vorwort von Brigitte Biermann

Warum ich gemeinsam mit meiner Mutter
ein Buch machen wollte 11
Vorwort von Kai Biermann

Rebellion

Sophia: »In der Pubertät war Jakob zum Kotzen« 13
Jakob: »Man kann sich nicht ewig gut
mit seinen Eltern verstehen« 18

Dagmar: »Mich trieb die Sorge, dass er uns
völlig verloren geht« 24
Sid: »Diese Distanz hat tatsächlich Nähe geschaffen« 28

Dipl.-Psych. Michael Meyer-Krebs:
Reden oder Schweigen – Jungen grenzen sich
auch verbal ab 33

Söhne auf der Suche

Katharina: »Wichtig ist, dass er zurechtkommt« 41
Dirk: »Ich habe gegen das System rebelliert,
nicht gegen meine Eltern« 45

Maria: »Er braucht wohl sehr lange,
um herauszufinden, was er will« 52
Jamal: »Seitdem ich von ihr unabhängig bin,
verstehen wir uns viel besser« 57

Brigitte: »Ich bin froh, dass mein Sohn schwul ist«   62
Oliver und Kevin: »Mutter ist richtig aufgeblüht«   67

Dipl.-Päd. Isolde Schaugg:
Warum es Müttern schwer fällt, den Lebensweg
ihres Sohnes zu akzeptieren   73

Sorgenkinder

Evelin: »Es tut unglaublich weh, wenn der eigene
Sohn in die falsche Richtung rennt«   79
Olaf: »Ich kann nichts an meiner Vergangenheit
ändern, aber ich kann daraus lernen«   84

Renate: »Wir haben ein Leben vor Aids
und eins danach«   89
Torsten: »Ohne meine Mutter wäre ich gestorben«   95

Melanie: »Es war früh klar, dass Mike anders ist
als andere Kinder«   100
Mike: »Ich will kein Muttersöhnchen sein«   107

Dipl.-Psych. Dagmar Häuser:
Wenn Söhne aus dem Ruder laufen   112

Leben ohne Vater

Christine: »Ich hatte nie das Gefühl, wegen Peter
auf irgendwas verzichten zu müssen«   117
Peter: »Mein Vater hatte bei mir nie einen Auftritt«   122

Elisabeth: »Alexander war immer mein Kind,
nur meins«   128
Alexander: »Ein Vater hat mir immer gefehlt«   133

Dipl.-Päd. Isolde Schaugg: Allein erziehende Mütter   140

Angst vor Trennung

Regina: »Eine bewusste Abnabelung gab es
bei uns nicht«   146
Tom: »Ich habe permanent das Gefühl, mit ihr
in Kontakt zu sein«   151

Johanna: »Wir haben keine Geheimnisse
voreinander«   157
Detlef: »Wenn ich mit jemandem reden will,
rufe ich meine Mutter an«   161

Dipl.-Päd. Theo Gilbers: Ablösung und Trennung   165

Gehen und Wiederkommen

Gundula: »Kinder müssen sich wohl abgrenzen«   172
Raoul: »Sie hat Muttertierängste, aber das ist okay«   177

Viktor: »Heute denke ich viel an meine Mutter«   183

Dipl.-Psych. Wolfgang Bergmann:
Loslassen und dabei glücklich sein ist eine Lüge   189

Interview mit Brigitte und Kai Biermann:
»Heute akzeptieren wir uns, wie wir sind«   195

Adressen   204

Danksagung   207

In der erotischen Liebe vereinigen sich ein Mann und eine Frau, die bisher getrennt waren. Im Verhältnis der Mutter zu ihrem Kind ist es umgekehrt, da müssen sich zwei Wesen, die bisher eins waren, trennen. Das muss die Mutter nicht nur dulden, sie muss es sogar wünschen und fördern, darum ist es die schwierigste Form der Liebe. Hier bedeutet Geben soviel wie Hergeben.

Christine Brückner
(Aus: Das glückliche Buch der a.p.)

Mom, ich weiß, dass wir hin und wieder viel miteinander gekämpft haben, aber das bedeutet nicht, dass ich dich nicht liebe.

Marshall Mathers III., genannt Eminem

Warum wir dieses Buch gemacht haben

Es tut gut, mit Müttern über Söhne zu reden. Wir müssen nicht erst Floskeln austauschen, um zum Thema zu kommen. Für viele Frauen ist die Liebe zu ihrem Sohn die haltbarste, strapazierfähigste, längste, uneigennützigste.

Vielleicht hat diese Beziehung auch eine erotische Komponente, haben wir doch bei der Aufzucht des Knaben einen Mann im Blick, wie wir ihn uns als Partner wünschen: sensibel und stark, partnerschaftlich und familientauglich, offen und selbstbewusst. Konflikte mit dem Heranwachsenden sehen Mann-Frau-Konflikten sehr ähnlich. Nur dass wir Mütter, wenn es zwischen uns knirscht, die Schuld häufig bei uns suchen, wir wollen zwar immer perfekt sein, ganz besonders perfekt aber in Bezug auf unsere Kinder. Behauptete jemand, ich sei eine schlechte Journalistin, würde ich mich zwar heftig grämen; sagte man mir jedoch, ich sei eine schlechte Mutter, würde ich energisch protestieren.

Nur ist das mit der Erziehung so anstrengend! Welcher Sohn entspricht schon dem Idealbild seiner Mutter: spielt Klavier und Tennis, macht zielstrebig das Abitur, lernt oder studiert, findet ohne Umwege eine nette Frau, mit der er dann gut erzogene Kinder hat, auf die man als Großmutter seine Liebe und Fürsorge ausdehnen kann. Nein, sie rauchen und saufen, nehmen Drogen, ziehen sich peinliche Klamotten an, umgeben sich mit Typen, die wir nicht in unser Wohnzimmer lassen würden, brechen die Schule ab. Manche sind schwul, womit man sich ja abfinden kann, aber die Enkelfrage hat sich für deren Mütter damit erledigt. Söhne können sich erlauben, was wir keinem Mann an unserer Seite durchgehen lassen würden: uns terrorisieren, unsere ästhetischen Ansprüche beleidigen, unsere Pläne durcheinander bringen. Dennoch kann nichts unsere Liebe erschüttern. Wir werden furchtbar sentimental beim Gedanken an die entzückenden Babys, die unsere Söhne mal waren. Und mit Geschichten wie: Wisst ihr noch, wie Philipp mit seiner Kinderschere aus Omas Gummibaum ein Fingerphilodendron gemacht hat, öden wir bei Familienfesten die gesamte Gesellschaft an. Wir haben die Kinderzimmer ertragen, die niemals anders aussahen, als sei gerade eingebrochen worden. Wir sind kollabiert vor Wut, weil diese Bengel pampig, störrisch, faul und taub waren. Ihretwegen haben wir nächtelang nicht geschlafen, und mit ihren rebellischen Aktionen haben sie uns fast um den Verstand gebracht. Bis wir irgendwann begriffen haben: Sie wehren sich doch nur gegen unsere kuhwarme Sorge. Sie wissen doch selbst nicht, wohin mit ihrer Kraft und ihren Weltverbesserungsideen. Und eines Tages ist aus unserem kleinen Prinzen ein Mann geworden. Im besten Fall so einer, wie wir ihn uns gewünscht haben. Oder jedenfalls so ähnlich. Die Protokolle in diesem Buch beweisen es.

Natürlich sind wir bei unserer Suche nach Gesprächspartnern auch auf Mütter und Söhne gestoßen, die nicht mehr miteinander reden können oder wollen. Aber die wollten oder konnten auch mit uns nicht reden.

So handeln also die folgenden Geschichten von Frust, Stress und Ärger, von Ängsten und schlechtem Gewissen. Dennoch sind es letztendlich gute Nachrichten.

Es war die Idee meines Sohnes, mit mir ein Buch über Mütter und Söhne zu machen. Schöner hätte er mir seine Zuneigung nicht beweisen können. Die Arbeit hat mir viel Freude gemacht; zum einen, weil mein Sohn mein kritischster und fairster Kollege ist. Zum anderen, weil ich nichts auf der Welt aufregender und verblüffender finde als menschliche Beziehungen.

Vielleicht helfen die hier gesammelten Erfahrungen, anderen Müttern Mut zu machen: Der Aufbruch der Söhne aus unserer Obhut in ein selbstständiges Leben ist meist der Beginn einer wunderbaren Freundschaft.

Brigitte Biermann

Warum ich gemeinsam mit meiner Mutter ein Buch machen wollte

Ich habe ewig gebraucht, um von meiner Mutter loszukommen. Allein der Auszug aus ihrer Wohnung hat Monate gedauert: Nichts mit »Mum, ich gehe jetzt« – »Viel Spaß, Kind, und zieh dich warm an.« Sogar meiner affenliebenden Mutter war klar, dass ihr einziges Kind irgendwann das Haus verlassen muss. Einfach hat sie es ihm deswegen aber nicht gemacht. Sie wollte immer einen selbstständigen Sohn. Dass der, um dies zu werden, aber Mami verstoßen muss, fand Mami gar nicht toll.

Als ich dann endlich weg war, brauchte ich erst einmal eine Pause von all der erdrückenden Liebe, also verhängte ich eine Kontaktsperre. Ich wollte nicht zum Essen kommen und nicht besucht werden, ich wollte keine Hilfe im Haushalt und schon gar keine besorgten Telefonate darüber führen, ob ich mich richtig ernähre. Auch wenn ich mir die Haare in der Küchenspüle waschen musste, in dem Chaos keine Unterhose mehr fand und meine Ernährung tatsächlich bestenfalls einseitig war, habe ich mich in meiner neuen Wohnung und meinem neuen Leben so richtig wohl gefühlt.

Laut gestritten haben wir uns wegen dieser erzwungenen Distanz nie, doch Mutter war so tief verletzt, wie es nur Mütter und Geliebte sein können. »Dass das eigene Kind so herzlos ist ...« Doch weil meine Mutter eine kluge Mutter ist, sah sie irgendwann ein, dass diese Trennung nicht schön, aber notwendig war.

Heute verstehen wir uns wirklich gut, so gut, dass ich Lust hatte, mit ihr ein Buch über die Beziehung von Müttern und Söhnen zu machen und damit natürlich auch über unsere. Hätte ich vorher gewusst, dass es länger als ein Jahr dauern wird und dass ich die gleichen Vorwürfe zu hören bekomme wie im Alter von fünfzehn, ich hätte mir das noch einmal überlegt.

Das Buch ist fertig. Wir reden immer noch miteinander, und wir haben beide viel dabei gelernt. Zum Beispiel, dass die Beziehung zwischen Müttern und Söhnen niemals wirklich vorbei ist und dass es auch nichts ändert, wenn man ein Buch darüber schreibt – ich werde wohl noch mit sechzig Jahren von ihr zu hören bekommen, dass ich faul, schlampig und ungehobelt sei.

Und noch etwas haben wir erfahren: Alle Mütter und alle Söhne, die wir trafen, haben oder hatten miteinander Probleme, Streit und Ärger. Trotzdem fanden sie irgendwie wieder zueinander. Diese Beziehung scheint wirklich etwas Besonderes zu sein, und sie scheint fast alles auszuhalten. Das ist sehr beruhigend.

Kai Biermann

Rebellion

»In der Pubertät war Jakob zum Kotzen«
Sophia, 42, Frankfurt am Main

Die ersten sechs Jahre meines Lebens habe ich auf so einem Äppelkahn verbracht. Meine Eltern sind Binnenschiffer, sie haben Kies von Frankreich nach Deutschland, vom Elsass nach Rotterdam und weiß der Teufel, wohin noch, transportiert. Während der Schulzeit lebte ich bei meiner Großmutter, ich hatte totales Heimweh nach meinen Eltern. Dass ich die Ferien sehr ausgedehnt habe, stieß glücklicherweise bei meinen sehr großzügigen Lehrern auf Verständnis. Nach der Volksschule bin ich sofort zurück aufs Schiff und ein Jahr als Matrose mitgefahren. Aber dann wurde mir das zu fad. Eines war klar: Zurück zu dieser Großmutter wollte ich nicht. Also hat meine Mutter mit mir eine Wohnung gesucht, in der ich mit vierzehn oder fünfzehn Jahren allein wohnen durfte. In einer Phase, in der die Kinder gegen die Eltern revoltieren, hat niemand geguckt, wann ich ins Bett gegangen bin, ob ich das Zimmer aufgeräumt oder die Wäsche gewaschen hab, geschweige, dass mir jemand zu essen gegeben hat. All das hat später mein Verhältnis zu meinem Sohn total beeinflusst. Als der Jakob in die Pubertät kam, stand ich dem fassungslos gegenüber – ich hatte keinen Fundus, auf den ich in irgendeiner Form hätte zurückgreifen können. Bei mir war alles anders, als hätte es diese Phase nicht gegeben.

Natürlich hab ich mir damals selber Regeln aufgestellt, erst die Mittlere Reife nachgemacht, dann das Abitur. Kurz vor dem Abi wurde ich schwanger mit Jakob, da hab ich das Gymnasium gewechselt, weil der Kindesvater mein Klassenlehrer war. Wir haben das heimliche Verhältnis dann bald legitimiert. Ich war neunzehn und habe wohl einen Vaterersatz gesucht, er war fünfzehn Jahre älter und prädestiniert für diese Rolle. Das Schwierige war nur, dass ich langsam erwachsen wurde und er das nicht mehr aushalten konnte. Als der Jakob knapp zwei war, haben wir uns getrennt, das war sehr unschön. Mein Mann wollte nämlich, dass der Jakob bei ihm lebt, und ich wollte genau das, was ich nicht hatte: eine Familie, ein Kind. Der Streit ums Sorgerecht ging durch alle Instanzen, mit psychologischem Gutachten und allem Drum und Dran. Ich hatte keine guten Karten: Studentin, kein Einkommen – der Kindesvater dagegen Oberstudienrat. Einmal hat er sogar den Jakob entführt. Als ich mit der Polizei bei ihm ankam, saß der Jakob da am Tisch, hat irgendwas gegessen und wusste gar nicht, wie ihm geschieht, als ich ihn weg holte. Das tut mir heute noch in der Seele weh. Aber dem Jakob wäre es dort nicht gut gegangen; sein Vater ist ein Mensch, der niemanden akzeptieren kann, der sich neben ihm entwickelt.

In dieser Zeit kam einmal eine Gerichtspsychologin zu uns nach Hause, eine potthässliche Frau mit dicker Brille, hinter der die Augen riesengroß aussahen. Der Kleine stand neben mir in der Tür und sagte: Warum bist du so hässlich im Gesicht? Ich habe um mein Leben geredet, um diesen Eindruck wieder gut zu machen. War aber auch selber so geplättet von diesem Aussehen, dass ich Jakob halt nicht zurechtgewiesen habe. Und in dem Gutachten hieß es dann, das Kind spräche aus, was ich denken würde.

Nach zwei Jahren Nervenkrieg hat mir das Oberlandesgericht endlich das Sorgerecht zugesprochen. Ich studierte Pädagogik, und der Jakob war in einem privaten Kindergarten, später in der Uni-Kita. Ich hab den Kleinen mitgeschleppt zu Feten und Ausflügen. Er war super pflegeleicht; wenn er müde war, hat er sich hingelegt und geschlafen. Finanziell ging es uns eigentlich ganz gut. Ich bekam ein bisschen Unterstützung von meinen Eltern, Unterhalt vom Kindesvater und hab nebenbei legasthenische Kinder betreut, was damals relativ gut bezahlt wurde. Heute denke ich, es war einerseits für den Jakob toll, weil er viel miterlebt hat. Andererseits musste er schon viel aushalten. Ich war ja noch auf der Suche nach meinem Leben, hab für ihn nicht so viel Zeit gehabt. Ja, ich denke, er ist zu kurz gekommen.

In der Uni-Kita habe ich den Richard kennengelernt, der auch einen Sohn hat. Felix ist ein Jahr jünger als Jakob, die beiden Kinder waren grundverschieden: Jakob eher offen und tollpatschig, Felix ein hochsensibler Junge.

Wir haben bald geheiratet. Richard und seine Ex-Frau hatten sich auf das Modell des Wechselns geeinigt: Felix hat acht Tage bei uns gewohnt, dann acht Tage bei seiner Mutter. Jakob fand es zwar toll, einen Bruder zu haben, aber es gab keine Normalität, sondern immer die besondere Situation: Felix ist da. Das war für alle problematisch. Ein Beispiel: Auf der Küchenbank hat acht Tage lang der Jakob rumgefläzt. Dann kam der Felix, und wir mussten sagen, komm, Jakob, rutsch mal ein bisschen, der Felix will doch auch noch da sitzen. Und der Jakob hat erst mal sein Revier verteidigt. Es war Stress, aber ich glaube, den größten Stress hat der Felix gehabt. Wenn dann noch der Richard an Jakob herumkritisiert hat, hab ich mich wie eine Löwin vor ihn gestellt, und der Streit war da. Für Richard war dieses Arrangement die einzige Möglichkeit, mit seinem Kind zu leben, das er natürlich sehr liebt. Ich aber habe als Kind selbst dieses Hin und Her erfahren und Zeter und Mordio geschrien, denn kaum, dass ich mich gewöhnt hatte, musste ich wieder weg. Kinder wollen gerne da bleiben, wo sie sind. Und so hat Felix eines Tages für sich entschieden, er wolle das nicht mehr.

Als Jakob in die Pubertät kam, wurde es ganz grauenhaft. Er ist ja ein sehr lieber Mensch, aber da war er zum Kotzen. Er hat nichts ausgelassen, was meinen Adrenalinspiegel hochtrieb und die Nerven strapazierte bis zum Zerreißen. Bis er zwölf war, gab es überhaupt keine Probleme. Ich hätte ihm ein Nikolauskostüm anziehen können, er wäre damit in die Schule gewackelt. Er war nie ein Überflieger, sondern normal begabt, hatte Einsen und Zweien. Aber mit der Pubertät war Schluss mit lustig. Er wurde Punk. Ich kriegte einen Herzkasper, als er mit einem total schiefen Irokesenschnitt ankam, wie gerupfte Hinkel. Den färbte er dann grün, gelb, rot. Und von da an ging keine Demonstration mehr ohne Jakob. Immerzu rief irgendjemand an, weil Jakob eingekesselt worden war. Zutiefst empört über herrschende Verhältnisse, saß er dann in der Zelle, aus der ich ihn auslösen musste. Er kümmerte sich um die Armen und Entrechteten, das große Problem war nur, dass er die dann hier abgeliefert hat.

Die erste war Kitty. Die meinte, sie könne doch ein bisschen bei uns bleiben, weil sie schon acht Wochen auf der Straße lebte. Was willst du sagen, wenn so ein Mädel da steht, total süß und lieb und bunt. Deren Mutter fand es dann auch super, dass die Kitty nun bei uns war. Und weil die Kitty noch nie im Ausland war, haben Jakob und sie so lange gebettelt, bis wir sie mit genommen haben in unsere Urlaubshütte in Italien. Als wir mit diesen beiden Paradiesvögeln dort einfielen, haben uns die Leute nachgeguckt, als wären wir eine Gauklerfamilie. Nach zehn Tagen war ich so fertig, dass ich ihre Mutter angerufen und das Kind ins Flugzeug nach Frankfurt gesetzt habe.

Jakobs nächstes Opfer, Nadja, war ein unglaublich kluges Mädchen, aber leicht borderline. Mit der verschwand er häufig, und ich habe sie in irgendwelchen alten Lagerhallen aufgegabelt. Das war grauenhaft. Ich hab ihretwegen mit dem Jakob irrsinnige Kämpfe gehabt. Im Nachhinein fand ich erstaunlich, dass er nicht mit den Mädchen geschlafen hat, er hat sich wirklich nur um die gekümmert. Irgendwann war er endgültig verschwunden. Nach zwei Tagen bin ich total panisch geworden. Es war schließlich ein Scheißmilieu, in dem er sich bewegt hat, und du fürchtest doch, dass er jetzt was mit Drogen anfängt. Mit einem Freund von Jakob bin ich nachts Frankfurts Niederungen abgefahren, die Kinder waren und blieben weg. Grauenhaft, er war doch erst fünfzehn! Und dann bin ich zur Polizei gegangen und hab eine Vermisstenanzeige aufgegeben. Da kommst du dir vor wie ein Versager: Dein Kind haut ab. Dazu diese irrsinnige Angst um ihn. Aber die Beamten auf der Wache waren sehr nett. In der vierten Nacht, die Nerven waren total runter, rief ein Polizist an, er sprach Ur-Berliner Dialekt: Wir haben Ihren Sohn und seine Freundin aufgegriffen, sperren sie für eine Nacht ein, holen Sie ihn ab? Klar, am nächsten Morgen um elf stand ich in Berlin auf der Wache und sagte, ich möchte Jakob abholen. Was, den Verrückten? Ob ich mir gut überlegt hätte, den wirklich mitzunehmen. Inzwischen hatte ich Nadjas Mutter kennengelernt, die ihre Tochter auch gesucht und mir eine Vollmacht mitgegeben hatte. Die Polizisten haben gesagt, wir lassen die beiden noch ein bisschen schmoren und erzählen Ihnen erst mal, was passiert ist: Die Kinder wollten abhauen in die große, weite Welt. Und wo ist die? Klar, in Berlin, am Bahnhof Zoo. Dort haben sie einen Punk kennengelernt, dessen Mutter in einem noblen Segelclub am Wannsee putzte.

Der Punk an sich hält ja auf Reinlichkeit, also sind sie nachts dort eingebrochen. Sie wurden festgenommen, als sie unter der Dusche standen. Das Problem waren nur die Klamotten, die fünf Tage an den Kindern geklebt haben. Sie stanken wie nasse Füchse. Ich war froh, dass mein Auto ein Schiebedach hatte. Und heilfroh, den Jakob wieder zu haben. Ich glaube, er hat diese Zeit relativ gut überstanden.

Vor zwei Jahren ist der Jakob hier ausgezogen. Einerseits fand ich das super gut. Der Jakob hat ja die Schule geschmissen nach der zwölften Klasse und nur das Fachabitur gemacht. Seitdem arbeitet er in einer Druckerei, weil er das Gefühl genießt, etwas mit den Händen zu machen. Allerdings hat er nur nachts geschafft. Ich aber muss um halb sieben aufstehen, weil ich einen Tagjob habe – als Lehrerin, Mediatorin und Drehbuchautorin. Wenn er nachts um eins hier einfiel und in der Küche rumorte, weil er Hunger hatte, war das sehr anstrengend. Unsere Wohnung ist nicht so riesig, wir schlafen neben der Küche und sind dann immer wach geworden. Da war es ganz schön zu sehen, jetzt zieht er aus, macht ja auch seinen Job, ist einundzwanzig, das reicht. Auf der anderen Seite ist der Jakob der Mensch, mit dem ich am längsten in meinem Leben zusammengelebt habe, mit keinem Menschen habe ich so viele Jahre verbracht wie mit ihm. Das war schon komisch, als er ging.

Der Jakob hat sich unglaublich toll entwickelt. Richard und ich hatten vor ein paar Jahren ziemliche Probleme miteinander, und ich hatte mich in einen anderen Mann verliebt. Da hat der Jakob sehr positiv agiert. Er war eben nicht auf meiner Seite. Auch wenn ich wütend war, hat er lange mit mir geredet und versucht, die Lage von einer objektiven Sicht aus zu betrachten. Es war ihm total wichtig, dass Richard und ich miteinander reden und zusammenbleiben. Da hab ich auch gemerkt, dass Jakob ein erwachsener Mann geworden ist.

Wenn er mit seiner Freundin Knatsch hat, kommt er an, und wir reden und versuchen zu gucken, wie man was verändern kann. Über so was redet er mit mir. Wenn er in seiner Wohnung Fußball sieht und das erste Tor fällt, klingelt hier das Telefon, und Richard und er bereden dann diesen Torschuss.

Ich finde Männer gut, die über sich und ihre Gefühle reden können. Jakob kann das. Auch wenn er damit in einem Moment anfängt, in dem es mir überhaupt nicht passt, weil ich mit meiner Kollegin eigentlich hier an einem Drehbuch arbeiten will – wenn er kommt und reden will, reißt er uns raus und schwätzt. Und das ist dann auch gut so.

Ob er mir gefällt? Man müsste dem Kerl mal die Haare schneiden, und eine Rundumerneuerung würde auch nichts schaden. Aber schöne Augen hat er, und sehr nett lächeln kann er. Am tollsten finde ich an meinem Sohn, dass er so ein lieber und offener Knuddel ist. Er hat eine sehr sensible Art. Er ist auch ein Egoist, aber er schafft es immer wieder zu sehen, wenn jemand in Not ist. Wir haben eine ziemlich herrische alte Tante, ich kriege schon vor jeder Familienfeier einen geschwollenen Hals. Der Jakob sagt dann, reg dich nicht auf, sie ist schon sehr alt, und so oft sehen wir sie doch nicht. So was mag ich total gerne an ihm. Und er hat Zivilcourage. Er hält es nicht aus, wenn irgendwas ungerecht ist, da geht er sofort dazwischen. Das habe ich ihm wohl vorgelebt, ich kann ja auch nicht den Mund halten.

Wenn er nur endlich seinen schlauen Kopf einsetzen würde. Der Felix hat früher mal gesagt: Ich sitze in der Schule und lerne und lerne, und der Jakob geht einmal hin und dann erklärt er mir das. Er weiß, dass Bücher was Gutes sind, dass man sich Rat holen kann aus Büchern, dass man die Welt über Bücher erfahren kann. Aber er bleibt lethargisch in seiner Druckerei. Im Moment ist das vielleicht für ihn okay, aber dieses Gewerbe ist ja nicht unbedingt expandierend. Was passiert, wenn die dichtmachen? Aber das kriegt er dann wohl auch für sich geregelt.

»Man kann sich nicht ewig gut mit seinen Eltern verstehen«
Jakob, 21, Frankfurt am Main

Meine Mutter hat mich mehr oder weniger allein erzogen. Meine Eltern haben sich endgültig getrennt, als ich zwei oder drei Jahre alt war. Vater, das ist für mich ein ganz komischer Begriff, weil ich nie mit einem aufgewachsen bin. Ich verbrachte zwar jedes zweite Wochenende bei ihm, bis ich dreizehn oder vierzehn war, aber Vater ist ganz anders als ich. Er ist Lehrer an einem kaufmännischen Gymnasium; ich kam aus der Punkecke. Und ich hatte immer den Eindruck, dass er schlecht damit umgehen kann, dass ich das älteste seiner Kinder bin und auch noch in der Stadt aufwuchs. Er lebt auf dem Dorf, dort wo Leute hinziehen, die keine Lust mehr auf die Stadt haben, ein Vorort halt. Wir haben uns immer über Kleinigkeiten in die Wolle bekommen, zum Beispiel über die Sprache: Scheiße – das ist für mich ein normales Wort, ich käme nie darauf, dass es ein Schimpfwort sein könnte. Er fand es furchtbar schlimm. Auch übers Kiffen haben wir ewig diskutiert. Irgendwie ist unser Verhältnis dann auseinander gegangen, nicht im Streit. Wir wollten beide nicht streiten, es hat sich auseinander entwickelt. Wir sind einfach zu verschieden. Heute weiß ich nicht, ob ich das schade finde, aber eine Zeit lang habe ich es bedauert.

Das Verhältnis zu meiner Mutter war auch lange schwierig, im Großen und Ganzen finde ich es aber normal. Inzwischen würde ich sogar sagen, dass wir eine gute Beziehung haben. Früher war es, na ja ... Als ich noch bei ihr wohnte, war es eine Mischung aus WG und Mutter-und-Sohn-Beziehung. Die Rollen waren nie so ganz klar verteilt, und ich fand es immer irgendwie komisch. Wir wohnten zwar in der gleichen Wohnung, aber wir hatten zum Beispiel komplett andere Tagesabläufe. In den letzten Jahren war ich tagsüber eigentlich nie da. Ich hab zwar meinen Anteil an der Miete und meine Rechnungen bezahlt, aber wirklich gleichberechtigt war ich trotzdem nie. Ich empfand zwischen meinem Leben draußen und meinem Leben zu Hause immer einen Widerspruch. Ich ging arbeiten, habe Kohle verdient und fühlte mich erwachsen. Doch wenn ich nach Hause kam, war ich wieder das Kind. Damit bin ich überhaupt nicht klargekommen. Es war, als hätte ich zwei verschiedene Leben. Auf der einen Seite stehe ich an der Druckmaschine und bin dafür verantwortlich, dass am nächsten Tag wieder vierzigtausend Leute ihre taz bekommen. Dann gehe ich nach Hause und bin das kleine Kind, das sich dafür rechtfertigen soll, dass es nach der Arbeit in der Kneipe noch ein Bier zu viel getrunken hat. Sie ist auf einem Schiff aufgewachsen und musste dadurch ziemlich früh erwachsen werden und ihr Leben selbst in die Hand nehmen. Das wollte sie mir auf gar keinen Fall zumuten. Ich empfand mich immer drei Jahre älter, als ich war, und sie hat mich drei Jahre jünger gesehen. Irgendwo dazwischen war die Realität, aber deswegen haben wir uns regelmäßig missverstanden. Ich fühlte mich zwar durchaus ernst genommen von meiner Mutter, doch die letzte Entscheidung lag nie bei mir. Es ist eben was anderes, ob man sich von Erwachsenem zu Erwachsenem unterhält oder von Mutter zu Kind. Solange ich das Kind war, konnte ich mein Leben nicht selbst bestimmen und hatte dafür auch nicht die Verantwortung. Wenn ich nichts eingekauft habe, dann ist nichts im Kühlschrank, gut. Das ist mein Ding. Aber solange ich im Hinterkopf immer die Mama habe, auf die ich mich im Zweifel verlassen kann, bin ich für mein Leben nicht voll verantwortlich. Das ist einerseits natürlich angenehm, aber es hat mich auch wahnsinnig gekratzt. Jetzt wohne ich wieder mit jemandem in einer WG, aber es funktioniert ganz anders, wir sind gleichberechtigt, es ist unsere Wohnung, und jeder ist für seinen Kram zuständig. Vielleicht ist es mit mir auch etwas schwieriger, weil ich einen großen Freiheitsdrang habe. Ich will für mich selber entscheiden können. Wenn ich das nicht kann und auch nicht gezwungen bin, mich mit den Konsequenzen meines Handelns auseinander zu setzen, fühle ich mich, als wäre ich in einem luftleeren Raum. Ich kann es nicht richtig ausdrücken, aber das Problem habe ich nicht nur mit meiner Mutter. In der Schule hatte ich auch immer das Gefühl, fremdbestimmt zu sein, deswegen habe ich sie auch nicht fertig gemacht. Ab einem gewissen Punkt brauche ich das Gefühl, dass die Entwicklung abgeschlossen ist – erst dann weiß ich, da ist der Anfang, da ist das Ende. Diesen Abschluss gab es für mich erst, als ich ausgezogen war. Da war mir dann klar, wer ich bin und was ich will. Es war einfach an der Zeit auszuziehen.

Einerseits ist meine Mutter wahrscheinlich froh, dass ich gegangen bin. Auf der anderen Seite hat es ihr aber auch nicht gepasst, das weiß ich. Ich war ja zwanzig Jahre lang immer da und ein Teil von ihrem Leben. Es ist für sie genauso komisch wie für mich. Mir hat hinterher manchmal sogar der Streit gefehlt, weil es einfach zu unserem Leben dazugehörte. Wir sind beide sehr aufbrausend, und ich fühlte mich immer unterlegen. Es war nicht einfach, mit meiner Mutter zu streiten, weil sie eine sehr spitze Zunge hat. Mit dreizehn oder vierzehn fiel es mir sehr schwer, mich gegen sie zu wehren. Zum Schluss, kurz bevor ich auszog, haben wir dann nicht mehr so viel gestritten. Früher war es ziemlich heftig. Es lag wahrscheinlich daran, dass mein Leben anders war, als sie sich das wünschte. Ich bin eine Weile lang ziemlich durchgedreht, habe ein bisschen zu viele Drogen genommen und nicht mehr so ganz die Realität gesehen. Oft war mir alles scheißegal. Einmal bin ich nach Berlin abgehauen, dann war ich mal drei, vier Wochen in Bad Soden verschollen ... Ich bin ziellos durch die Weltgeschichte gerannt und habe irgendetwas gesucht ...

Begonnen hat alles mit so einem diffusen Ökoding. Anfang der Neunziger gab es diese Greenpeace-Welle und viele Greenteams, bei denen habe ich als Zehnjähriger mitgemacht. Doch das war letztlich total frustrierend, ich hatte schnell das Gefühl, dass sich niemand wirklich für die Umwelt interessiert und dass den Politikern die Welt scheißegal ist. Ich begann mich mehr und mehr für die Welt zu interessieren, und was ich sah, waren der Golfkrieg und die Brandanschläge von Mölln und Lübeck. Also bin ich zu den ersten Demos gegangen und kam dadurch mit einer bestimmten politischen Ecke in Berührung. Bei den Demos habe ich mich mit Leuten angefreundet, die ähnlich dachten wie ich, die auch irgendeinen Weg suchten, etwas zu verändern. Dass meine Eltern selbst aus dieser Öko-Ecke kamen, empfand ich allerdings eher als Problem. Dadurch war es für mich viel schwieriger, mich abzugrenzen, und mich abzugrenzen war mir wichtig. Später hat sich das noch gesteigert, ich wollte unbedingt provozieren, mit dem ganzen Punk und so. Am liebsten wollte ich alle provozieren, dabei war das gar nicht so einfach. Früher musstest du dir nur lange Haare wachsen lassen und einen Bart, und du warst ein Bürgerschreck. Meine langen Haare haben niemanden mehr interessiert, also habe ich sie mir grün gefärbt, aber das schockierte auch keinen. Dann bin ich mit 'nem Iro rumgelaufen, aber niemand interessierte sich dafür. So bin ich immer extremer geworden. Dabei hatte ich die ganze Zeit das Gefühl, dass irgendetwas in der Welt furchtbar falsch läuft, dass alles ganz anders sein müsste, viel besser. Weil die Welt aber nicht besser wurde, habe ich gesagt, es ist eh alles scheiße, da können wir es auch kaputtmachen. Ich sah nur noch das Negative und fand, dass die Welt immer schwärzer und schwärzer wurde. Der Weltuntergang hatte für mich eigentlich schon stattgefunden. Sogar der Wind wehte damals in die falsche Richtung. Aber gleichzeitig machte es auch einfach Spaß – vierzig Leute, die mit ausgestrecktem Arm durch die Kosmetikabteilung bei Hertie rennen und hinter ihnen klirrt es nur. Und dann abhauen und sich drei Stunden später wieder treffen und die Hucke zusaufen und daran freuen, wie toll man ist. Das fand ich lustig. Diese Gruppenerlebnisse haben eine sehr eigene Wirkung. Irgendwann ging es dann nur noch um die absolute Freiheit, um diesen Begriff der Anarchie.

Zu dem Zeitpunkt habe ich mich als diffuse Guerilla oder so betrachtet, die mit kleinen Nadelstichen die Leute ärgert. Das Gefühl war schon Klasse, und ich konnte mich auch noch für gefährlich halten, für einen Staatsfeind. Ich wollte einfach alles anders machen. Ich kann das schlecht erklären, es war das Bedürfnis, weiter zu gehen als die eigenen Eltern. Denn ich wollte zwar gegen sie oder eben gegen meine Mutter rebellieren, dabei habe ich aber viel gesagt und getan, was ihr selbst nicht unbekannt war. Sie hatte ja auch gegen den Staat demonstriert und hatte als 68er ein ähnliches Umfeld wie ich. Das wollte ich damals aber gar nicht sehen, das durfte gar nicht sein, weil es eben die Eltern waren. Es konnte nichts anderes geben als meinen Lebensstil. Und das musste ich natürlich auch jedem sagen, das war ganz wichtig. Am liebsten wäre ich mit einem Schild rumgelaufen, auf dem steht, ihr seid alle Scheiße. Da war schon viel Arroganz dabei, und es war unausgegoren und unrealistisch, aber ich habe nie darüber nachgedacht, was hinterher kommt, und mir auch nie die Mühe gemacht zu differenzieren. Alles wurde zu meinem kleinen Privatkrieg und je sinnloser der wurde, umso mehr habe ich gekämpft. Die RAF fand ich natürlich auch Klasse, weil sie kämpfte und auch so furchtbar böse war. Und mit dem RAF-Stern auf der Jacke konnte ich endlich auch schockieren. Heute kann ich über die meisten Sachen nur noch lachen. Aber damals war mir das todernst und irgendwann war ich soweit, dass niemand mehr wirklich an mich rankam. Ich war so dicht, dass ich nichts mehr mitbekam. Ich wollte auch gar nichts mehr mitkriegen. Wahrscheinlich ist bei mir im Kopf einiges durcheinander geraten, vor allem Musik und Leben. Musik ist eigentlich eine Kunstform, aber ich habe die Aussagen darin wörtlich genommen.

Mutter war damals nur hilflos. Ich bin mir bis heute nicht sicher, was sie von dieser Zeit mitbekommen hat und was nicht. Meine Drogen-Erfahrungen hat sie aber auf jeden Fall miterlebt. Darüber wurde dann auch diskutiert, aber, na ja, da habe ich eher Halbwahrheiten gesagt, aus sieben Mal koksen wurde dann ein Mal. Über vieles davon konnte ich mit ihr nie reden. Ich wollte es gar nicht. Man kann sich nicht ewig gut mit seinen Eltern verstehen. Aber auch wenn ich total dichtgemacht habe, Schnittstellen gab es schon mit ihr. Und eigentlich meinte sie es ja gut, das wusste ich immer. Doch das Beste, was sie für mich wollte, war nicht das, von dem ich glaubte, dass es gut für mich ist. Sie wirft mir zum Beispiel heute noch vor, dass ich faul sei und meine Möglichkeiten nicht nutze. Womit sie nicht nur Unrecht hat. Doch ich empfinde das wieder nur als die Diskussion, ob ich so alt bin, wie ich mich fühle, oder so jung, wie sie glaubt. Ich denke, ich bin schon einundzwanzig und muss mein Leben selbst regeln. Sie meint, ich bin erst einundzwanzig, und sie müsse mir noch helfen. Dabei waren die Regeln, die sie mir beigebracht hat, alle total vernünftig. Das sind Werte, die ich so heute auch wieder beachte. Aber vielleicht war alles zu vernünftig. Vielleicht musste ich mich erst mal an der Realität austesten. Ich habe das wohl gebraucht. Ich glaube aber, so richtig verloren hat sie mich nie.

»Mich trieb die Sorge, dass er uns völlig verloren geht«
Dagmar, 52, Berlin

Es kostete viel Kraft, Sid, dieses anstrengende, leidenschaftliche Kind, zu bändigen. Unser Zweiter, der eineinhalb Jahre jünger ist, war viel pflegeleichter. Sid war noch kein Jahr alt, hatte hohes Fieber, ich saß mit ihm beim Arzt, da blieb er nicht, wie alle anderen Babys, brav auf meinem Schoß, sondern robbte rotglühend auf allen vieren durch das Wartezimmer. Im Trotzalter schmiss er sich hin, lief blau an und schrie. Immer wollte er beschäftigt werden. Aber das hab ich gern getan. Ich dachte, die wildesten Fohlen werden die besten Pferde. Gleichzeitig ist er hochsensibel. Ein halbes Jahr, bevor er in die Schule kam, war er furchtbar aufgeregt. Er begann, an den Fingernägeln zu knabbern und hat eine Zeit lang ins Bett gemacht. Das hörte nach den ersten Schultagen wieder auf, als er wusste, wie es läuft. Und dann zeigten sich seine Talente. Zu Weihnachten, also nach vier Monaten Lernen, las er die ersten Bücher. Er malte nie Kopffüßer, hat diese Phase einfach übersprungen, malte gleich Körper. Und sobald er alle Buchstaben kannte, begann er, Gedichte zu schreiben. Einmal schenkte er mir zu Weihnachten ein Märchen, das er geschrieben hat, ein richtiges Märchen mit einer logischen Handlung.

Seine wilde, ich-bezogene Art schlug relativ zeitig um in Vernunft. Nicht, dass er ein Musterschüler wurde, aber als er elf war, konnte man vieles vernünftig mit ihm klären, während Gleichaltrige noch wie Kleinkinder rumhampelten. Über Kleinere hat er seine Flügel ausgebreitet und sie beschützt, das war niedlich.

Sids Pubertät und die Wende fielen zusammen, er musste also äußere und innere Veränderungen zugleich verkraften. Die Vorstellung von einem Leben, das durchgeplant war bis zur Rente, stimmte plötzlich nicht mehr. Als Sid in die neunte Klasse ging, drifteten die meisten seiner Mitschüler ab nach rechts. Mein Sohn lief in die andere Richtung, und zwar in ziemlichem Tempo. Er wurde Punk, sehr bunt und extrem: Ließ sich Löcher ins Ohr stechen, was ja etwas abwegig ist für einen Jungen, dann musste auch noch ein Ring in die Nase. Er trug diese ko-

mischen zerfetzten Klamotten, eigenartige Frisuren, Hahnen-
kämme. Aus den engen Kumpels waren Rivalen geworden, es
ging ganz hart Rechts gegen Links. Sie haben ihm nur deshalb
nichts getan, weil sie ihn kannten und schätzten. Und wir hatten in dieser besonderen Zeit mit uns zu tun, waren nicht, wie
die Jahre zuvor, imstande, ihm irgendwelche Lebensweisheiten
nahe zu bringen. Ich bin Juristin und in meinem Job geblieben,
wenn auch mit Kämpfen und Ungewissheiten. Mein Mann
hatte viel größere Schwierigkeiten, unter denen er sehr gelitten
hat.

Etwa ein Jahr nach der Wende hat mir Sid ein dickes Büchlein mit selbst geschriebenen Gedichten und Geschichten in die
Hand gedrückt. Die Themen? Liebe und Gesellschaft. Seine
erste große Liebe hatte er, da war er noch nicht vierzehn, und er
wollte sie unbedingt heiraten. Dann wurde es ihm doch zu eng.
Über die Mühe, sich von ihr zu trennen, hat er geschrieben,
über seine Schuldgefühle, über die zweite Liebe, die ihn verlassen hat. Er hat sich den Verlust der Freunde von der Seele geschrieben, über die gesellschaftlichen Verhältnisse reflektiert,
die er in Frage stellte. Schließlich schien früher alles gut und gerecht, jetzt sah er, dass vieles auf Lügen aufgebaut gewesen war.
Dass er mir dieses Büchlein gab, habe ich als unglaublichen Ver-
trauensbeweis empfunden. Ich war sehr beeindruckt von seiner Art, sich auszudrücken, und konnte dadurch erst richtig begreifen, was in ihm vorgegangen war. Denn nach außen hat er
es nicht getragen. Er hat es durch Schreiben verarbeitet. Nein,
darüber diskutiert haben wir nicht. Ich wusste nun, wie es um
ihn steht, und er wusste, dass ich es weiß, und das war gut so.
Meinem Mann habe ich das Buch nicht gezeigt, Sid hatte es ja
mir gegeben, und es war was ganz Intimes.

Meinem Mann hat es schon was ausgemacht, dass sein Sohn
so schrill rumlief. Mir nicht, das Leben ist eben bunt. Allerdings
hab ich Sid gesagt, dass er komisch angesehen und anders ein-
gestuft wird, als er ist. Die Leute, die ihn von früher kannten,
gaben mir zwar zu verstehen, dass er für sie der nette Junge geblieben ist, mit dem sie sich vernünftig unterhalten können.
Mich trieb eher die Sorge, dass er uns völlig verloren geht.

Auf dem Gymnasium war es schon schief gegangen. Er hat
das Probejahr nicht geschafft, für Ostschüler galt damals ein

Jahr statt ein halbes Probejahr. Sid hat es zu lax genommen und die Lehrerin nicht den Mut gefunden, uns rechtzeitig zu warnen, weil Sid doch so sensibel sei. Das hab ich ihr sehr übel genommen. Gerade einem sensiblen Kind sollte man doch behutsam und rechtzeitig den Weg weisen.

Sid war überhaupt nicht bereit, etwas zu machen, wozu er keine Lust hatte, worauf er nicht eingestellt war. Er wollte studieren, er ist ein Intellektueller, will schreiben, lesen, Musik machen. Durch Zufall hörte ich von der Fachschule für Sozialpädagogik. Dafür ist nur der Realschulabschluss erforderlich. Es gab also kein Lehrlingsgeld, auf das viele angewiesen waren. Und es wurden Fächer angeboten, für die Sid sich interessierte: Deutsch, Fremdsprachen, Sozialkunde, Psychologie, Kunst, Musik. Also hab ich ihm gesagt, zieh über dein Totenschädel-Shirt was Neutrales, geh dahin und bewirb dich. Damals waren Sids Haare gerade knallrot. Daran ließ sich schwer was ändern. Aber ich hatte die Hoffnung, dass Leute, die mit Pädagogik und Psychologie zu tun haben, toleranter sind als andere Lehrherren. Es hat geklappt, und wir waren sehr froh. Sid hat Gitarre spielen gelernt, mit seinen Schreibkünsten brilliert. Hat sogar ein Kindermusical geschrieben, das vor der ganzen Schule aufgeführt worden ist. Ich war sehr stolz auf ihn. In dieser Zeit hörte er auch damit auf, sich die Haare bunt zu färben.

Noch als er auf dieser Schule war, ist er von uns weggezogen. Wir haben sehr beengt gewohnt, zu viert auf nicht mal sechzig Quadratmetern. Zu DDR-Zeiten hatten wir keine Chance, eine größere Wohnung zu bekommen. Und nach der Wende waren die Jungen fünfzehn und siebzehn Jahre alt, da hatte es nicht mehr viel Sinn, eine größere Wohnung zu suchen, in der jeder Junge ein eigenes Zimmer hat. Für mich und meinen Mann reicht ja der Platz. Eines Tages fragte also Sid, ob wir was dagegen hätten, wenn er sich eine eigene Wohnung suchte, seinetwegen müssten wir nicht umziehen. Er war ziemlich erstaunt, dass ich zugestimmt, nicht gekrallt habe. Schließlich kann ich ihn nicht mit Gewalt halten. Er ging und kam ohnehin, wann er wollte, und ich hab mir Gedanken gemacht, wenn er nicht rechtzeitig zu Hause war, also wollte ich lieber nicht mehr so genau wissen, was er treibt. Wir hatten über alles geredet, er wusste um die Gefahren, mehr kann man nicht machen. Wichtig ist ja, im Gespräch zu bleiben. Wenn Jungs ihren eigenen Weg gehen, muss man sehr aufpassen, dass man keine falschen Töne anschlägt und sie sich verschließen. Das geht los, wenn sie dreizehn, vierzehn Jahre alt sind, aber die wilde Zeit kommt später.

Wir haben dann zwei Wohnungen bezahlt und seinen Lebensunterhalt, haben ihm Geld für Möbel gegeben, Kühlschrank und Waschmaschine gekauft, alles andere hat er allein geregelt. Ich hab nur gesagt, ich schenke dir ein Bett, wenn du keine Lust mehr hast, auf einer Matratze zu schlafen. Irgendwann bat er darum, er hatte wieder eine Freundin und wollte mit ihr nicht mehr auf der Erde schlafen. Es dauert eben alles seine Zeit. Ich bin dahinter gekommen, dass es besser ist, nicht rein zu reden. Wenn er sich in einer Räuberhöhle wohl fühlt, bitte schön. Bei mir brauche ich Ordnung. Sid hab ich gesagt, wenn ich mich zurückhalte, hieße das nicht, dass ich ihn nicht lieb hätte. Ich würde mich bewusst zurückhalten, aber er könne immer kommen. Mein Mann hat am Anfang aus lauter Neugierde ein paar Mal den Fehler gemacht, unangemeldet bei ihm aufzutauchen – er war so entsetzt darüber, was da in der Wohnung rumlag, wie Sid mit seinen Freunden rumhing, rauchend und auf der Erde sitzend, drei Tage alte Spaghetti im Topf. Ich war froh, dass ich das nicht in meiner Wohnung erlebt habe. Hab meinen Mann gefragt, warum er sich das antut.

Ich muss Sid auch nicht über alles informieren, was mein Leben betrifft. Das bedeutet nicht, dass ich nicht mit ihm über alles reden könnte. Aber wozu soll ich andere mit meinen Problemen belasten? Ich würde ihn gern öfter treffen, aber das ist zeitlich schwierig. Jeder hat seinen Job, wir arbeiten von früh bis spät. Er baut sich eine Existenz auf.

Man muss Kinder loslassen, und ich habe sie losgelassen mit einem lachenden und einem weinenden Auge. Ich hab ihnen ermöglicht zu gehen. Nein, es war kein Gewaltakt; dass sie eines Tages gehen würden, wusste ich ja lange zuvor. Deshalb war es auch nicht schmerzhaft. Gewaltakte entstehen immer, wenn die Söhne etwas wollen, was die Eltern nicht akzeptieren, und etwas festhalten wollen, was nicht mehr festzuhalten ist. Natürlich war mir klar, dass die Söhne nicht mehr zurückkommen. Dadurch bekam mein Verhältnis zu ihnen aber eine neue Qualität: Ich fühlte mich nicht mehr in die Pflicht genommen, das war ein Gewinn.

Ich weiß nicht, warum ich unbedingt Söhne haben wollte, ich war jedenfalls sehr glücklich, dass auch der zweite ein Junge ist. Sie sind sehr unterschiedlich, und gerade das macht den Reiz aus. Sie haben unterschiedliche Erfahrungen gemacht, andere Probleme und Freuden. Der eine ist künstlerisch begabt und lebt für seine Begabungen, der andere hat mit Leidenschaft eine Familie gegründet. Sie geben mir sehr verschiedene Anregungen. Ich liebe sie beide, zu jedem habe ich eine ganz besondere, individuelle, warme Beziehung. Es ist ein sehr schöner Zustand, die Mutter erwachsener Söhne zu sein. Da ist eine Seelenverwandtschaft, die gleiche Art von Humor. Und Sid hat mich sehr bereichert: Durch seine Musik, durch die Literatur, die er liest, was er schreibt. Er hatte mal eine Band, für die er Texte und Musik geschrieben hat. Das war ganz toll, hat uns Gebiete eröffnet, in die wir ohne ihn nicht gekommen wären, echt wilde Musik. Wir Oldies sind in die Konzerte zu den Jungen gegangen, von denen wir herzlich begrüßt wurden, haben mittendrin in der wogenden Menge gestanden und zugehört. Ohne ihn hätte ich mich mit dieser Musik nie auseinander gesetzt. Das hält jung. Was nicht ganz so nach unseren Vorstellungen läuft, verdrängen wir sicher. Wichtig ist, dass Eltern und Kinder nicht völlig auseinander driften, dass Kinder selbstständig werden, ihre eigenen Wege gehen und man sich gegenseitig etwas geben kann. Wie Sid sein Leben leben muss, kann ich ihm nicht sagen. Ich kann nur Hilfe anbieten und Orientierung geben.

Irgendwie können wir es nicht so ganz falsch gemacht haben mit der Erziehung. Es war jedenfalls viel Mut dabei und viel Vertrauensvorschuss.

»Diese Distanz hat tatsächlich Nähe geschaffen«
Sid, 26, Berlin

Ich habe eigentlich erst in den letzten vier Jahren so richtig angefangen zu denken. Ich weiß nicht, was ich früher gedacht habe, wahrscheinlich nicht viel, ich wollte nur nicht so sein wie alle anderen. Dass ich eines Tages in einer Wohnung wohne, die tausend Mark kostet, und ein Auto fahre, das hätte ich nie geglaubt. So ein Kapitalistenschwein, hätte ich gesagt. Aber irgendwann fing ich an, bestimmte Dinge anders zu betrachten, auch wenn es ein langer Prozess war. Ich kenne noch immer Punks, Leute, die so sind, wie ich früher war, und immer noch diese Weltanschauung leben, die doch eher zur Jugend gehört. So ganz verabschiedet habe ich mich von diesen Ideen ja auch noch nicht, irgendwie bleibt man sich doch treu, auch wenn das ein tumber Spruch ist. Meine letzte Irokesen-Frisur habe ich zumindest aufgehoben, nachdem ich sie mir abrasiert hatte, die steht in einer Tüte im Schrank. Früher war ich auch ein ziemlicher Choleriker und bin häufig ausgerastet. Heute erkläre ich mir mein Schreien als Ausdruck meiner damaligen Sprachlosigkeit. Ich wusste nicht, wohin mit mir und meinen Gefühlen. Mutter hat mir mal gesagt, dass ich in der Familie immer der Rebell war, der Revoluzzer. Bis zum Erbrechen habe ich zum Beispiel gekämpft, dass ich von ihr die Unterschrift bekomme, damit der HNO-Arzt mir einen Ohrring macht. Zwölf Stück hatte ich dann. Damals, so mit vierzehn, ging das auch mit dem Irokesen-Haarschnitt los, während der Wende. Das war eine harte Zeit, für mich brach eine ganze Welt zusammen. Bei der Frisur hat Mutter ganz schön geguckt und auch bei den Klamotten, alte NVA-Tarnjacken und so. Und mein Bruder hat es mir nachgemacht. Das fand Mutter gar nicht gut, dass ich einen so schlechten Einfluss auf ihn hatte. Mein Bruder ist eineinhalb Jahre jünger und eigentlich ganz anders als ich.

Heute verstehen meine Mutter und ich uns gut, aber noch nicht lange, seit ein paar Jahren vielleicht. Das ging ganz, ganz langsam. Früher haben wir uns oft gestritten. Ich war mächtig aufsässig und sie hat mich sehr oft sehr hart bestraft. Nicht geschlagen, geschlagen wurden wir nie, mein Bruder und ich. Aber es gab oft harte Strafen, vor allem für mich. Es wurde einfach nicht mit mir gesprochen, zwei Monate oder länger redete meine Mutter manchmal nicht mit mir und ging auf der Straße einfach an mir vorbei. Ich hasse das noch heute, wenn mich jemand nicht anguckt, mit dem ich mich unterhalte. In der Familie fühlte ich mich damals oft als Gast. Ich glaube, aus dieser Zeit in meiner Kindheit stammt auch die Unfähigkeit, mich irgendwo zu integrieren. Ich war ein Wunschkind, denke ich, und ich fühlte mich immer geliebt, aber gezeigt wurde das kaum. Umarmen war nicht üblich bei uns. Ich habe oft erlebt, dass ich in den Familien von Freunden herzlicher aufgenommen wurde als zu Hause. Ich war immer neidisch, wie unbefangen dort mit Zuneigung umgegangen wurde. Ich glaube nicht, dass Mutter uns jemals etwas Schlechtes wollte, sie hat es nur nicht verstanden, uns ihre Gefühle zu zeigen. Geredet wurde darüber auch nicht viel. Meine Mutter ist sehr verschlossen, und ich bin es auch. Mutter hat in Treptow im Rathaus gearbeitet. Das war auch der Grund, warum sie wegen mir immer etwas Angst hatte, Angst, dass ich verhaftet werde und dass sie Schwierigkeiten bekommt. Wahrscheinlich hätte sie mich sogar machen lassen, wenn sie gelassener gewesen wäre. Doch in dem Job, da konnte sie nicht frei sein. Sie hat auch ganz lange befürchtet, dass ich an Drogen kaputtgehe. Ich glaube, dass sie bis heute nicht weiß, was ich alles genommen habe. Ich bin wirklich nur knapp daran vorbeigekommen, kaputtzugehen. Darauf bin ich nicht stolz, aber das gehört zu mir, und ich bin von selbst davon losgekommen. Ich hatte irgendwann keine Lust mehr, Kokain und Speed zu nehmen, habe mich selbst auf Entzug gesetzt. Dass ich das geschafft habe, darüber bin ich heute noch mächtig froh. Fast zwei Jahre habe ich mir die Drogen reingeschoben, ich habe es gebraucht, ich wollte einfach nicht nachdenken. Das war total geil, du nimmst eine Pille und alles ist wunderbar. Damals dachte ich auch noch, ich muss alles selbst erlebt haben, muss wissen, wie es ist, total breit zu sein, wie es ist, im Knast zu sitzen, wie es ist, jemanden zu verdreschen oder was aufs Maul zu bekommen. Heute sehe ich das anders. Ich will nicht mehr mein eigenes Experiment sein. Damals dachte ich einfach nicht sehr gründlich darüber nach. Das hört sich pathetisch an, aber ich glaube, dass ich einen Ersatz gesucht habe, wofür auch immer. Inzwischen bin ich total froh, dass ich so unauffällig bin, dass ich meine Gesinnung nicht mehr vor mir hertragen muss und mich nicht mehr jeder anstarrt. Ich bin sogar ein bisschen spießig. Ich glaube, dass ich in Wirklichkeit ein ganz normaler, solider, spießiger Typ bin. So wie Mutter. Sie wollte immer nur ein normales, geregeltes Leben haben, glaube ich. Alles, was anders war, was daraus hervorstach, das hat sie abgelehnt. Ich glaube, sie hat sich deswegen viel vorgemacht, vielleicht sogar sich selbst belogen, nur damit ihre heile Welt bestehen bleibt. Das fand ich sauschlimm. Aber erst nach dem Auszug habe ich angefangen, meine Mutter zu verstehen, erst durch die Distanz. Diese Distanz hat tatsächlich Nähe geschaffen. Seit ich ausgezogen bin, verstehen meine Mutter und ich uns langsam immer besser. Ich lerne sie jeden Tag neu kennen. Ich bin schon mit achtzehn ausgezogen, und seit ich sechzehn bin, war ich eigentlich kaum noch zu Hause. Aber erst in den letzten Jahren habe ich angefangen, über mich nachzudenken und auch mal zurückzugucken und mich zu fragen, wie es für sie damals gewesen sein muss. Ich habe festgestellt, dass meine Mutter nicht immer nur Recht hat und dass auch ich nicht immer Recht habe. Früher habe ich mir darüber nie einen Kopf gemacht und hatte immer das Gefühl, dass ich sowieso von niemandem verstanden werde. Ich versuchte ständig, mich gegen irgendetwas zu wehren. Dann wurde mir klar, dass auch ich versuchen muss, andere zu verstehen. Vater und ich zum Beispiel hatten nicht die beste Beziehung. Das heißt nicht, dass wir uns hassen, wir haben sehr viel gemeinsam, aber irgendwie auch wieder nicht. Ich interessiere mich zum Beispiel kein Stück für Autos. Ich möchte mich da reinsetzen und fahren. Er könnte sich im Gegensatz zu mir nicht vorstellen, auch nur eine Zeile zu schreiben. Ich lebe davon, Geschichten und Gedichte zu schreiben. Mittlerweile wissen wir das auch voneinander. Ich glaube, bei dieser Entwicklung hat mir auch meine Ausbildung zum Sozialpädagogen geholfen und die Arbeit mit den Jugendlichen, mit diesen total ghettoisierten Kids, die noch viel härter sind als ich früher. Heute habe ich das Gefühl, dass ich lebe, dass ich einen Sinn habe und auch etwas geben kann. Ich mache jetzt lieber Musik, wenn mich etwas stört, oder schreibe. Da habe ich außerdem noch das Gefühl, dass ich was Gutes für mich tue. Vier Jahre lang hatte ich eine Band, habe die Texte gemacht, gesungen und Gitarre gespielt. Inzwischen habe ich gemeinsam mit einigen anderen ein Kabarett aufgebaut. Ich kann davon noch nicht leben, aber ich bin auf dem richtigen Weg. Und ich habe das Gefühl, meine Vergangenheit hilft mir dabei, das alles zu tun. Ich hab sogar ein Buch geschrieben. Das ist noch nicht erschienen, aber die Erste, die es gelesen hat, war meine Mutter. Sie fand es saugeil, dass ich so etwas mache, und fand auch die Geschichte irre. Sie hat sich hingesetzt und detaillierte Anmerkungen gemacht. Das hat mich so gefreut. Inzwischen können wir über vieles reden, aber noch längst nicht über alles. Da ist noch einiges an Erinnerungen in dem Sack, den ich mit mir rumschleppe, und irgendwann will ich den abgeben. Über die Zeit, in der sie mich monatelang ignoriert hat, haben wir zum Beispiel nie gesprochen. Ich will es unbedingt tun, aber es ist für mich sauschwer zu sagen, weißt du noch damals, als du nicht mit mir geredet hast und ich darunter litt? Gerade jetzt, wo zwischen uns alles so schön ist. Es hat sich schon sehr viel verändert, auch meine Mutter. Wir sind beide ein Stück freier geworden, und ich mag die Gespräche mit ihr sehr. Ich weiß aber auch, dass sie keinen Wert haben, wenn danach nichts passiert, wenn sich nichts verändert. Aber es ist ein Anfang, ich habe das Gefühl, dass wir uns entwickeln. Wir haben gelernt, uns auch mit unseren Fehlern zu akzeptieren. Ich bin sehr froh, dass keine andere meine Mutter ist, und sie ist zufrieden, dass ich inzwischen weiß, was ich will. Sie ist sogar richtig stolz auf mich. Das macht auch mich stolz, diese verspätete Anerkennung.

Reden oder Schweigen –
Jungen grenzen sich auch verbal ab

Dipl.-Psychologe Michael Meyer-Krebs,
Psychoanalytiker, Berlin

Jungen-Sprache als erste Abgrenzung von der Mutter

Kinder lernen bereits sehr früh, typisch weiblich oder typisch männlich zu kommunizieren. Mädchen lauschen ihren Müttern einen elaborierten Code ab. Das heißt, sie können sich sehr differenziert ausdrücken, sie denken sozial, was sich in ihrer Art der Kommunikation äußert, sie beschreiben Abläufe, suchen nach Motiven. Jungen übernehmen aus ihren Kindergruppen eine andere Art der Mitteilung, die sich auf wenige Schlagworte und symbolische Gesten beschränkt. Wiedererkennungszeichen sind wichtig: auf die Schulter schlagen, die Hände aneinander klatschen, sich gegenseitig in die Seite knuffen. Jungen zwischen sechs und vierzehn Jahren suchen nicht nach Motiven im Verhalten anderer, sondern machen es sehr grob und schnell an einem Werturteil fest: cool oder uncool. Dabei hat jede Gruppe – Kirche, Rockgruppe, Sportverein – ihre eigenen Codes. Diese Peergroups sind auch dafür verantwortlich, dass zuviel Gesagtes als mädchenhaft abqualifiziert wird.

Jungen erleben, dass sich ihre männlichen Vorbilder, zum Beispiel die Väter, dem weiblichen Anspruch, über Gefühle zu reden, häufig verweigern. Dadurch entsteht für sie ein Konflikt, besonders dann, wenn die Mütter diese männlichen Kommunikationsmuster bei ihren Söhnen durchbrechen wollen. Einerseits möchten die Söhne das Vertrauensverhältnis zur Mutter nicht beschädigen, andererseits wollen sie den Vorgaben der männlichen Rolle entsprechen. Eine kluge Mutter vertraut ihrem Gefühl und wird nicht durch Aufforderung oder ständige Hinweise durchsetzen wollen, dass der Junge seinem Rollenverständnis zuwiderhandelt.

Die Kommunikation der Jungen – untereinander, zwischen ihnen und Erwachsenen – ist eine Art Unabhängigkeitserklärung gegenüber ihren Müttern. Mit dem grotesken Übertreiben männlicher Verhaltensweisen wollen sie sagen: Ich bin anders als du. Respektiere das bitte und versuche nicht, mich in deinen Kosmos hineinzuziehen, ich habe meinen eigenen.

Schweigen als Unabhängigkeitserklärung

Es ist eine wesentliche Grundlage der Ich-Bildung, bestimmte Dinge zu verschweigen. Doktorspiele, Rauchen, Herumstromern in Gegenden, die die Eltern verboten haben, das sind Experimente, um die eigenen Grenzen auszuloten. Würden sich die Eltern an ihre erste heimlich gerauchte Zigarette erinnern, an den ersten Rausch, an die verdrucksten Sonntagnachmittage, die sie völlig gelähmt und voller Wut in einem Kinderzimmer verbringen mussten, würden sie nicht erwarten, dass ihr Kind angesichts von Ver- und Geboten munter mit ihnen plaudert und anfängt, Flöte zu spielen.

Ein Kind braucht Geheimnisse, um seine wachsende Persönlichkeit zu bewahren. Die Mutter, die all seine Gefühlstöne ablauscht, um informiert zu sein, nimmt ihm die Möglichkeit, sich ungestört zu entwickeln. Also muss es gegen diese ständige gefühlsbetonte Umsorgung etwas setzen: Nö, es war nichts, es gab nichts, ich will nichts, sage nichts, kann ich alleine, wieso willst du immer alles wissen. Auch Schweigen kann also eine Unabhängigkeitserklärung sein: Ich komme ohne dich aus.

Wohl jede Mutter will mit ihrem Sohn im Gespräch bleiben – blockt der ab, sollte man ihn nicht zum Reden zwingen. Und wenn der Knabe dreizehn oder vierzehn Jahre alt und das Nachfragen der Eltern Routine geworden ist, gewinnt die Fragerei etwas Eindringendes. Dabei haben Jungen in diesem Alter genug mit sich selbst zu tun. Auch noch erklären zu müssen, was mit ihnen los ist, würde sie total überfordern. Sie würden sich fühlen wie der Tender der Lokomotive Mutter – und Tender können nicht selber fahren.

Wenn der Sohn Probleme hat

Kinder schweigen gemeinhin so lange, wie sie glauben, es aushalten zu können. Wenn eine Mutter spürt, dass den Sohn etwas belastet, reagiert der »Mutterreflex«: Warum ist mein Kind nicht so glücklich wie das Kind im Werbespot? Ich muss es wieder glücklich machen, sonst bin ich keine gute Mutter. Dieser selbst gestellte Auftrag birgt aber ein Problem. Natürlich sind Kinder, besonders in der Pubertät, den ungewissen Anforderungen des Lebens ausgeliefert. Vieles können sie noch nicht verstehen, vieles macht sie traurig. Manche Jugendliche äußern diese diffusen Gefühle in Gedichten. Nicht von ungefähr handelt Pubertätslyrik von Selbstmordgedanken, von Sehnsucht, Ehrgeiz, Liebe, persönlicher Attraktivität. Fragen wie: Warum bin ich nicht zum Geburtstag eingeladen? Kann ich dieses Mädchen zum Tanzen auffordern? Wozu lebe ich eigentlich? sind, sehr zugespitzt, für viele Kinder eine Bedrückung.

Es gibt einige Möglichkeiten zu helfen. Sofern die Mutter das Problem ihres Sohnes kennt, erzählt sie Geschichten aus ihrer Jugend und redet darüber, wie sie oder ihre Freunde solche Schwierigkeiten gemeistert haben.

Sie spricht mit anderen Müttern oder Vätern und fragt dann ihren Sohn: Ich hab gehört, dein Schulfreund hat sich mit seinen Eltern darüber unterhalten; hast du damit auch ein Problem?

Sie kann anbieten: Ich spüre, du hast ein Problem. Hältst du es allein aus oder möchtest du darüber reden? Allerdings sollte sie nicht insistieren, denn das würde den Sohn in seinem Argwohn bestärken, dass ihm die Lösung eines Problems nicht zugetraut wird. Dann reagiert er trotzig und schweigt erst recht.

Oder sie kann direkt fragen: Hast du Liebeskummer? Ich hatte in deinem Alter auch Liebeskummer und darunter sehr gelitten. Oder: Ich habe eine zu lange Nase und zu kurze Beine, in der Schule wurde ich deshalb gehänselt – ist so etwas dein Problem? Darüber können wir reden.

Immer eine gute Idee: Eine andere Person als Vermittler zu suchen. Am besten eignet sich dazu jemand, der als Anwalt des Sohnes fungiert, also von dem der Junge annimmt, dass der seine Partei ergreift. Damit wäre gewährleistet, dass nicht zwei Erwachsene auf ihm herumhacken.

Belastung per se ist übrigens nichts Schlimmes, wovon man das Kind befreien muss. Zwar vermittelt uns die Werbung: Junge schicke Leute fahren in schicken Autos zu tollen Partys, kippen schicke Getränke in sich rein und sind jederzeit gut drauf. Die meisten Jugendlichen aber haben Probleme. Und es gehört zum Erwachsenwerden zu lernen, sie allein zu lösen.

Über Drogen muss man reden
Es gehört zur Pubertät von Jungen, den Normenrahmen auszudehnen und Grenzen zu überschreiten. Wenn die Eltern ihnen

beipielsweise verbieten, am Kanal zu spielen, gehen die Jungen zuerst dorthin. Das ist normal. Eltern können zwar eigene Erfahrungen anführen, aber nicht vor Erfahrungen bewahren. Ähnlich ist es mit Drogen. Jugendliche, die ein stabiles Elternhaus und eine ausgefüllte Freizeit haben, sind dabei allerdings weniger gefährdet als andere. In jedem Fall sollten Eltern mit ihren Kindern über das Thema Drogen sprechen.

Besteht der begründete Verdacht, dass der Sohn Drogen nimmt, sollte man eine Vertrauensperson einschalten. Das können die Großeltern sein, denen Kinder häufig mehr erzählen als den eigenen Eltern, Verwandte oder Freunde. Auch der Hausarzt käme dafür in Frage, wenn er das Kind von klein auf kennt. Es muss nicht allein die Mutter oder der Vater sein. Ob der Sohn ein solches Angebot annimmt, kommt auch auf den Draht an, den er zu seinen Eltern hat. Bei einem realen Drogenproblem muss man professionellen Rat einholen: Der Hausarzt, eine Suchtberatungsstelle, auch kirchliche Einrichtungen bieten kompetenten Rat.

Wie aber bemerkt man ein Drogenproblem? Es gibt etliche Anzeichen dafür: Absacken der schulischen Leistungen, Schlappheit (nicht zu verwechseln mit den üblichen Anzeichen der Pubertät und einer Pubertätsdepression), kleine, rotgeränderte Augen, unmotiviertes Lachen, massive Geldprobleme. Der Konsum von Ecstasy läßt sich gut verbergen. Wer sich damit motiviert, tanzt die ganze Nacht durch, erscheint am Nachmittag des nächsten Tages zu Hause mit der Erklärung: Ich habe bei einem Freund gechilled (chill out = ausruhen). Was die meisten jungen Leute nicht wissen: Ecstasy entzieht dem Körper Flüssigkeit; mit Wasser, Saft oder Tee können sie für einen Ausgleich sorgen.

Kommt der Sohn in der Woche einigermaßen pünktlich nach Hause, sollte man ihm ein relativ unkontrolliertes Wochenende gönnen. Es ist gut, an die eigene Jugend zu denken und sich zu erinnern, wieviel man selbst geraucht und getrunken hat.

Vorbild ist die Sprache der Eltern – oder ihr Schweigen
Schweigen kann auch eine schlichte Kopie der Erwachsenen sein: Mit dir rede ich kein Wort mehr bis morgen. Das ist ein Druckmittel, dessen Brutalität viel weniger erkennbar ist als Schläge. Besonders Erwachsene in Mittelschicht-Familien set-

zen es relativ leicht und gekonnt ein. Du willst nicht? Ich will auch nicht. Das hört sich wie eine Quasi-Gleichheit an, ist es aber nicht. Wenn Eltern Schweigen als Strafe einsetzen, wird das Kind später damit andere reizen und bestrafen. Wenn Vater oder Mutter nicht mit ihrem Kind sprechen, erleben diese das als Bedrohung, als einen Kontaktabbruch, der – übrigens auch für Erwachsene – mit Angst verbunden ist. Das bisherige Verhältnis ist nicht mehr zuverlässig. Und Angst kann nur bestimmte Reaktionen abrufen: Schreien, Weinen, Aggression. Das Kind hat, je nach Altersstufe, wenige Möglichkeiten, darauf zu reagieren.

Ist ein Kind, als es klein war, für jeden Fehler maßlos beschimpft worden – du bist zu blöde, die Schuhe zuzubinden, die Schultasche zu packen, deine Sachen in Ordnung zu halten –, kommen solche Beschimpfungen in der Pubertät als Echo zurück. Manche Eltern können sich also in der Stilistik ihrer pubertierenden Kinder spiegeln, auch wenn sie diese schon längst nicht mehr pflegen und vergessen haben. Ätzende, ironische, boshafte, gemeine Kommentare zu bestimmtem kindlichem Scheitern, die als Echo zurückkommen, können auch Verwandte, Nachbarn, Lehrer abgegeben haben. Kinder wiederholen das nicht sofort, weil sie ein entsprechendes Tabu aufgebaut haben, aber sie speichern diese Erfahrungen.

Wenn die Eltern nicht miteinander reden

Kinder werten viel mehr Informationen aus, als Erwachsene glauben, besonders die nonverbalen Zeichen: Mienenspiel, Schweiß, Gerüche, Räuspern sind Informationen, durch die sie Intuition, Gefühl entwickeln, ohne dafür Begriffe zu haben; diese lernen sie erst später. Partnerschaftsprobleme der Eltern beispielsweise wittern Kinder ohnehin sehr schnell. Sie kennen zwar nicht die Motive und Hintergründe, spüren aber, oft sogar noch vor den beteiligten Erwachsenen, wann etwas faul ist.

Ein Kind, das zwischen Eltern lebt, die wochenlang kein Wort miteinander reden, ist in einem Loyalitätskonflikt und diesem hilflos preisgegeben. Es würde am liebsten die steigende Hassspanne verringern, hat aber keine Möglichkeit dazu. Also reagiert es eher mit Depression und Rückzug. Oder es kopiert die Aggression durch eine reale Aktion – zerstört etwas, damit endlich jemand spricht. Man kann Kindern erklären: Du siehst, es läuft im Moment ziemlich schräg hier, ich habe Probleme mit deiner Mutter/deinem Vater, aber es hat nichts mit dir zu tun. Problematisch wird es, wenn von den Kindern erwartet wird, sich für einen von beiden zu entscheiden oder einer von dem Kind zusätzliche Zärtlichkeit, Liebe, Freundlichkeit, Loyalität erwartet nach dem Motto: Irgendeiner muss mich jetzt trösten, ich habe das schließlich jahrelang für dich getan.

Man muss aber ab und zu nachfragen: War das jetzt ein bisschen viel? Heranwachsende ab vierzehn glauben, viel tragen zu können, wobei sie sich mächtig verheben können. Damit sie sich nicht schuldig fühlen, gibt man ihnen klar zu verstehen, dass die Verantwortung für die Situation allein bei den Erwachsenen liegt.

Wenn die Mutter leidet, weil der Sohn nicht anruft

Natürlich soll eine Mutter ihrem Sohn gegenüber Wünsche äußern. Nur darf sie nicht damit rechnen, dass diese auch erfüllt werden. Vielleicht fragt sie sich zunächst einmal, warum sie sich etwas wünscht. Zum Beispiel: Warum möchte sie, dass er sie einmal die Woche anruft? Will sie wissen, ob er seine Miete bezahlt hat? Ob er noch lebt? Ob er Ärger mit der Freundin hat? Sie sollte ihre Bitte konkret artikulieren: Ich möchte, dass du mich einmal die Woche anrufst, um meine Einsamkeit aufzulockern. Ich will nur deine Stimme hören, rede meinetwegen über deine Kollegen oder über das Wetter. Oder sie sagt: Ich erwarte von dir, dass du mich im Alter begleitest.

Sie sollte aber besser keine Regeln aufstellen. Wenn diese nicht eingehalten werden, entstehen Schuldgefühle. Die Mutter quält sich mit der Vorstellung, wieder einmal zu viel verlangt zu haben. Der Sohn fühlt sich bedrängt. Die Atmosphäre ist vergiftet statt verbessert.

Wenn beiden etwas aneinander liegt, werden sie auch zu einem beide Seiten befriedigenden Umgang finden. Bei den einen liegt der Familienkontakt in der Kontinuität, andere überlassen das der Situation. Die Häufigkeit des persönlichen oder telefonischen Kontakts sagt nichts aus über die Intensität der Gefühle. Was nützt es, wenn der Sohn jeden Morgen der Mutter Brötchen holt und dabei regelmäßig Magenkrämpfe bekommt?

Wenn klar ist, dass die Mutter zu einem bestimmten Tag, zu einem bestimmten Anlass, aus einem bestimmten Grund angerufen werden möchte, wird der Sohn kein Problem damit haben und ihrem Wunsch nachkommen. Wenn aber dahinter steht: Du sollst mich mehr lieben und über alles in deinem Leben informieren, ist das die falsche Botschaft.

Häufig verstecken sich hinter derartigen Wünschen andere Botschaften, zum Beispiel: Du hast meinen Geburtstag vergessen, wie dein Vater früher auch, das hätte ich nie von dir gedacht, dabei habe ich mich immer krumm gelegt, um nach der Arbeit auch noch die Vorbereitungen für deinen Geburtstag zu treffen, und du schaffst es nicht mal, mich anzurufen und so weiter und so fort. Nach so einer Tirade wird der Sohn erst recht keine Lust haben zum Telefonieren.

Und wenn sie leidet, weil der Sohn sich zu selten meldet? Dann stimmt möglicherweise etwas nicht in ihrer beider Verhältnis. Vielleicht braucht er Abstand, und vielleicht wird sich das ändern, wenn er selbst Kinder hat.

Wie Eltern reagieren können

Selbstverständlich kann man sich nicht von seinen Kindern beschimpfen lassen, man weist sie in ihre Schranken. Kleineren, die das Gewicht der Worte erst ausloten, erklärt man ruhig: So kannst du nicht mit mir reden, ich sage auch nicht du Arsch zu dir. Wenn die Mutter eine klare Haltung vorlebt, wird auch der heranwachsende Sohn seine eigene Form finden und intuitiv erkennen, dass männliche Sprache nicht gleichbedeutend ist mit verbalen Ausfällen.

Eltern müssen Grenzen setzen, damit die Jugendlichen einen inneren Katalog bekommen von erlaubten und unerlaubten Ausdrücken. Die leise, schöngeistig denkende Mutter hat es natürlich schwer, ihrem poltrigen Sohn zu vermitteln, dass ihr klassische Musik lieber ist als metallgenagelte Stiefel und Kraftausdrücke. Aber Kinder haben ein relativ gutes Feingefühl für das, was erlaubt ist, und können, sofern sie nicht behindert sind, ein erhebliches Maß an Takt walten lassen. Und sie wollen ja gar keinen Ärger. Sie wollen nur ihr eigenes Ding machen. Sie bringen Freunde und Freundinnen mit, die man nie einladen würde. Zünden aus Versehen das Sofa an. Fahren Mutters Auto zu Schrott – und wollen dennoch weiterhin die Lämmlein sein, geliebt und versorgt werden.

Weil Kinder sich überschätzen, Eltern Kinder aber unterschätzen, ist der gegenseitige Respekt gefährdet. Man kann seine Sprößlinge nicht vor riskanten Situationen bewahren. Aber man muss ihnen, entsprechend ihrem Alter, ein gewisses Maß an Zutrauen entgegenbringen. Also: Ich akzeptiere, dass du mir nichts erzählst. Aber ich glaube fest daran, dass du mich unterrichten wirst, wenn du ernsthafte Probleme bekommst. Deshalb höre ich auf, Kontrolle ausüben zu wollen.

Das Wesentliche bei der Erziehung sind nicht nur Normen und Regeln, sondern es ist die Haltung zum Kind, der Respekt vor ihm, auch wenn es uns erst bis zum Knie reicht.

Söhne auf der Suche

»Wichtig ist, dass er zurechtkommt«
Katharina, 58, Rostock

Es gibt Zeiten, da kommen Dirk und seine Frau jeden Sonntag. Natürlich erwarten sie, dass wir kochen. Besonders in der Vorweihnachtszeit. Und im Sommer besuchen sie uns häufig in unserem Garten. Wir haben ein sehr gutes Verhältnis, sehen uns oft, telefonieren ein-, zweimal die Woche. Ja, wir verstehen uns sehr gut. Das war nicht immer so. Früher sind wir häufig mächtig aneinander gerasselt. Dirk erzählte irgendwas, ich gab meinen Senf dazu, dabei wollte er gar nicht meine Meinung hören, und dann hat's geknallt. Er war dabei nicht immer ganz fein, muss ich sagen. Das hat mir natürlich wehgetan. Irgendwann hab ich begriffen: Wenn er meine Meinung hören will, sagt er das. Ansonsten schweige ich oder frage, soll ich dazu etwas sagen oder nicht? Seitdem läuft es gut mit uns.

Als Dirk etwa elf, zwölf Jahre alt war, haben wir uns häufig angebrüllt. Aus diesem leicht zu lenkenden, freundlichen Kind war plötzlich ein aufmüpfiger Bengel geworden. Das hatte mich ziemlich überrascht, denn wir haben uns sehr viel Mühe gegeben mit ihm, haben Freizeit und Wochenenden mit ihm verbracht, ich hab Urlaub genommen, wenn Ferien waren. Auch die Großmütter und mein Mann haben sich intensiv mit ihm beschäftigt. Mein Mann hat alles gemacht, was Jungs Spaß macht – hat ein Baumhaus gebaut, ist mit Dirk zelten gefahren.

Mit Menschen, die mir nahe stehen, bin ich wesentlich ungeduldiger als mit Fremden. Erzählen andere von den Unarten ihrer Kinder, lacht man drüber und beschwichtigt sie, das sei doch nun wirklich nicht schlimm. Aber beim eigenen Kind ist das alles ganz schrecklich.

Morgens wollte Dirk nicht aufstehen, dann nicht frühstücken, diese Socken passten ihm nicht und jenes T-Shirt wollte er nicht anziehen, so ganz normale Dinge, die einen aber wahnsinnig machen. Ich musste ja in die Kanzlei, er zur Schule, und dann dieses Theater: Steh auf, mach dich fertig, kämm dir die Haare, du hast nur noch zehn Minuten Zeit ... Ich wurde immer hektischer, wir spulten uns gegenseitig auf, es gab nur noch Gebrüll, er ist dabei teilweise richtig ausfallend geworden. Wenn er überhaupt zu den gemeinsamen Mahlzeiten erschien, war das für alle Beteiligten fürchterlich, weil er dann mit langen Zähnen und muffligem Gesicht dasaß und uns den Appetit verdarb. Wir waren hilflos, dachten, es müsse was passieren, also bin ich mit dem Kind zu einer Psychologin gegangen. Daran denkt Dirk heute noch mit Schrecken.

Diese Psychologin aber war sehr vernünftig, sie fand das Kind völlig normal, nur die Eltern behandlungsbedürftig.

Wenn gemeinsames Essen für Sie so ein Stress ist, sagte sie, lassen Sie es doch sein, irgendwann wird sich das wieder regeln.

Ja, warum bin ich eigentlich nicht selbst darauf gekommen?

Und was diese morgendliche Brüllerei anbelangt: Wie reagieren Sie, wenn ein Erwachsener Sie so behandelt wie Ihr Sohn, Sie anbrüllt und beschimpft, fragte sie mich.

Wenn vor mir jemand ausrastet, werde ich völlig ruhig, nie würde ich ebenso reagieren.

Und warum können Sie das nicht bei Ihrem Kind?

Ja, warum nicht? Weil ich es persönlich nehme.

Und dann hat mir diese Frau klargemacht, dass Dirks Ausfälle gar nicht gegen mich gerichtet sind. Dass das seine Art ist, den Aufstand zu proben gegen Autorität jeder Art. Das habe ich mir zu Herzen genommen. Hab ihn morgens geweckt und bin meiner Wege gegangen. Er hat es begriffen, und endlich war wieder Ruhe.

Dass er seinen eigenen Kopf hat, dass er sich nie angepasst verhalten hat, das fanden wir eigentlich sehr gut. Problematisch für ihn war vielleicht, dass wir zu DDR-Zeiten keine Westkontakte hatten, auch kein Westgeld. Mein Mann war Offizier, da verbot sich das, aber wir wollten Dirk beweisen, dass man völlig normal leben konnte, ohne irgendwas aus dem Westen zu haben wie alle anderen. Wir haben erst sehr spät einen Fernseher gekauft, und dann gab es bei uns auch kein Westfernsehen, aber das hat Dirk sicher bei Freunden und später heimlich bei uns geguckt. Dann begann er, sich extrem zu kleiden. Zum Beispiel trug er eine Zeit lang einen grünen OP-Anzug, weiß der Himmel, woher er den hatte. Dann an einem Ohrring eine Blechmarke mit Nummer, wie sie auf dem Lande an Mülltonnen hängen. Erst ließ er sich die Haare lang wachsen, und als die Skinhead-Bewegung in den Osten schwappte, trug er auch eine Glatze. Eigentlich hat uns das nicht gestört, aber mein Mann bekam natürlich immer Ärger in seiner Dienststelle, weil sein Sohn so rumlief. Und ich hatte furchtbare Angst um ihn, damals musste man sich ja Sorgen machen, dass einer mit dem Aussehen von der Polizei aufgegriffen wird. Während seiner wilden Zeit kam er grundsätzlich nicht dann nach Hause, wann wir es vorgegeben hatten. Man ist ja so hilflos. Verbote auszusprechen hat nur Sinn, wenn man auf deren Übertretung reagieren kann. Ich kann einen Fünfzehn-, Sechzehnjährigen nicht verprügeln, kann ihm keinen Hausarrest erteilen, ich hatte überhaupt keine Möglichkeit, auf den Verstoß zu reagieren. Er hörte einfach nicht, kam nicht.

Nein, er wollte niemanden provozieren, ich denke, er wollte der Umwelt zeigen, seht her, ich kann alles. In der Schule hat er immer die Kurve gekriegt. Er konnte zur Oberschule gehen. 1987 hat er Abitur gemacht und sich zu einem Jurastudium entschlossen. Ich habe ihn darin unterstützt, bin ja selbst Juristin. Dirk hatte keine ausgeprägten Ambitionen, hat sich aber mehr für Kunst, Deutsch, Geschichte interessiert als für Naturwissenschaften, also dachte ich, Jura passt in die Richtung, es ist ein Allerweltsstudium.

In der DDR mussten Jungen, die studieren wollten, drei Jahre zur Armee. Dirk war drei Tage da, am südlichen Ende der DDR, da rief er an: Das hält er nicht aus. Er lässt sich nicht vereidigen. Mein Mann und ich fuhren hin, saßen mit ihm im Besuchsraum der Kaserne und versuchten, ihn moralisch aufzurichten. Ich weiß nicht mehr genau, was wir gesagt haben, aber der Tenor war: Wenn du studieren willst, musst du da durch. Ansonsten musst du wissen, was du stattdessen machen willst. Für mich als Mutter war es furchtbar, es war das erste Mal, dass ich meinen Sohn so verzweifelt gesehen habe, und ich konnte ihm nicht helfen. Ich erinnerte mich an meine erste Zeit im Internat, als ich mit dem Jura-Studium begonnen hatte – auch ich hatte anfangs schrecklich gelitten. Insofern konnte ich das nachfühlen, andererseits war ich der Meinung, mit so einer Situation kann man fertig werden. Wir haben versucht, ihm das Heimweh zu nehmen, sind öfter mal hingefahren, haben uns zu Weihnachten in einem Hotel in der Nähe einquartiert. Als die Mauer fiel, hatte er zwei Jahre gedient und ließ sich sofort entlassen. Er zog in eine Ein-Zimmer-Wohnung, war aber viel bei uns, und begann mit dem Jurastudium. Es war eine einzige Katastrophe. Von einem Tag auf den anderen – vom 3. zum 4. Oktober 1990 – galt das DDR-Recht nicht mehr. An der Uni ging es absolut drunter und drüber. Dozenten und Professoren hatten keine Ahnung, wie es weitergeht, in dem gesamten Uni-Betrieb war nichts mehr wie früher. Und ich konnte ihm wenig helfen, weil ich mit mir zu tun hatte, ich musste ja auch über Nacht das bundesdeutsche Recht lernen. Ein Semester hat Dirk durchgehalten, dann ist er eine Zeit lang in der Welt herumgefahren. Und als er wiederkam und es noch mal vergeblich mit dem Studium probiert hatte, da war auch ich so weit zu begreifen, dass das nicht seine Sache ist.

Es war nicht leicht für uns zu akzeptieren, dass er nicht studieren wird. Er hat keinen Berufsabschluss. Es hat viele Diskussionen deshalb gegeben. Aber irgendwann haben wir erkannt, dass es in dieser Gesellschaft nicht darauf ankommt, ob man studiert oder eine Ausbildung hat. Man kann so oder so arbeitslos werden. Wichtig ist, dass man zurechtkommt. Dirk kommt durchaus zurecht, er ist lebenstüchtig, regelt alles – jetzt mache ich mir keine Sorgen mehr um ihn. Natürlich haben wir gewollt, dass er eine anständige Ausbildung hat. Dass er einen Beruf ergreift, der ihm Spaß macht. Wir hätten schon gern gesehen, dass er studiert. Aber nicht, weil ich stolz auf ihn sein wollte, solche Gedanken hab ich mir nie gemacht.

Für uns waren Werte wie Ehrlichkeit und Aufrichtigkeit wichtig. Deshalb ist er auch bei vielen so angeeckt. Meine Großmutter äußerte oft den Spruch: Kindswille ist Dreck wert. Furchtbar! Das hat auch Dirk schrecklich aufgeregt, als er das hörte. Nein, so etwas gab es bei uns nicht. Freunde von uns behaupten, wir hätten ihn antiautoritär erzogen. Ja, wir haben ihn ziemlich frei entscheiden lassen, allerdings innerhalb bestimmter Grenzen und Regeln.

Was mich an ihm stört: dass er häufig Dinge vergisst, die andere Menschen betreffen. Er kriegt es fertig, den Geburtstag eines Familienmitglieds zu vergessen. Das ärgert mich. Er muss doch mal begreifen, dass man mit einer kleinen Geste anderen eine Riesenfreude machen kann!

Was ich erst im Laufe der Jahre begriffen habe: Es macht keinen Sinn, vor Kindern die eigenen Sorgen zu verbergen. Nun waren diese Sorgen in der DDR nicht so gravierend, aber ich finde, man muss auch sagen können: Mir geht es heute schlecht, ich kann dich heute nicht ertragen oder dieses und jenes möchte ich jetzt nicht. Ich habe auch kein Problem damit, mich bei meinem Sohn zu entschuldigen, wenn es erforderlich ist. Das hab ich schon getan.

Ja, ich kann mit Dirk über vieles reden, aber bestimmte persönliche Dinge würde ich nicht mit ihm besprechen. Wenn ich ein Verhältnis hätte? Nein, das würde ich ihm nicht sagen, um Gottes willen. Und wie hoch meine Ersparnisse sind, geht ihn auch nichts an. Wenn er wirklich Geld bräuchte und ich es ihm geben könnte, bekäme er es. Oder ich würde ihm erklären, warum es nicht möglich wäre.

»Ich habe gegen das System rebelliert, nicht gegen meine Eltern«
Dirk, 32, Rostock

Ich bin früher viel mit Punks rumgelaufen und auch in Kirchen gegangen, wo es damals im Osten etwas freier zuging. Für meine Mutter war das bestimmt eine ganz schön komische Situation. Sie hatte als Rechtsanwältin mit einigen politischen Prozessen gegen Regime-Gegner zu tun und wusste, für welche Kleinigkeiten Leute verhaftet worden sind. Eines Tages hat ein Richter sie mal auf dem Gang angesprochen: Der Name ihres Sohnes sei in den Akten eines Falles erwähnt. Das war bestimmt schwierig für sie. Dabei ist mir bei meiner Mutter gar nicht so bewusst gewesen, welche Probleme sie durch mich bekommen könnte. Bei meinem Vater – er war Offizier – habe ich darüber schon eher nachgedacht. Ihm habe ich das immer hoch angerechnet, dass er nichts gesagt hat und dass ich die ganze Scheiße anstellen konnte und er mich mein Ding machen ließ. Dabei habe ich damals nur geahnt, was ihm alles hätte passieren können. Erst später, als ich selbst bei der Armee war, ist mir klar geworden, was für ihn auf dem Spiel stand und was es für ihn bedeutet haben muss, mich nicht einzuengen. Er war Stabsoffizier und vor allem damit beschäftigt, Pläne für den Ernstfall auszuarbeiten, für die Mobilmachung. Irgendwie ein perverser Job. Und dann hat mein Vater mir eines Tages erzählt, dass er zur Stasi musste in seinem Regiment, und dass die ihm eine Akte seines Sohnes vorgelegt haben. Da war jede oppositionelle Veranstaltung aufgelistet, auf der ich mich rumgetrieben hatte, und jeder, den ich kannte und der in den Westen abgehauen war. Das hat er mir einfach nur erzählt, und als ich ihn fragte, was die denn von ihm wollten, hat er gar nichts gesagt. Wahrscheinlich wollten sie ihm klarmachen, dass er einen missratenen Sohn hat, auf den er jetzt mal Einfluss nehmen soll. Aber er hat gar nichts dazu gesagt. Und als ich ihn fragte, was das Gespräch denn nun sollte, meinte er nur: Ich möchte, dass du weißt, was hier alles so beobachtet wird, mehr nicht. Der Druck, konform mit dem System zu sein, der war schon enorm, trotzdem haben mir meine Eltern nie etwas verboten, das kannte ich überhaupt nicht. Meine Mutter war sowieso eher still, die hat sich mein Leben angeguckt und nur selten was dazu gesagt. Anwälte sind ja oft so, dass sie erst mal auf den Vorwurf warten. Hinterher kann man sich noch immer damit beschäftigen. Wahrscheinlich hat sie sich gesagt, wenn etwas passiert, kann man immer noch Schadensbegrenzung versuchen. Ich weiß aber, dass es sie schon manchmal geschafft hat, wenn ich was anstellte. Sie ist auf Strafrecht spezialisiert und wusste, was mir passieren kann.

Nur meine Klamotten wollte sie nicht wortlos hinnehmen, da hat sie auf mich eingeredet. Ab und zu hat sie mich in einen Exquisit-Laden zwangsverfrachtet und gesagt, such dir was aus, ich kaufe dir alles. Sie wollte einfach nicht mehr, dass ich mit Tarnhose und Doc Martens rumrenne. Die Stiefel hatte ich mir mühsam besorgt, das war im Osten ein echtes Problem. Vor Gericht galten Springerstiefel damals schon als Beweis dafür, dass du ein Skinhead bist, egal, wie du sonst aussahst und ob du vielleicht bunte Haare hattest. Meine Mutter wusste das und hat die Dinger boykottiert. Wenn ich nach Hause kam und die Stiefel in den Flur stellte, flogen sie umgehend in mein Zimmer. Ich will die nicht hier sehen, sagte meine Mutter, ich schmeiße die Scheiße weg! Da gab es schon häufig Streit zwischen uns. Irgendwann habe ich ihr dann erklärt, dass die Stiefel eine echte Geldanlage sind, dass die locker dreihundert Mark bringen, wenn man sie verscheuert. Und eines Tages komme ich nach Hause, und da lagen dreihundert Mark auf dem Tisch, und die Stiefel waren weg. Meine Mutter sagte, sie hat jemanden gefunden, der sie gekauft hat. Ich dachte, na gut, kaufe ich mir eben neue von dem Geld, und als ich den Müll wegbrachte, fand ich sie im Müllcontainer. Ich hab sie verkauft und dann eben ganz normale NVA-Offiziersstiefel angezogen. Die fand ich auch ganz schick. Bei dem Rest, meinen rot gefärbten Haaren zum Beispiel, gab es weniger Stress, zumindest hat meine Mutter mir das nicht verboten. Trag das nicht so auffällig, kämm die runter, das war die einzige Anweisung.

Trotz dieser Diskussionen habe ich aber immer gewusst, dass ich mit Problemen zu ihnen kommen kann, dass sie im Zweifel auf meiner Seite sind. Vor allem bei meiner Mutter war ich mir immer sicher. Ich bin sowieso eher durch meine Mutter geprägt, weil sie mich erzogen hat, meinen Vater hat die Aufzucht nicht so interessiert.

Ich habe dann auch Jura studiert, wie meine Mutter, und meinen Eltern einfach blind vertraut. In der elften Klasse habe ich mich für einen Jurastudienplatz beworben. Viel nachgedacht habe ich darüber aber nicht, das war noch so lange hin: Die Zusage bekam ich 1986, da war ich sechzehn, das Studium sollte aber erst 1990 beginnen. Im Osten musstest du erst drei Jahre zur Armee gehen, wenn du studieren wolltest. Außerdem gab es noch eine schriftliche und eine mündliche Prüfung beim Ministerium der Justiz. Die habe ich beide bestanden. Dann musste ich zum Direktor und mich schriftlich für drei Jahre Armee verpflichten. Ich kam mir besonders schlau vor – meine Mutter war ja Anwältin – und dachte, die Unterschrift ist eh nicht gültig, solange ich nicht volljährig bin. Aber mit achtzehn sollte ich dann noch mal unterschreiben. Da habe ich gesagt, nö, mache ich nicht. Der Typ hat einfach die Studienzulassung vor meinen Augen zerrissen und in den Papierkorb geschmissen. Ich war völlig ratlos. Zu Hause habe ich das meinen Eltern erzählt und dachte, die unterstützen mich. Von denen kam aber nur eine kurze Anweisung: Du gehst da wieder hin und machst das rückgängig, und du studierst.

Ich habe echt in den Seilen gehangen und fühlte mich von meinen Eltern verlassen, richtig vergewaltigt. Und kurz darauf bin ich zur Armee gekommen und nach einer Woche zusammengebrochen. Diese Aussicht, drei Jahre in der Kaserne zu sitzen, habe ich einfach nicht verkraftet. In der Zeit ist auch noch eine meiner Freundinnen in den Westen gegangen, ich kam überhaupt nicht mehr klar. Meine Eltern haben daraufhin versucht, mich wieder hinzubiegen, und sind nach Karl-Marx-Stadt gefahren, wo ich stationiert war. Mein Vater hat mich irgendwie für drei Stunden aus der Kaserne geholt – in der Grundausbildung war das normalerweise unmöglich. Und dann haben sie mich in die Mangel genommen. Sie haben mich nicht gerade erpresst, aber ich würde heute sagen, sie haben mich angebettelt, dazubleiben. Das war eine heftige Situation. Ich wusste schon, dass sie versuchen werden, mich zum Durchhalten zu überreden. Und sie haben es auch geschafft. Sie haben mir klargemacht, dass es für meine Zukunft viel schlechter wäre, wenn ich aufgäbe. Nach der Grundausbildung war es dann relativ okay, und sie fragten nie wieder, wie es mir geht.

So richtig aufgewacht bin ich erst bei den Montagsdemos. Im ganzen Land wurde demonstriert, und ich war bei der Armee. Ätzend. Da, wo wir stationiert waren, gab es auch Demonstrationen und wir mussten immer zum Aufpassen ausrücken. Ich habe mich von meinem Chef für irgendeine Lappalie in den Arrest sperren lassen, damit ich nicht mehr zu den Demos musste. Dann nutzte ich die Gunst der Stunde und schrieb ein Versetzungsgesuch. Mein Kommandeur sagte, wir versetzen Sie nicht, wir entlassen Sie in zehn Tagen. Das war das Größte in meinem Leben.

Nach der Armee habe ich überlegt, was ich mit meinem Leben mache. Auch, ob ich es im Westen oder im Osten verbringen will. Aber abzuhauen konnte ich meinen Eltern nicht antun, die beiden waren schon ein Argument für mich, im Osten zu bleiben. Kumpels von mir haben gesagt, du bist ja wahnsinnig. Irgendwann hast du deine Eltern nicht mehr, und du sitzt dann immer noch im Osten rum und fluchst. Doch ich konnte mir einfach nicht vorstellen, den Kontakt zu meinen Eltern abzubrechen. Ich habe gemerkt, dass sie mir viel bedeuten. Das erste Mal hatte ich während des Abiturs darüber nachgedacht abzuhauen. Die Eltern von einem Mädchen, in das ich damals verknallt war, hatten einen Ausreiseantrag gestellt. Meine Mutter versuchte damals massiv, auf mich Einfluss zu nehmen. Sie sagte, Dirk, das ist doch zum Scheitern verurteilt. Immer wieder redete sie auf mich ein, ich solle mich doch nicht in die Frau verlieben. Wahrscheinlich spürte sie, dass ich auch in den Westen will, obwohl wir nie darüber gesprochen haben. Das Mädchen ist natürlich gegangen, und ich war totentraurig. Auch hinterher redeten meine Eltern noch auf mich ein, dass ich sie sowieso nie wieder sehe und mich damit abfinden müsse. Ich saß am Tisch und heulte, weil ich so wütend war, dass meine Eltern kein Verständnis für mich hatten und dass sie nicht sagten, such dir doch einen Kumpel, der für dich die Briefe an sie schickt, fahr nach Prag, trefft euch dort. Sonst hatten sie immer Verständnis, aber diesmal nicht. Wahrscheinlich fürchteten sie wirklich, dass ich auch gehe.

Na ja, mit der DDR war es eh bald vorbei. Nach der Wende fing ich an, Jura zu studieren, und merkte bald, dass es nicht mein Ding war. Mir wurde zum ersten Mal klar, dass ich es nur mache, weil meine Interessen immer in diese Richtung gelenkt wurden. Als meine Mutter irgendwann zu mir sagte, ich glaube, du würdest kein guter Jurist sein, ist mir ein Stein vom Herzen gefallen. Sie hat einfach gesehen, dass ich mein Leben anders leben wollte und dass ich eher etwas unstet bin. Ich brach das Studium ab und lebte von verschiedenen Jobs, reiste ein Jahr durch Afrika. Am Anfang hat sie noch versucht, Einfluss auf mich zu nehmen: Wenn ich zur Uni ging, bekam ich Geld, für Miete und so. Wenn ich jobbte, fanden die Zahlungen nicht mehr statt. Irgendwann hat sie aber, glaube ich, gesehen, wie gut es mir tut, so zu leben, wie ich es will. Wahrscheinlich hat sie erkannt, dass ich kein Interesse daran habe zu studieren. Und da hat sie eines Tages gesagt, dass sie glücklich sei, wenn ich glücklich bin und ihr nicht mehr auf der Tasche liege. In dieser Reihenfolge. Mein Vater hat damit länger gekämpft, er träumte noch lange davon, dass sein großer Sohn Jurist wird, und konnte sich nicht vorstellen, dass man so leben kann. Meine Mutter merkte, dass es sehr wohl geht. Ich denke, dass sie es heute sogar verstanden hat und zufrieden ist mit meinem Leben. Nachdem ich das Studium abgebrochen hatte, fragte sie immer mal wieder vorsichtig, ob ich nicht was Handfestes lernen wollte, oder legte mir Zeitungsartikel hin mit neuen Studiengängen, die an irgendeiner Uni gegründet wurden. Manchmal bin ich auch dort zu Einführungsveranstaltungen gegangen, einfach um mir selber nicht vorwerfen zu müssen, dass ich das von vornherein abgeblockt habe. Aber es ist nie was daraus geworden. Jetzt lebe ich davon, Weihnachtsbäume zu verkaufen, und bin eigentlich ziemlich glücklich damit. Ob sie glücklich ist, kann ich nicht sagen.

Meine Eltern leben noch immer zusammen, und wir vier – ich habe einen jüngeren Bruder – haben ein total inniges Verhältnis. Wir sehen uns jede Woche und verbringen möglichst viel Zeit miteinander. Ich weiß nicht, ob mein Vater und meine Mutter eine gute Beziehung haben. Soweit ich meine Eltern kenne, sind sie aber glücklich miteinander. Uns Kindern gegenüber haben sie zumindest Harmonie vermittelt. Wir wurden auch ziemlich antiautoritär erzogen, Prügel gab es nie, Strafen auch nicht. Ich hatte immer das Gefühl, dass da jemand ist, der mir im Zweifel helfen kann. Deshalb hatte ich immer Respekt vor meinen Eltern, auch ohne Strafen. Vielleicht sollte man das eher liberal nennen oder nicht-autoritär. Ich denke, dass mein Vater sich beweisen musste, dass er ein guter Mensch ist, obwohl er Offizier war und einen Kackjob machte. Schwer zu erziehen war ich aber auch nicht, glaube ich. Zu Hause habe ich nie rebelliert, und in der Schule hatte ich nie Probleme. Meine Eltern sorgten außerdem dafür, dass ich in irgendwelchen Sportvereinen beschäftigt war und Musikinstrumente spielen lernte, damit ich ihnen nicht auf den Nerv ging. Ich würde denken, dass ich kein kompliziertes Kind war. Meine pubertäre Drangphase war eher der DDR geschuldet. Ich habe gegen das System rebelliert, nicht gegen meine Eltern. Mir ist erst sehr viel später aufgegangen, was meine Eltern durch mich für Ärger gehabt haben müssen. Hätte ich es früher gewusst, wäre ich nicht so um die Häuser gezogen und hätte solch eine Scheiße gebaut. Andere Eltern hätten sicher viel stärker Einfluss genommen.

Das habe ich bei Kindern gesehen, deren Eltern auch bei der Armee waren. Meine Eltern ließen mir immer viele Freiheiten, obwohl ihnen das das Genick hätte brechen können. Dafür achte ich sie heute noch, am liebsten würde ich ihnen ein großes Bienchen geben.

»Er braucht wohl sehr lange, um herauszufinden, was er will«
Maria, 56, Berlin

Das Problem bei hübschen dunkelhäutigen Kindern: Wenn sie noch klein sind, erleben sie selten das Normale. Meine beiden standen entweder im Mittelpunkt, und alles rief: ach, wie niedlich, ach, wie süß! Oder sie spürten Ablehnung, Verachtung, sogar Hass. Nicht immer in dieser Extremform, aber du konntest das an den Gesichtern ablesen, konntest es spüren. Als vollständige Familie waren wir ein bisschen geschützt. Aber ich allein mit ihnen wurde oft angepöbelt: Was ist das für eine, was hat die sich denn anhängen lassen ... und solche Sprüche.

Ich habe versucht, die Kinder zu stärken. Sie sind in dem Bewusstsein aufgewachsen: Die Welt ist bunt. Wir hatten ein offenes Haus, Freunde und Freundinnen aus Chile, Nicaragua, Kuba und natürlich aus dem Sudan, der Heimat ihres Vaters.

Jamal ist der Jüngere. In meinen Gedanken ist er der Prinz. Weil er eine Prinzenerziehung genossen hat. Einer in der Familie sagte immer: Ach, lass ihn doch! Obwohl wir nie direkt darüber gesprochen haben, glaube ich, dass Jamal für seinen Vater das Lieblingskind war. Er wurde von allen verwöhnt, hatte Vorteile, die seine Schwester nicht hatte. Jamals Vater, mein erster Mann, ist Arzt, ich arbeitete als Dramaturgin am Theater, meine Tochter war deshalb von montags bis freitags in einem Kinderheim. Sie ist zehn Jahre älter als Jamal, und eigentlich war das Kapitel Kinder für uns abgeschlossen. Trotz der sehr guten Kindereinrichtungen in der DDR war es doch belastend, Kinder und Engagement im Beruf unter einen Hut zu bringen. Jamal kam ungeplant und überraschend, aber eine Abtreibung, die ja möglich gewesen wäre, stand für uns nicht zur Debatte.

Auch damals in der DDR hatten wir mehrere, sehr unangenehme Erfahrungen machen müssen. Jamals Vater ist mitten auf der Straße knapp dem Zusammenschlagen entkommen. Für unsere Tochter ging das schon auf dem Spielplatz los. Ein Kind schlug sie mitten ins Gesicht: Ach, da ist ja die Schwarze, was will die hier. In der dritten Klasse wollte ein Junge nicht mehr neben ihr sitzen, sie würde stinken. Wenn ich so was mitgekriegt hab, bin ich dazwischen wie eine Löwin.

Ende der achtziger Jahre, Jamal ging in die achte, neunte Klasse, tauchten in Ostberlin die ersten Hooligans und Neonazis auf. Auch in seiner Schule. Sie drohten ihm Prügel an, einer beschimpfte ihn: Dich hat man vergessen zu vergasen. Das hatte ein Lehrer beobachtet, diesen Jungen angezeigt, der dann die Schule verlassen musste. Aber Jamal lebte seitdem mit der Angst. Nach der Wende wurde es ganz schlimm. Der Deckel war plötzlich weg und niemand mehr da, der einschritt. Als er am hellichten Tag von einem angetrunkenen Haufen bedroht wurde, kam zufällig ein Polizeiauto vorbei. Ein Polizist stieg aus und ergriff nicht etwa Jamals Partei, sondern sagte zu den Hooligans in breitem Sächsisch: Nu lasst mal, die Probleme ham mer in Chemnitz mit den Schwarzen ooch. Und als wir auf dem Polizeirevier den Vorfall schilderten, hielten sich die Beamten ebenfalls sehr bedeckt.

Jamal hat in jener Zeit Karate gelernt, außerdem ist er sportlich und kann sehr schnell rennen. Aber wenn er mehreren in die Hände fiel, konnte ihn das auch nicht retten. Wie einmal in der Schuldisco kurz vor Weihnachten. Fünf oder sechs Kerle umringten ihn, und einer prügelte auf ihn ein. Auch seine Freunde, die ihm zu Hilfe kamen, wurden verprügelt. Einer musste in die Augenklinik, so hat es ihn erwischt. Und Jamal sah schlimm aus, hatte aufgeplatzte Lippen ... Das Weihnachtsfest war gelaufen. Jamal kam kaum aus seinem Zimmer raus. Es war nicht so der körperliche Schmerz, sondern dass er sich nicht wehren konnte. Und dann diese furchtbare Demütigung. Nur weil er eine andere Hautfarbe hat.

Ich habe in dieser Zeit wahnsinnig um ihn gezittert. Er hatte doch überhaupt keine Chance. Natürlich hat er versucht, bestimmte Situationen und Gegenden zu meiden. Aber wenn er direkt damit konfrontiert wurde, ist er eben häufig nicht weggelaufen. Denen muss man es zeigen, weißt du, hat er gesagt. Wenn die mich angreifen, muss ich mich wehren.

In mir war nicht nur diese Angst, sondern auch Wut. Einmal habe ich mit beiden Kindern im Fernsehen »Hitlerjunge Salomon« gesehen, die Geschichte eines jüdischen Jungen, der in die Hitlerjugend eintrat und dem es gelang, seine wahre Identität zu verbergen. Da hörte ich, wie meine Tochter leise zu Jamal sagte: Nicht mal das können wir. Da spürte ich plötzlich tiefste Trauer. War ich vielleicht leichtfertig gewesen, eine Verbindung mit einem Schwarzen einzugehen? Aber dann hab ich den Gedanken ganz schnell wieder verworfen, weil er meiner Grundüberzeugung widerspricht. Und wahrscheinlich haben die beiden damals auch gewusst, dass sie ja immer noch Afrika haben.

Diese schlimme Angst hat sich gelöst, die würde ich auf Dauer auch nicht aushalten. Inzwischen lebt Jamal in Prenzlauer Berg, dort ist er zwischen all den Ausländern und Linken geschützter. Ich denke, er erzählt mir heute nicht mehr alles. Nur wenn es gut gegangen ist. Zum Beispiel, wie türkische Jugendliche in der U-Bahn auf eine alte Frau gestürzt sind, um ihr die Tasche zu entreißen. Die Kerle habe er mit einigen Karateschlägen von ihrem Vorhaben abgebracht, so dass sie an der nächsten Station die Flucht ergriffen haben. Ich finde es wunderbar, dass er sich für Schwächere und Gefährdete einsetzt, das ist auch meine Haltung. Einerseits bin ich jetzt beruhigt und sehr stolz auf ihn, er hat Zivilcourage. Andererseits ist sein Handeln riskant, denn solche Leute können Messer oder andere Waffen dabeihaben.

Jamals engster Freund war drogensüchtig geworden, er war der erste Ostberliner Drogentote. Das ging damals sogar durch die Zeitungen. Alle glaubten, der Junge nähme nur Hasch. Niemand wusste, dass es harte Drogen waren. Jamal hat der Tod seines Freundes dermaßen fertig gemacht, dass er wochenlang nicht ansprechbar war. Wir haben uns geeinigt, dass er ein Schuljahr aussetzt. Für Außenstehende hing er rum, für mich kam er einfach mit den neuen gesellschaftlichen Verhältnissen nicht zurecht. Er ist dann noch mal in die elfte Klasse eingestiegen, ohne jedoch auch nur einen Handschlag für die Schule zu tun. Am Anfang ging es flott, weil er den Stoff ja kannte, als aber neuer dazukam, geriet er in Schwierigkeiten. Außerdem hatte er begonnen, nachts auf Partys Platten aufzulegen, also war er morgens müde und hatte Mühe, früh auf der Matte zu stehen. Sogar in Fächern, die ihm sehr lagen – Englisch, Kunsterziehung, Sport –, bekam er schlechte Noten. Er war gerade achtzehn geworden, also voll verantwortlich für sein Tun. Und das Schlimme, es gibt keinerlei Kommunikation zwischen Schule und Elternhaus. Ein Jugendlicher kann jeden

Morgen aus dem Haus gehen, und seine Eltern glauben, er ginge zur Schule, dabei kommt er dort nie an, und die Eltern erfahren nichts. In einer unserer vielen Auseinandersetzungen habe ich ihm dann in meiner Wut gesagt, niemand zwinge ihn dazu, Abitur zu machen, meinetwegen brauche er das nicht. Was hat er gemacht? Ist am nächsten Tag zur Schule gegangen und hat sich abgemeldet. Da hab ich doch sehr geschluckt. Toll fand ich das nicht. Aber okay, es ist seine Entscheidung.

Jamal hat sich voll in die Musik reingekniet. Nur kann er leider als DJ nicht seine Existenz sichern. Zudem ist nächtelang Platten auflegen eine sehr gesundheitsschädliche Lebensweise, eine, die so ganz anders ist als meine. Seine Hörprobleme hängen wesentlich damit zusammen. Es gab auch eine Zeit, da bekam er plötzlich kreisrunde kahle Stellen auf dem Kopf, Gott sei Dank sind die Haare wieder nachgewachsen. Damals haben wir stundenlang in Cafés gesessen und geredet, und ich hab gedacht: Junge, ob das wirklich das Richtige für dich ist? Aber dann ging es ihm wieder besser.

Weil das Musikgeschäft im Moment nicht so läuft, arbeitet er als Rikschafahrer, um Geld zu verdienen. Das ist eine wahnsinnige Anstrengung, bei Wind und Wetter durch die Stadt zu strampeln für ganz wenig Geld. Und du musst nicht glauben, dass er das jeden Tag machen könnte, das ist ein richtiger Kampf um den Job!

Als ich nach der Wende am Theater nicht mehr gebraucht wurde, habe ich bei einer Organisation in Köln angefangen und dort in einer Weise arbeiten müssen wie nie im Leben zuvor: sechzehn Stunden am Tag dieses furchtbare Politik-Geschäft, dazu Intrigen, ich bin richtig körperlich krank geworden, habe aber dennoch funktionieren wollen. Wir sind so erzogen worden, eine angefangene Sache mit Anstand zu Ende zu bringen. Sich durchbeißen, immer aufs Weiterkommen sehen, so haben wir es gelernt. Jamal sieht das anders. Damals hat er mich gefragt: Warum tust du das, wenn es dich krank macht? Hör doch auf damit. Und ich hab mir still gedacht: Junge, wovon willst du dann leben, wenn ich arbeitslos bin?

Jetzt ist er in einer ähnlichen Situation, hört auch nicht auf mit seiner Musik, obwohl es ihm nicht immer gut geht damit. Sie interessiert ihn so leidenschaftlich, und er kann es so gut.

Und vielleicht weiß er noch nicht, was er stattdessen machen könnte. Er braucht wohl sehr lange, um herauszufinden, was er eigentlich will. Darüber habe ich mir oft Gedanken gemacht. Er braucht noch Zeit. Ich habe aber ein Grundvertrauen, er wird es schon machen, irgendwann etwas finden. Am wichtigsten ist, dass sein Urvertrauen in meine Liebe, Wärme, Zuneigung nicht gestört wird. Ich habe alles vermieden, was dem abträglich sein könnte. Einige unserer Freunde hielten mich für zu tolerant. Aber ich war immer der Meinung, jedes Kind, jeder Heranwachsende muss für sich selbst herausfinden, was richtig ist. Ob mir das gefällt oder nicht – ich wollte nie eine Mutter sein, die Vorschriften macht.

Er hat einen großen Sprung getan in den letzten Jahren. Früher warf er mir einen Putzfimmel vor – heute sieht seine Wohnung aus wie geleckt, er hat das schönste Bad von uns allen. Jamal hat handwerkliche Fähigkeiten, kennt sich aus im Baumarkt, ist firm. Hat sich auch sein Musik-Studio selbst eingerichtet.

Wir sehen uns nicht oft. Vor ein paar Jahren habe ich wieder geheiratet. Ich lebe mit meinem Mann am Stadtrand, und ich habe ja auch einen anderen Lebensrhythmus als Jamal. Gelegentlich gehen wir gemeinsam essen. Vor kurzem haben wir einen Nachmittag auf einer Wiese mitten in der Stadt verbracht und geschwatzt, es war so phantastisches Wetter, und wir hatten beide Zeit. Und dann gibt es Wochen, in denen wir nichts voneinander hören. Ich habe lernen müssen loszulassen. Das war sehr schwer, obwohl ich es mir nicht eingestehen wollte. Meine Freundin hat mich manchmal Glucke genannt, das hab ich natürlich bestritten, aber ich glaube schon, dass was dran ist. Im tiefsten Herzen hätte ich gern eine Großfamilie, das würde meinem Wesen entsprechen. Nicht unbedingt mit den negativen Seiten, die so was natürlich auch hat. Und ob mir das wirklich gefiele, wenn ich es hätte, ist natürlich eine andere Frage. Ich würde auch nicht immerzu kochen wie eine italienische Mamma, aber wenn die Kinder immer kämen, und wir würden über alles reden, und ich könnte Anteil nehmen ... also ein bisschen Großfamilie würde ich ganz schön finden.

Seit drei Jahren feiern wir wenigstens wieder Weihnachten zusammen: mein Mann und ich, Jamal, seine Schwester mit

Mann und Tochter. Früher haben die Kinder mich ausgelacht mit meinem Weihnachtsbaum und Weihnachtsschmuck und Weihnachtsbraten, bis ich gesagt habe, okay, lassen wir das. Dann sind mein Mann und ich einmal über die Feiertage verreist. Und was haben sie gemacht? Weihnachten gefeiert! Obwohl meine Tochter sich Mühe gegeben hat mit dem Festbraten und allem, was dazugehört, fand ausgerechnet Jamal – der hatte sich am meisten über mich lustig gemacht! –, es sei nicht so wie bei mir. Auch die Enkelin hat verkündet, so wie bei der Großmutter war es nicht. Seitdem wird Heiligabend wieder bei uns gefeiert.

»Seitdem ich von ihr unabhängig bin, verstehen wir uns viel besser«
Jamal, 26, Berlin

Heute ist die Beziehung zu meiner Mutter eigentlich sehr gut, wir haben uns wieder angenähert. Es gab aber auch eine Zeit, in der Pubertät, die sehr schwierig war. Da habe ich nie auf sie gehört und ziemlich rebelliert. Ich wollte unbedingt mein eigenes Ding machen. Es gab viel Streit damals, und manchmal war ich dabei auch ziemlich unverschämt; ehrlich gesagt, habe ich viele Sachen inzwischen verdrängt. An ein Erlebnis kann ich mich noch erinnern, da wollte ich unbedingt bei einem Freund schlafen und sollte vorher mein Zimmer aufräumen oder den Müll runterbringen oder so. Jedenfalls standen meine Mutter und ich im Flur und haben uns wahnsinnig angebrüllt. Sie eigentlich nicht so viel, vor allem ich habe lautstark erklärt, wie ich mir das Leben vorstelle, dass ich mache, was ich will, und komme und gehe, wann es mir passt. Es sei doch schließlich mein Leben. Das hat sie, glaube ich, sehr verletzt. Sie dachte anschließend, sie habe etwas vollkommen falsch gemacht, mir zu viel Freiraum gegeben und nicht an der richtigen Stelle interveniert. So, wie ich es sagte, hat sie wohl das Gefühl bekommen, ich stelle ihr gesamtes Leben in Frage. Dabei war es überhaupt nicht so gemeint. Natürlich habe ich mich später bei ihr entschuldigt und ihr gesagt, dass es so nicht gedacht war. Damals haben wir uns oft aneinander gerieben. Ich finde, das gehört aber einfach zum Abnabeln dazu, dass man sich auflehnt und alles als Quatsch betrachtet, was von den Eltern kommt.

Meine Mutter hat mich und meine Schwester zu eigenständigen Menschen erzogen, obwohl es ihr gleichzeitig sehr wehtat, wenn wir versuchten, uns von ihr abzugrenzen. Auch die Schule war ein Problem. Meine Mutter als Dramaturgin und Germanistin, als Intellektuelle, wollte natürlich, dass ihr Sohn sein ganzes Potential ausschöpft. Der hatte aber überhaupt keinen Bock auf Schule. Ich war nicht schlecht, aber ich hatte einfach keine Lust zu lernen, und deswegen hatten wir oft Stress. Ich kann mich zum Beispiel erinnern, dass wir beide einmal im Zug saßen und sie unbedingt mit mir Russisch üben wollte, weil wir gerade Zeit hatten. Ich wollte nicht, und dann hatten wir Zoff. Gleichzeitig erzog sie mich aber sehr frei, es gab nie strenge Regeln: das ist richtig und das ist falsch.

Für meinen Vater war ich vor allem das Nesthäkchen, das verwöhnte jüngste Kind. Er hat mir Schokolade gegeben, und bei ihm durfte ich alles, was meine Schwester überhaupt nicht verstand. Mutter fand das zwar nicht okay, aber solange sie sah, wie wohl ich mich dabei fühle, hat sie es geschehen lassen. Bis ich Probleme bekam und sie merkte, dass ich mit Autorität nicht viel anfangen kann. Es muss für sie schwierig gewesen sein, als ihr zum Beispiel Lehrer vorwarfen, dass sie mich nicht richtig erzogen hat. Ich hatte immer Probleme mit der Disziplin, und sie hat sicher manchmal gedacht, sie müsste strenger mit mir sein. Einmal hat sie es auch mit Strafen versucht, da bekam ich drei Wochen Fernsehverbot. Doch der Fernseher stand im Wohnzimmer, mein Zimmer war direkt daneben, und ich konnte über den Balkon rüberklettern, da die Balkontür immer offen war. Also bin ich ins Wohnzimmer geklettert. Als meine Mutter das mitbekam, war sie so erschrocken, dass sich das Verbot sofort erledigt hatte. Das war auch das einzige Mal, glaube ich, sonst hat sie immer versucht, mit mir zu reden und mich zu überzeugen. Ich weiß, dass sie keine lockere Mutter war, sie war nicht wie Mütter von Freunden, die sagten, mach doch dein Ding. Das liegt auch an der Zeit, in der sie aufgewachsen ist und die sich sehr von meiner Jugend unterscheidet. Mir war immer klar, dass ihr bestimmte Werte sehr wichtig sind, Ehrlichkeit zum Beispiel, oder dass man für andere da ist.

Ich fühlte mich aber nie gezwungen oder unter Druck gesetzt, und ich habe diese Ansichten eher auf einem Umweg übernommen, nicht, weil sie es wollte. Sie hat mich alles selbst erleben lassen und mich auch nicht übermäßig behütet. Sie sagte zum Beispiel nie: Junge, du bist ein schwarzer Deutscher, du musst dich vorsehen, das und das kann dir passieren. Sie ließ mich machen und war an meiner Seite, um mir dabei zu helfen, alles zu verarbeiten. Natürlich machte sie sich wegen meiner Hautfarbe Sorgen, aber sie konnte es ja nicht ändern. Sie wollte einfach das Beste für mich, wie die meisten Mütter. Später war das aber nicht mehr unbedingt das, was ich auch wollte. Als ich achtzehn war, habe ich das Abitur hingeschmissen, ich hatte keine Lust mehr und wollte andere Dinge machen, Musik zum Beispiel. Das war schwer für sie, weil sie natürlich große Angst um mich hatte. Sie kannte dieses System und wusste, dass man abstürzt, wenn man nicht erfolgreich ist. Ich war aber immer schon sehr selbstbewusst und wusste genau, was ich wollte und dass ich alles erreichen kann, was ich will. Mit neunzehn bin ich dann ausgezogen.

Seit ich von meiner Mutter finanziell unabhängig bin und klar ist, dass es mein Leben ist und sie darauf keinen Einfluss mehr hat, verstehen wir uns viel besser. Sie hat akzeptiert, dass ich Musik machen will und nicht studieren oder so. Ich wollte immer das Gefühl haben, frei und für mich selbst verantwortlich zu sein. So hat sie mir das auch beigebracht. Inzwischen wohnt Mutter bei Königs Wusterhausen und die Entfernung hat auch etwas dazu beigetragen, dass wir uns heute so gut verstehen. Wir sehen uns nicht so oft, vielleicht ein Mal im Monat, aber wir telefonieren viel, und sie hat mir inzwischen einiges über sich erzählt. Zum Beispiel, dass sie schon einmal einen Sohn von einem sudanesischen Mann hatte, als sie noch sehr jung war, und dass Sunny mit drei Jahren gestorben ist. Damals war sie sehr traurig und wollte nicht mehr leben. Für mich ist es wichtig, so etwas zu erfahren. Je mehr ich über sie und die Dinge weiß, die in ihrem Leben passiert sind, desto besser kann ich verstehen, was meine Mutter für ein Mensch ist und warum sie so ist, wie sie ist. Sie erklärte mir auch, warum sie sich von meinem Vater getrennt hat. Damals war ich sieben Jahre alt und habe natürlich einiges mitbekommen, vor allem, dass sie sehr traurig war. Sie hat nie versucht, das zu verheimlichen, aber richtig darüber gesprochen haben wir erst vor wenigen Jahren. Da waren wir gemeinsam bei einer alten Freundin von ihr, die früher für uns Kinder so etwas wie eine Oma war. Und dort stand ein Bild von Sunny. Ich fragte, wer das ist, und sie begann zu erzählen, von Sunny und von meinem Vater, den sie kurz danach kennen gelernt hatte. Auch über ihre Ehe hat sie geredet und wie sie auseinander ging: Sie war sich immer sicher, dass wir alle gemeinsam eines Tages nach Sudan gehen werden, wo Vater herkommt, und dass es auch sein Wunsch ist. Irgendwann ist er dann zurückgefahren, um alles zu arrangieren und für seine Frau und seine Kinder vorzubereiten. Das dachte Mutter zumindest. Doch wie sie später erfuhr, wollte er einfach nicht mehr in Deutschland leben und wohl auch nicht mehr mit ihr. Zumindest hat er dort eine andere Frau geheiratet, obwohl er von Mutter nicht geschieden war, und hat mit ihr auch ein Kind. Irgendwann kam er wieder zurück, und meine Mutter dachte, es wäre alles in Ordnung. Bis sie von der neuen Frau erfuhr. Sie haben zwar noch versucht, darüber zu reden und die Situation irgendwie zu lösen, aber meine Mutter war so verletzt, dass sie wusste, es geht nicht mehr. Wir sind natürlich bei Mutter geblieben. Mein Vater wollte auch nie, dass wir zu ihm ziehen, er wollte weg von der Familie. Ich war damals nicht wirklich enttäuscht oder verletzt. Für mich war es viel einfacher als für meine Mutter, und ich habe daher nie den Kontakt zu ihm verloren. Er hat mich am Wochenende immer zu sich geholt. Das war ihm sehr wichtig. Vor einiger Zeit sind wir sogar zusammen nach Afrika gefahren, meine Schwester, mein Vater und ich. Für meine Mutter war das kein Problem, sie wusste, dass wir nach unseren Wurzeln suchen. Aber es hat doch ganz viel in ihr aufgewühlt. Verbitterung war bei ihr nicht mehr zu spüren, doch die Verletzung auf jeden Fall. Die ist nie wirklich geheilt. Aber sie konnte ihm zumindest verzeihen, soweit man das kann.

Je mehr ich von meiner Mutter erfahre, desto beeindruckter bin ich von ihrem Leben. Sie wurde von ihrer Familie fast verstoßen. Die hatte ganz bestimmte Vorstellungen von einem Schwiegersohn und da passte ein Afrikaner einfach nicht rein. Ich finde es toll, was sie trotz der Ablehnung aus ihrem Leben gemacht hat und dass sie zwei Kinder bekommen hat, denen es gut geht. Sie hat viel Idealismus und ein großes Herz, und sie hat sich immer den Arsch aufgerissen. Meine Mutter hat stets mit einer großen Verantwortung gelebt und mit dem Gefühl, sie müsse das jetzt durchziehen und irgendwie schaffen. Sie denkt, es gibt vieles im Leben, was man einfach tun muss. Das achte ich sehr, obwohl ich anders lebe. Ich finde, man muss auch Dinge tun können, nur weil sie Spaß machen. Doch da sind wir komplett unterschiedlicher Meinung. Sie kann mein Leben aber akzeptieren. Solange sie das Gefühl hat, dass es mir gut geht, dass ich weiß, was ich tue und keine Angst vor der Zukunft habe, ist es auch für sie okay. Wenn ich meinen Weg gehe, ist das in Ordnung, egal, wie der aussieht und ob er in irgendjemandes Vorstellungen passt.

»Ich bin froh, dass mein Sohn schwul ist«
Brigitte, 58, Frankfurt am Main

Noch ein Kind wollte ich nicht. Ich hatte ja schon zwei, die waren elf und neun. Wieder zu Hause bleiben und alles von vorn? Nein. Aber bei dem ersten Tritt, den ich in meinem Bauch gespürt hab, war der ganze Frust weg.

Oliver war ein schönes, freundliches Baby, hat nicht viel geweint. Als er in die Schule kam, wünschte er sich zu Weihnachten eine Puppe. Warum nicht – er sollte mit allem spielen können. Stolz wie ein Spanier ist er mit dem Puppenwagen draußen rumgefahren. Darüber hat sich niemand gewundert. Aber später haben die Leute gesagt, sie hätten viel eher als ich gewusst, dass der Oliver schwul ist. Aber das ist Quatsch.

Einmal hat seine Klasse eine Reise nach Paris gemacht. Er war krank und konnte nicht mit, lag heulend im Bett. Jetzt wein doch nicht, hab ich gesagt, dann fahren eben wir zwei nach Paris. Seitdem fahren wir beide immer wieder dorthin, in einem Jahr waren wir sogar zwei Mal da. Ohne meinen Mann, der ist kein Urlaubsfahrer, sitzt am liebsten zu Hause. Einmal, Oliver war so fünfzehn oder sechzehn, hat er sich in einem Kaufhaus in Paris einen Rock ausgesucht. Natürlich hat sich die Verkäuferin gewundert, und ich hab meine Ahnungen verdrängt. Hab den Spaß mitgemacht. Und später in Frankfurt ist er mit diesem superkurzen Rock in die Disco gegangen. Da hab ich gesagt, Oliver, zieh lieber einen langen Rock an – dieses kurze Ding war mir zu unangenehm. Die Nachbarn tuschelten ja schon. Damals hatte er eine Freundin, und ich hab eines Tages im Nebenzimmer gehört, wie sie zu Oliver sagte: Das ist doch kein Problem, du kannst doch mit deiner Mutti darüber reden. Kurz darauf kam er an: Mutti, ich bin schwul. Ich war weder geschockt noch traurig, ich musste mich einfach erst mal damit auseinander setzen. Ich hatte keine Ahnung von Schwulen. Hab mal was drüber gehört, im Fernsehen mal eine Travestie-Show gesehen, das war alles. Aber nun war es so, und ich bin draufzugegangen.

Und dann dachte ich, o Gott, wie wird sein Vater das aufnehmen? Sagen wir erst mal nichts. Als er es dann mitkriegte, hat er gestöhnt: Wieso muss mir so was passieren? Wieso dir, hab ich gesagt. Na, dass ich so ein Kind habe! Ganz einfach, hab ich gesagt, du hast nun so ein Kind, und nun hör auf zu jammern und lass ihn in Ruhe. Mein Mann ist vernünftig geworden, ich hätte das nicht so schnell erwartet. Obwohl wir damals schon siebenundzwanzig oder achtundzwanzig Jahre verheiratet waren, hätte ich mich von ihm getrennt, wenn er Oliver nicht akzeptiert hätte.

Dann der Kampf mit meiner Mutter. Die wird jetzt siebenundachtzig. Er soll sich ein Mädchen suchen, hat sie gesagt, weil sie sich gar nicht vorstellen konnte, dass es so etwas gibt. Dann braucht der gar nicht mehr zu kommen, hat sie gesagt. Okay, dann bleibt er eben fort, er ist so wie er ist. Ich war ziemlich genervt. Wäre dir lieber, dass er krank ist? Natürlich nicht, dann will ich ihn lieber so, hat sie gesagt. Von Stund an war Ruhe.

Also am Anfang haben sie alle ziemlich auf mir rumgehackt, ich sei dran schuld, dass der Oliver schwul ist. Ein Mann müsste zwangsläufig schwul werden, wenn er so verhätschelt wird, ich hätte ihn schließlich sehr verwöhnt. Da bin ich zum Reisebüro und hab zehn Tage Paris gebucht, für mich allein. Es hätte auch Helsinki oder der Kaukasus sein können, das wäre mir wurscht gewesen, Hauptsache, weit weg.

Ich kann kein Wort Französisch, und ich fühlte mich ziemlich einsam dort. Mensch, Oliver, hilf mir, hab ich manchmal gedacht. Aber bereut hab ich es nicht, so was macht stark. Ich hatte niemandem was gesagt, nur dem Oliver, und der hat die Familie beruhigt, ich sei gut aufgehoben. Er war damals neunzehn oder zwanzig. Midlifecrisis und Weiß-der-Geier-was haben sie gefaselt, so dumme Sprüche eben. Als ich heimkam, haben sie mich wieder beschimpft, weil ich alles hatte stehen und liegen lassen. Da hab ich gesagt, wenn ihr jetzt noch mal anfangt, ist ganz Schluss. Dann nehme ich meinen Oliver und gehe. Endlich haben sie in ihren Hirnkästen registriert, dass ich für meinen Oliver da bin.

Unser älterer Sohn hatte einen schwulen Arbeitskollegen, durch den er viel über Schwule erfahren hat. Ohne den hätte es vielleicht länger gedauert, bis er seinen kleinen Bruder akzeptiert hätte. Jetzt sind sie ein Herz und eine Seele. Und unsere Tochter, die hat den Oliver ja gewindelt und gefüttert, also die hat kein Problem damit. Nur ihr Mann kommt damit nicht zurecht. Was schwul ist, ist nicht normal, meint er. Aber was, bitte schön, ist denn normal? Bist du normal? Ich laufe ja jedes Jahr beim Christopher Street Day mit, hab dann auch mal meine Enkelin mitgenommen. Als ihr die Füßchen wehtaten, haben die Jungs sie auf einen Traktor gehoben, ein Mann hat ihr seine Jacke umgelegt, das Kind war hellauf begeistert. Abends hat mich mein Schwiegersohn beschimpft, ich solle sie nie wieder mitnehmen zu diesen kranken Leuten. Ich will den Vater nicht schlecht machen, aber die Kleine hat so geflennt, als ich sie nicht wieder mitnehmen durfte.

Ich bin ziemlich schnell in die Schwulenszene reingekommen und hab mich da engagiert. Tolle Menschen habe ich kennengelernt. Die möchte ich in meinem ganzen Leben nicht mehr missen. Sie denken vielleicht, ich bin verrückt? Ich finde es fantastisch.

Ich hab im schwul-lesbischen Kulturhaus Unterschriften gesammelt, damit Homosexuelle heiraten können. Ob es an uns gelegen hat oder ob die Politiker einsichtig geworden waren, kann ich nicht sagen, jedenfalls hat es geklappt. Ich sehe es auch nicht so, dass sie unbedingt heiraten müssen. Aber wir Heteros können wählen, ob wir mit oder ohne Trauschein zusammenleben wollen. Das zu entscheiden, sollte Lesben und Schwulen ebenfalls möglich sein. Und ich würde sehr gern auch für Oliver so ein großes Hochzeitsfest haben wie für meine beiden anderen Kinder.

An jedem 1. Dezember findet in der Frankfurter Paulskirche ein Aids-Gedenktag statt. Da gibt es einen Platz, da steht in goldenen Lettern »Verletzte Liebe«. Für jeden an Aids Gestorbenen wird ein Nagel eingeschlagen, man stellt eine Fackel auf und legt eine Rose hin. Das ist sehr berührend.

Durch den Oliver bin ich ins »Eckhaus« gekommen, eine Disco, in der Oliver arbeitet. Da hab ich andere Schwule kennen gelernt, mit denen ich heute sehr befreundet bin. Wir treffen uns einmal die Woche und schwatzen ein bisschen. Die haben mich gefragt, ob ich im Krankenhaus für die Aids-Station mit kochen will, es fehle noch jemand. Ich hab sofort zugesagt. Dann ging wieder das Theater mit meinem Schwiegersohn los, da bin ich zu meinem Doktor, das ist ein ganz junger Mann.

Hören Sie mal zu, hab ich gesagt, ich möchte mich gegen alles, was es gibt, impfen lassen. Ich will auf der Station 68 arbeiten, da liegen Aids-Kranke, aber auch welche mit Tbc und Hepatitis. Das find ich toll, hat er gesagt und mir Blut abgenommen und mich gegen alles Mögliche geimpft, und nun gehe ich kochen. Krankenhausküche ist ja immer dasselbe, und wir kochen was besonders Schnuckeliges, darauf freuen sich die Patienten. Und manchmal sitze ich einfach nur ganz still am Bett von einem, streichle seine Hand oder rede mit ihm. Eine Nonne macht Sterbebegleitung, aber das kann ich nicht.

Ich habe mich durch diese Begegnungen sehr verändert. Früher war ich eher wie der Elefant im Porzellanladen. Erzählte mir jemand von seinen Sorgen, dachte ich, was soll's, betrifft dich nicht. Diese Kaltschnäuzigkeit ist weg, und das tut mir gut. Dass ich in meinem Alter so etwas völlig Neues erlebe, womit ich nicht gerechnet habe, das macht mich sehr glücklich. Manchmal denke ich, mein Gott, du bist schon achtundfünfzig, und die sind alle viel jünger, könntest du nicht jetzt achtundvierzig sein, hast noch so viel vor, es gibt so viele Gelegenheiten, mit Menschen zu feiern und zusammen zu sein. Weihnachtsfeier, der Welt-Aids-Tag, Straßenfeste. Ich bin froh, dass mein Sohn schwul ist. Und dann hab ich ja noch den Kevin.

Olivers erster fester Freund war so alt wie er. Also der Oliver hatte derartigen Stress mit dem jungen Mann. Damit musste ich mich auch erst auseinander setzen. Die Lebensgefährten meiner schwulen Freunde sind etwa fünfzehn Jahre jünger. Zuerst dachte ich, was wollen die mit so alten Menschen? Aber ich habe gemerkt, dass sie es so besser haben.

Dann hat mein Oliver bei der Love-Parade in Berlin den Kevin kennen gelernt, der ist fünfzehn Jahre älter als der Oliver. Der Kevin kam bald darauf nach Frankfurt. Mein Mann hatte gerade einen Herzinfarkt gehabt und lag im Krankenhaus, ich war einverstanden, dass der Kevin bei uns wohnte. Wir haben ja die große Wohnung, die beiden hatten also zwei Zimmer für sich. Als mein Mann nach Hause kam, hat er erst genölt, wir hätten ihn hintergangen. Na ja, ein bisschen stimmt das schon, wir wollten nicht, dass er sich aufregt. Aber wir hätten den Kevin ja nicht unter der Brücke schlafen lassen können, haben wir gesagt, das geht doch nicht.

Zunächst hat sich der Kevin hier gar nicht recht wohl gefühlt und wollte nach Berlin zurück und den Oliver mitnehmen. Da hab ich geheult wie ein Schlosshund, und dann haben sie hier in Frankfurt eine eigene Wohnung gefunden.

Als meine Tochter ausgezogen ist, war das schlimm für mich. Bei meinem ältesten Sohn nicht ganz so. Aber als Oliver und Kevin raus sind, das war das Schlimmste. Der Kevin gehört ja jetzt dazu. Ich hab so geheult, aber das wissen die beiden nicht. Ich war tapfer. Es ist ja richtig, jetzt können sie halt schalten und walten, wie sie wollen. Oliver kommt jeden Donnerstag, freitags gehen wir gemeinsam essen. Samstags gehe ich mit Kevin auf den Markt, da essen wir meistens eine Wurst und trinken einen Cappuccino, und dann geht jeder mit seinem Einkauf nach Hause. Wir wohnen nicht weit auseinander, in einer halben Stunde bin ich hingelaufen.

Wir haben auch schon zusammen Urlaub gemacht, wohlgemerkt mit meinem Mann, mal ein paar Tage in der Pfalz.

Der Oliver kann sehr kritisch sein, und ich akzeptiere das. Wenn er sagt, wie siehst du heute wieder aus, dann stimmt tatsächlich was nicht, meistens jedenfalls. Das würde ich mir von meiner Tochter nicht bieten lassen. Ihr würde ich sagen, das geht dich nichts an. Manchmal wird der Oliver auch dreist, der verwechselt dann, dass ich so viel älter bin. Ich bin für ihn ja mehr wie ein Kumpel oder eine Freundin. Das nehme ich mal leichter, mal schwerer. Aber meine Mutter nerve ich sicher auch manchmal, und manchmal könnte ich sie schütteln.

Klar gibt es Meinungsverschiedenheiten, wir streiten uns ziemlich derb und laut, der Oliver ist vielleicht nicht ganz so laut wie ich. Er lässt mich poltern, wenn ich im Recht bin, aber wenn ich Unrecht habe, kann ich mich auch entschuldigen. Dass er wutentbrannt fortgeht oder ich ihn stehen lassen würde, das gibt es nicht. Wir sagen uns alles klipp und klar, und dann trinken wir einen Schnaps auf unsere Liebe. Dann sind wir glücklich.

Meine anderen beiden Kinder hab ich auch lieb, aber an dem Oliver hänge ich am meisten. Weil er so sensibel ist, so feinfühlig. Zwischen Oliver und mir besteht eine ganz besondere Beziehung.

»Mutter ist richtig aufgeblüht«
Oliver, 25, und Kevin, 40, Frankfurt am Main

Oliver: Natürlich geht Mutter mit zu schwulen Veranstaltungen. Wenn ich dafür beäugt werde, reagiere ich ziemlich haarig. Und ich fahre einfach gerne mit ihr in den Urlaub, es macht Spaß. Immer will ich das nicht haben, aber für eine Woche ist es in Ordnung. Der Kevin und ich, wir fahren auch zu dritt mit Mutter in den Urlaub. Das Verhältnis zu meiner Mutter ist sehr schön und auch etwas merkwürdig. Wir haben ähnliche Interessen. Und im Urlaub ist sie wie ausgewechselt. Die ist dann nicht mehr so hektisch, nicht mehr so dominant und spielt nicht immer so die Chefin. Dieses Jahr wollten wir was Besonderes erleben und mal nicht sparen müssen. Sonst mussten wir immer aufs Geld gucken. Wir waren in Paris, das hat ein Schweinegeld gekostet, aber es war genial. Mit Champagner und essen gehen, und nicht nur zu McDonalds. Ich habe Mutter ein bisschen durch die Tuntengegend geführt und mich wahnsinnig in den Ruin getrieben. Sie fand das alles viel zu teuer, aber mir war es wichtig, ihr etwas zurückzugeben von dem, was ich all die Jahre bekommen habe.

Wir hatten immer recht wenig Geld. Mein Vater hat normal verdient, nicht besonders viel. Es war nicht so pompös wie bei anderen, wir sind keine sechs Wochen in die Staaten geflogen. Es war etwas einfach, aber wir hatten irgendwie immer alles und Mutter war immer für mich da. Mein älterer Bruder sagt, Mutter habe für zehn Mark die Woche Essen eingekauft und dabei ist trotzdem noch ein Matchbox-Auto abgefallen. Ich finde es unglaublich, was Vater und Mutter uns ermöglicht haben. Es war ihnen wichtig, dass wir etwas erreichen. Geht auf die Schule, haben sie immer gesagt, geht studieren, wir unterstützen euch, wir sind für euch da, aber tut was. Ich denke, dass ich heute das Bedürfnis habe, ein bisschen was zurückzugeben, weil Mutter so viel zurückgesteckt hat, damit ihre Kinder alles bekommen. Sie hat uns Werte vermittelt, hat uns angespornt, eigenständig zu sein. Das ist eine große Leistung. Und streng war sie dabei auch nicht.

Kevin: Nee, das kann ich mir auch nicht vorstellen. Aber dafür gab es viele Rituale, die ihr heute noch wichtig sind.

Oliver: Ja, zum Beispiel, wenn ich um halb zwei aus der Schule kam, dann gab es Essen. Das war wichtig. Sie hat immer gekocht: für meinen Daddy um halb vier und für meine Geschwister um fünf. Ich denke, dass das für mich sehr gut war. Der Begriff Familie definiert sich heute noch für mich über eine halbe Stunde gemeinsames Essen am Tag, bei dem besprochen wird, was so los war. Heute sehen wir uns mindestens ein Mal in der Woche. Natürlich gibt es dabei auch diesen Gluckeneffekt, der Donnerstag ist halt Mutterabend. Aber das lassen wir jetzt auch.

Kevin: Ich habe eine ganz neue Familie gekriegt durch Oliver. Das ist witzig, ich liebe und genieße das. Meine Mutter ist gestorben, als ich vierzehn war, meinen echten Vater kenn ich nicht, daher bin ich richtig froh, dass sie mich nicht nur als Bekannten, sondern als Familie angenommen haben.

Oliver: Ich bin wohl ziemlich exotisch, weil ich mit meiner Familie gut auskomme. Durchaus mit allen Querelen, die es gibt. Da spielt es eine große Rolle, was die Familie erwartet, welchem Bild man entsprechen muss, wie das nach außen wirkt. Durch mein Leben hat sich da in der ganzen Familie einiges gewandelt. Ich entspreche ja nicht diesem klassischen Bild, wie Eltern gerne ihr Kind hätten.

Irgendwann hatte Mutter mich mal gefragt, ob ich schwul bin, weil ich Röcke anziehe. Da habe ich gesagt, ich trage die Röcke nicht, weil ich schwul bin, sondern weil ich es klasse finde. Und es hat wirklich nichts damit zu tun. Ich fand es immer so langweilig, wie sich andere anzogen, wenn sie abends weggingen. Na ja, Mutter und ich haben dann zwei Stunden im Badezimmer gesessen und darüber geredet, sie auf dem Badewannenrand, ich auf dem Klo. Ich war achtzehn. Ich hab mein Coming-out bei meinen Freunden schon mit sechzehn oder so gehabt. Das war relativ früh, denke ich. Mit ein, zwei Jahren Verspätung dann erst bei meinen Eltern.

Seitdem diese Schwulengeschichte bei mir rauskam, hat sich die ganze Familie verändert. Meine Mutter zum Beispiel hat eine ganz schöne Entwicklung durchgemacht. Sie konnte anfangs nicht so viel damit anfangen, dass ich schwul bin. Wenn etwas fremd ist, hat man eine gewisse Abneigung. Das hat sie auch durchlebt, sie hatte wahnsinnige Probleme damit und sehr drunter gelitten. Heute ist sie offen und freundlich, und alle meine Freunde finden toll, dass sie so gut damit umgehen kann. Sie ist auch viel selbstbewusster geworden, weil sie Umgang mit ganz anderen Leuten bekam. Mutter fing irgendwann auch an, sich zu engagieren und in der »68« zu kochen, das ist eine Aids-Station. Mittlerweile gibt es da Gott sei Dank nicht mehr so viele schlimme Fälle. Aber als sie dort anfing, sind die Leute wie die Fliegen gestorben und einfach irgendwo verreckt, keiner hat sich um sie gekümmert. Es muss grausam gewesen sein. Ich hätte da nicht kochen können. Ich hätte die Kraft nicht dazu. Mutter hat es gemacht.

Kevin: Ehrenamtlich hat sie dort angefangen, und dann hat sie mich auch mitgeschleppt, weil sie einen Koch dabeihaben müssen, per Gesetz. Sie engagiert sich mit Begeisterung. Wenn jemand Unterstützung braucht, dann ist sie dabei. Und sie kann auch nicht einfach über Ungerechtigkeiten hinweggehen.

Oliver: Inzwischen macht sie auch beim runden Tisch der Stadt mit und engagiert sich in der Schwulenszene. Sie braucht eine Stunde, wenn sie über die Straße geht, um allen hallo zu sagen. Für einen der Schwulen-Clubs hier hat sie sogar eine persönliche VIP-Karte, und ich muss Eintritt zahlen.

Ganz, ganz schlimm fand ich allerdings die Zeit, als meine Schwester so merkwürdig drauf war. Meine Schwester und mein Schwager haben ihr irgendwann gesagt, wenn sie auf der Aids-Station kocht, dann werden sie ihr die Kinder nicht mehr bringen. Sie hatten Angst um ihre Kinder, dass die sich anstecken. Diese Engstirnigkeit und Ignoranz fand ich superderb. Das war eine der schlimmsten Sachen, die ich erlebt habe. Mutter kannte sich nicht aus und ist erst einmal zum Arzt gegangen. Er sagte, sie solle sich keine Gedanken machen. Sie hat sich dann gegen Hepatitis impfen lassen und hat alle Vorsichtsmaßnahmen getroffen. Aber sie schläft doch da mit keinem. Jedenfalls hat Mutter die Überzeugung gepackt. Und sie sagte, ich mach das, und wenn ihr mir eure Kinder nicht mehr bringen wollt, müsst ihr eben alleine auf sie aufpassen. Da kamen meine Schwester und ihr Mann ein bisschen zur Vernunft. Mir gegenüber verhält sich meine Schwester gut, aber mit der Aids-Geschichte, da ist sie durchgedreht, das war zu viel.

Kevin: Selbst Vater unterstützt Mutter inzwischen bei ihrem Engagement.

Oliver: Vater hat zu Mutter auch gesagt, mach dir keine Gedanken, da kann nichts passieren, ich finde es unverschämt, wie die mit dir umgehen. Ich muss sagen, ich habe mittlerweile auch ein wirklich gutes Verhältnis zu ihm. Da hat sich wahnsinnig viel verändert. Früher haben wir halt zusammen gewohnt, haben guten Tag und auf Wiedersehen gesagt, das war alles.

Kevin: Ich kenne es nur aus Erzählungen. Oliver ist viel ausgegangen, ist am Freitag losgegangen und Tage später wiedergekommen. Der Vater sah nie so aus, als ob er sich darum Gedanken machte. Der ist so ein Typ, der das nicht ausdrücken kann. Er macht sich Gedanken, aber die behält er für sich.

Oliver: Ich weiß. Mutter kam mal zu mir und sagte, bitte, bitte mach irgendwas, mach dein Abi, schaff den Führerschein. Das waren so Sachen, die meinem Vater wichtig waren. Er glaubte, sein Sohn geht jetzt dauernd weg und nimmt Drogen. Er hatte das Vertrauen verloren, dass ich irgendetwas erreiche. Das war für Vater sehr, sehr schwierig. Und diese Drogengeschichte, mein Gott, das war Techno-Tralala. Ich glaube aber, dass es ein Ansporn war, mich doch noch aufzuraffen. Ich war immer ein faules Schwein in der Schule, ich war nicht gut. Für meine Eltern war das ein Problem. Ich habe das Gymnasium dann aber gemacht, nicht sonderlich toll, aber ich habe es gemacht.

Kevin: Du hast es für Vater gemacht?

Oliver: Nein, nein, nicht für Vater, sondern für Mutter. Weil sie zu mir sagte, wenn du nicht mal das Abitur schaffst, hab ich die Hölle auf Erden. Der hätte ihr das Leben wirklich schwer gemacht. Wenn ich die paar Prüfungen nicht gepackt hätte, dann hätte er gesagt, weil der schwul ist, kriegt er nichts auf die Reihe, du bist schuld. Sie hatte Angst, und da hat sie mich eben getreten. Dafür habe ich Mutter ziemlich gehasst, mittlerweile bin ich ihr recht dankbar. Da sagt sie dir dauernd Lebensweisheiten, und jetzt ertappe ich mich dabei, dass ich dieselben blöden Sprüche mache. Aber sie hat wirklich Recht. Meine Mutter sagt immer, wenn ich die Augen zuhabe, dann gehen sie euch auf. Mit siebzehn oder achtzehn Jahren kann man das nicht nachvollziehen. Das ist bei mir auch erst jetzt soweit, dass ich merke, sie hat es gut gemeint. Ich bin ihr absolutes Lieblingskind, das weiß ich. Aber ich mag es nicht, dass sie sich manchmal zu sehr mit meinen privaten Dingen beschäftigt, mich sehr vereinnahmt. Das muss nicht sein. Da könnte ich ganz gut drauf verzichten, aber da kann sie eben nicht aus ihrer Haut. Trotzdem mag ich ihre offene Art. Sie ist sehr geradeaus und sagt, was sie denkt, ohne sich einen Kopf zu machen, welche Wirkung das hat.

Kevin: Ich denke manchmal, dass ich ein Katalysator bin. Weil ich ein bisschen älter bin als Oliver, kann ich auch mit ihr reden, ihr einiges verklickern. Vielleicht kann ich ihr manche Fragen beantworten, die Oliver ihr nicht beantworten kann. Auch über das Schwulsein.

Oliver: Kannst du mit der Mutter reden? Sie ist so eine Ersatzmutter für dich.

Kevin: Ja. Ich trete natürlich nicht mit allem an sie heran. Es gibt Sachen, die nur uns beide angehen und das soll auch so sein. Aber wenn wir uns gestritten haben, dann ruf ich halt an und sage, Mutter, schmeiß die Kaffeemaschine an, ich bin gleich da. Dann sitze ich mit ihr die ganze Nacht und spreche das durch. Ich finde das angenehm. Man kann wirklich Beziehungsprobleme mit ihr bereden. Sie ist schließlich seit fünfunddreißig Jahren verheiratet. Und damit hilft sie mir weiter. Inzwischen ist es sogar so, dass sie sagt, na, wenn das nichts wird, dann kommst du eben zu mir.

Oliver: Als ich mit Kevin zusammengezogen bin, hat sie zu mir gesagt: Wenn ihr euch ein gemeinsames Leben aufbaut, find ich das schön. Ich freu mich. Aber schlepp mir nicht jedes Jahr einen anderen an. Da habe ich keinen Bock drauf. Das haben deine Geschwister nicht machen dürfen, und das darfst du auch nicht. Entweder hast du einen, dann ist er da, dann ist es in Ordnung. Oder nicht. Da kommen ihre Werte durch, die hat sie mir beigebracht. Und die Beziehungen am Anfang, von denen habe ich ihr lieber nichts erzählt.

Kevin: Seit wir zusammen sind, ist auch das Verhältnis zwischen den Eltern besser geworden.

Oliver: Zum einen mussten die sich umstellen, zum anderen besprechen sie plötzlich Sachen, die sie vorher nicht besprochen haben.

Kevin: Das ist eine Nebenwirkung, sie reden mehr miteinander. Es ist sehr harmonisch jetzt zwischen den beiden. Und der Vater, wenn der mich sieht, dann haben wir uns auch was zu erzählen. Das war am Anfang nicht so. Er ist mir unwahrscheinlich ans Herz gewachsen.

Oliver: Ich möchte beide nicht missen. Ich glaube, dass viele Leute mit ihren Eltern wesentlich schlechter auskommen. Ich bin wirklich superglücklich. Und ich denke, dass vor allem Mutter sich durch mein Schwulsein verändert hat. Das hat sicher damit zu tun, dass sie andere Leute kennen gelernt hat. Sie hat neue Freunde gefunden, die sie respektieren. Ich finde es eine tolle Sache, dass sie so engagiert ist. Ich hatte immer eine Mutter, die in der Kittelschürze einkaufen ging, die kein Make-up benutzte. Seitdem sie diese ganzen Tunten kennt, kümmert sie sich mehr um sich. Sie ist richtig aufgeblüht.

Und ich finde es klasse, dass mein Vater das unterstützt. Er sagt, endlich sieht sie gut aus und kümmert sich um sich selbst. Und sie tut endlich Dinge, die ihr Spaß machen. Er hatte früher nie Lust, mit ihr einkaufen zu gehen, wenn sie die Kittelschürze umhatte. Mittlerweile weiß sie gar nicht mehr, was eine Kittelschürze ist.

Warum es Müttern schwer fällt, den Lebensweg ihres Sohnes zu akzeptieren

Dipl.-Pädagogin Isolde Schaugg,
Systemische Therapeutin, Stuttgart

Es ist normal, dass sich eine Mutter vorstellt, was aus ihrem Kind einmal werden könnte. Und es ist ebenso normal, dass sie dabei bestimmte Wünsche hegt. Wenn sich diese Vorstellungen nicht mit denen des Sohnes decken, nehmen das manche Mütter gelassen hin, für andere aber entsteht daraus ein Problem. Zeichnet sich zum Beispiel ab, dass die Karriere des jungen Mannes nicht so geradlinig verläuft oder nicht so steil nach oben geht wie die anderer Leute Kinder, wenn er sich – in den Augen der Mutter – in die falsche Frau verliebt oder sich gar herausstellt, dass er Männer bevorzugt, dann ist das für Mütter nicht unbedingt leicht zu akzeptieren.

Wenn der Sohn kein Wunderknabe ist

Nehmen wir an, die Entwicklung des Sohnes verlief glatt, aber dann hat er das Studium abgebrochen. Oder der Sohn hat kein Abi und keinen Berufsabschluss, ernährt sich von Jobs. Die Mutter versteht ihn zwar, weil sie sieht, dass er gesund und guter Dinge ist und in der Lage, sein Leben zu regeln. Nur hat sie Super-Bekannte, die bei jeder Gelegenheit damit angeben, dass ihre Super-Söhne hochbegabt sind, Geige und Tennis spielen, mit siebzehn schon eine Computer-Firma gründen, ein exzellentes Abi machen und im Ausland studieren werden. Da schämt sich die Mutter, weil sie mit ihrem Sohn nicht renommieren kann.

Dabei könnte sie ganz gelassen bleiben und sollte solchen Super-Geschichten eher misstrauen. Es gibt Söhne, die nichts anderes als Delegierte ihrer Eltern sind. Ihnen ist aufgetragen, die unerfüllten Wünsche der Eltern zu erfüllen. Und manchmal sind sie damit völlig überfordert. Beruflich, künstlerisch oder sportlich erfolgreich zu sein, bedeutet nämlich nicht, mit allen Problemen im Leben fertig zu werden. Auch Super-Söhne können früher oder später in eine Krisensituation geraten, bei niemandem verläuft alles immer glatt. Das mag nicht jede Mutter trösten; dann ist es aber gut, wenn sie mit ihrem Sohn darüber redet, ihn fragt, wie er über diese Wunderknaben denkt. Eine Mutter sollte von ihren Wünschen und Träumen für die Zukunft des Sohnes sprechen können, ohne dass dieser es als Maßregelung, Druck oder Enttäuschung erlebt. Wenn er weiß, dass seine Mutter nicht dasselbe von ihm erwartet wie andere Mütter von ihren Söhnen, dass sie seinen Weg akzeptiert, dann kann er auch die Mutter stützen und wappnen – warum immer nur die Mutter den Sohn? Schließlich ist auch er jetzt erwachsen.

Und wenn die Familie der Mutter in den Ohren liegt, weil der Junge zwar nicht faulenzt, aber »nur« als DJ, Model oder Türsteher jobbt? Hinter dem Vorwurf: Der Junge soll doch mal ..., schwingt immer auch mit: Und du als Mutter trägst die Schuld. Es ist aber nicht allein ihre Aufgabe, den Sohn vor Angriffen zu schützen. Sie kann durchaus die Verantwortung an die Nörgler zurückgeben und Vater, Oma, Opa, Tante, Onkel auffordern, selbst mit dem Jungen zu reden. Gerade innerhalb der Familie kann ein junger Mensch lernen, für die Anerkennung zu kämpfen, die er braucht. Er kann seinen Standpunkt erklären und muss aushalten können, wenn andere seine Entscheidungen nicht akzeptieren. Die Tatsache, dass die Mutter hinter ihm steht, ist Rückenstärkung genug.

Partnerwahl: die falsche Frau?

Auch die Partnerwahl des Sohnes kann die Beziehung zwischen ihm und seiner Mutter extrem belasten. Die Mutter findet die Frau oder Freundin unmöglich, kann nichts mit ihr anfangen, hegt regelrechte Antipathien gegen sie? Wenn der Sohn das bemerkt, könnte er sich samt seiner Liebsten zurückziehen. Oder das Verhältnis ist belastet, weil er ständig das Gefühl hat, zwischen zwei Stühlen zu sitzen.

Es ist hilfreich zu wissen, wie Partnerwahl funktioniert. Wissenschaftler haben herausgefunden, dass unsere Herkunftsfamilie dabei eine große Rolle spielt. Die unsympathische Schwiegertochter oder vermeintlich unpassende Freundin des Sohnes hat also auch immer etwas mit der eigenen Entwicklung zu tun, mit der Beziehung zwischen Eltern und Kindern, speziell der zwischen Mutter und Sohn. Der Göttinger Psychologe Günter Reich, der zahlreiche Interviews mit Paaren geführt hat, beschreibt die Partnerwahl als einen Prozess mit Widersprüchen.[1] Formal lassen sich aus familiendynamischer Perspektive zwei Aspekte herausfiltern:

Der Sohn will die Beziehungsmuster seiner Herkunftsfamilie nicht wiederholen. Ihn kann also der bewusste Wunsch, ein ganz anderes Verhältnis als zur Mutter entstehen zu lassen, zu seiner Partnerin geführt haben. War die Mutter zum Beispiel sehr fürsorglich und umsorgend, soll es jetzt eine selbstbewusste, beruflich erfolgreiche Powerfrau sein. Oder er entscheidet sich für eine völlige Rollenumkehr und wählt eine Frau, um die er sich sorgen kann.

Die Partnerwahl kann auch eine Fortsetzung des Bisherigen sein. Das heißt, die Partnerin hat ähnliche Beziehungsmuster in ihrer Familie kennen gelernt, so dass in der neuen Partnerschaft das Alte fortgeführt werden kann. Stammen beide beispielsweise aus Familien, in denen die Mutter eine eher dominante Rolle gespielt hat, suchen sie unbewusst einen Partner bzw. eine Partnerin, bei denen diese Beziehungsstruktur weiter gelebt werden kann: Die Frau wählt einen Mann, der sich ihr eher unterordnet, der Mann sucht sich eine starke, selbstbewusste Frau.

Wenn die Mutter die beiden in ihrer Beziehungsgestaltung beobachtet, wird sie Muster wiedererkennen, die sie dem Sohn vorgelebt hat. Und vielleicht erinnert sie sich daran, dass sie bei der ersten oder zweiten Partnerwahl auch danebengelangt hat. Und wie sie es geschafft hat, diesen Fehler zu korrigieren – entweder mit diesem Partner oder durch die Wahl eines anderen.

Hilfreich ist auch der Versuch zu ergründen, worauf sich die Antipathie bezieht. Vermutlich passt die Frau nicht in das Bild, das sich die Mutter von der zukünftigen Frau ihres Sohnes gemacht hat. Doch worauf bezieht sich dieses Bild? In der Regel doch auf solche Ideen wie: Mein Sohn braucht ... zu meinem Sohn passt ... für ihn ist es das Beste, wenn die Partnerin ...

Je überzeugter eine Mutter davon ist, wie der Sohn ist und was er braucht, also je manifestierter das Bild ist, das sie von ihm hat, desto intoleranter steht sie der Wahl ihres Sohnes gegenüber.

---

1 Vgl. Günter Reich: Partnerwahl und Ehekrisen. Eine familiendynamische Studie. Heidelberg 1993.

Aber woher stammt dieses Bild? Es ist ein Sammelsurium von Eindrücken, gesammelt in den etwa zwanzig Jahren des Zusammenlebens. Und die basieren meist auf Ereignissen, die besonders in Erinnerung geblieben sind. Aber das sind Erinnerungen aus der Beziehung zwischen Mutter und Kind. Heute ist der Sohn erwachsen. Er hat andere Erfahrungen im Umgang mit anderen Erwachsenen gemacht. Und er wird sich mit Sicherheit dort anders verhalten. Das Bild, das die Mutter von ihrem Sohn hat, trügt also: Es bleibt ein Bild, das immer wieder der Realität angepasst werden muss.

Partnerwahl: das falsche Geschlecht?
Zeigt sich, dass der Sohn homosexuell ist, besteht die Schwierigkeit für die Mutter zunächst weniger in der Wahl des Partners, sondern sie muss erst mal die Tatsache an sich verdauen und akzeptieren. Das kann sie am leichtesten, wenn sie weiß, dass Homosexualität keine Krankheit ist, sondern eine Möglichkeit, Sexualität zu leben.

Auch bei schwulen Söhnen hat die Wahl des Partners nichts Willkürliches, sondern folgt ähnlichen Mustern wie die heterosexuelle Partnerwahl. Homosexuelle Paare haben ebenfalls sehr ausgeprägte Rollenzuschreibungen und Beziehungsmuster. Es ist gut, wenn die Mutter versucht, möglichst viel über das Leben von Schwulen zu erfahren. Meines Erachtens gestatten schwule Männer ihren Müttern weit eher Einblick in ihr Leben als heterosexuelle. Sie müssen nämlich weniger Abgrenzungsbestrebungen zeigen als heterosexuelle Männer. Die Mutter bleibt die einzige Frau in seinem Leben, es existiert keine Konkurrenz zum neuen Partner. Die Mutter darf weiterhin eine besondere Rolle als Frau im Leben dieses Mannes spielen.

Die perfekte Erziehung (und die perfekte Mutter) gibt es nicht
Der Glaube, als Mutter zu wenig getan zu haben, weil sie beruflich tätig war, sich als allein Erziehende durchschlagen musste oder sich als Mutter eher unzureichend erlebt hat, kann zur Erziehungsfalle werden. Wenn die Mutter deshalb ihrem Kind gegenüber Schuldgefühle empfindet, wird sie es weniger leicht loslassen können als andere Mütter. Der Glaube, etwas an ihrem Kind gutmachen zu müssen, ist ein starkes Bindungsmittel.

Erziehung ist Glücksache. Das ist eine mögliche, wenn auch radikale Sichtweise, die aus der Falle hilft. Jede Mutter versucht, bei der Erziehung ihr Bestes zu geben. Gleichzeitig gibt es im Zusammenleben mit Kindern in der Rückschau genügend Momente und Situationen, in denen wir meinen, nicht ganz richtig oder sogar völlig falsch reagiert zu haben. Dabei ist es eine Binsenweisheit: Jede Mutter macht in der Erziehung mal Fehler.

Wenn es eine Mutter aber nicht schafft, ihre vermeintlichen Erziehungsfehler als etwas völlig Normales, zum Teil Unvermeidliches zu betrachten, manifestieren sich Schuldgefühle, die sie daran hindern, die Verantwortung für das eigene Leben an die erwachsenen Kinder abzugeben.

Bindung als Teufelskreis

Ebenso kann sich die Kindheit der Mutter als Bindungsfaktor erweisen: wenn von ihr früh Selbstständigkeit verlangt wurde, wenn sich ein Mangel an Liebe und Geborgenheit in ihr manifestiert hat, wenn ihre Persönlichkeit nicht anerkannt worden ist. Will sie nun bei der Erziehung ihrer Kinder gegensteuern, besteht die Gefahr, über das Ziel hinaus zu schießen. Gerade dieser Sicherheitsgedanke »Mein Kind soll es mal besser haben« – in diesem Fall eher bezogen auf Zuwendung und Geborgenheit – kann wohlwollend gemeint sein, jedoch zu einer Fessel für Mutter und Sohn werden.

Der Analytiker und Familientherapeut Helm Stierlin spricht vom Bindungsmodus, der die Trennung und Ablösung von der Familie zum Beziehungsdrama werden läßt: »Eltern und Kinder verhalten sich nach der unausgesprochenen Annahme, dass die wesentlichen Befriedigungen und Sicherheiten nur innerhalb der Familie erlangt werden können (...) Typisch dafür ist die Mutter, die ihrem Kind all die Liebe geben will, die sie selbst als Kind vermissen musste (...) Je mehr die bindende Mutter ihr Kind verwöhnt, sich um es kümmert und es verhätschelt, umso unersättlicher und monströser wird das Kind.«[2] Diese Jugendlichen machen einen verwöhnten, kindlichen und sehr fordern-

---

2 Helm Stierlin: Eltern und Kinder. Das Drama von Trennung und Versöhnung im Jugendalter. Frankfurt am Main 1980. S. 50 ff.

den Eindruck. Stierlin beschreibt diese jungen Erwachsenen folgendermaßen: »Sie finden keinen Gleichaltrigen oder anderen Erwachsenen, der ihr exzessives Verlangen nach regressiver Verwöhnung akzpetiert. Einige dieser Jugendlichen greifen (...) zu Drogen«,[3] ein häufig gewählter, aber nur halbherziger Ausbruchsversuch aus diesem Dilemma. Denn Drogen schaffen eben keine Unabhängigkeit, sondern sind Bindungsmittel: Die Mitarbeiter von Drogenberatungsstellen wissen, dass Eltern jugendlicher Drogenabhängiger immer wieder als Bittsteller für ihre Kinder auftreten, dass sie einspringen, wenn es darum geht, Unterkunft, finanzielle Unterstützung oder Hilfe bei der Jobsuche und vor Gericht zu leisten.

Die Mütter in meiner Praxis nehmen ein solches Verhalten geradezu als Beweis dafür, dass ihre Söhne die elterliche Unterstützung noch sehr brauchen, allein nicht zurechtkommen, die Erziehung somit längst noch nicht abgeschlossen sein kann. Damit schließt sich der Teufelskreis: Je mehr eine Mutter ihre Fürsorge und den Wunsch, lenkend in sein Leben einzugreifen, zeigt und verfolgt, desto mehr offenen oder verdeckten Widerstand muss der Sohn aufbringen, um sich abzugrenzen. Und desto mehr bleiben beide aneinander gebunden.

Denn das ist das zentrale Moment in der Erziehung: Eltern müssen die Verantwortung Stück für Stück an die Kinder abgeben. Erst ist es der Löffel, den das Kind selbst hält, dann der selbstständige Weg zur Schule, bis hin zu der Entscheidung, was es nach dem Schulabschluss aus seinem Leben macht. Wenngleich sich eine Mutter immer um das Wohlergehen ihres Kindes sorgt, ihre eigenen Vorstellungen und Ideen von seinem Leben hat, muss sie sich doch aus der aktiven Verantwortung, die auch Einmischung bedeutet, zurückziehen.

Leider kann keine Mutter voraussehen, wie das Ergebnis ihrer Bemühungen um den Sohn einmal aussehen wird. Aber irgendwann kommt der Zeitpunkt, an dem klar ist: Der Sohn ist erwachsen. Was er jetzt aus seinem Leben macht, bestimmt er selbst. Er kann sogar vermeintliche Erziehungsfehler korrigieren – es ist seine Entscheidung.

---

3 Helm Stierlin: a.a.O.

Sorgenkinder

**»Es tut unglaublich weh, wenn der eigene Sohn
in die falsche Richtung rennt«**
Evelin, 53, Cottbus

Als die Mauer fiel, änderte sich unser Leben radikal. Olaf war
vierzehn, unsere Tochter zweiundzwanzig, sie lebt dreißig Ki-
lometer von uns entfernt. Mein Mann hat schon vor der Wende
bei der Energieversorgung in Schichten gearbeitet. Ich bin In-
genieur-Ökonomin, arbeite als Kosten-Controllerin in einem
Kraftwerk. Früher war ich zwischen halb vier und vier Uhr
nachmittags zu Hause, es blieb also abends und am Wochenende Zeit für Olaf. Aber nach der Wende haben unsere Betriebe
vollen Einsatz verlangt. Ohne Wenn und Aber ging es früh um
sechs los, abends manchmal bis zehn Uhr – Überstunden, die
nicht bezahlt wurden. Häufig mussten wir auch an den Wochenenden raus. Familiäre Verpflichtungen interessierten niemanden. Wir hatten echt Angst um unsere Jobs – wohin hätten
wir gehen sollen, wenn wir sie verloren hätten? Wir sahen unsere Existenz aufs Spiel gesetzt, also haben wir alles getan, um
sie zu erhalten. Und dabei das Kind fast verloren.

Olaf blieb sich selbst überlassen. Natürlich hab ich mir
schwere Vorwürfe gemacht, versucht, die fehlende Zuwendung
mit Geld auszugleichen. Ich hab geglaubt, wenn ich ihm ma-
terielle Unterstützung gebe, verkraftet er die Abwesenheit der
Eltern besser. Es war genau das Falsche. Er hat immer mehr
Geld gefordert und nichts dafür tun wollen. Ich hab versucht,
mit ihm zu reden: Man muss für das, was man im Leben haben
und erreichen will, einen Beitrag leisten. So haben wir es ihm
vorgelebt, so erwarten wir das von ihm. Es hat nichts bewirkt.
Also bekam er kein Geld mehr von uns. Da hat er es sich auf
andere Weise beschafft.

Als wir das mitkriegten, haben wir wieder und wieder mit
ihm geredet, ihm klarzumachen versucht, dass es so nicht geht.
Ich war sogar bei einem Psychologen, hab über das Jugendamt

versucht, auf ihn einzuwirken. Nichts hat es gebracht, gar nichts. Vielleicht habe ich zu viel geredet und zu wenig gehandelt. Vielleicht hätte ich mehr Druck machen müssen, damit er in ein Jugendheim kommt. Da müsse erst Schlimmeres passieren, hat mir die Jugendhelferin erklärt.

Olaf hat die neue Freiheit auf seine Weise definiert, nicht wie wir es erwartet haben. Er hat sich die Freiheit genommen, nicht in die Schule zu gehen, sich nicht an bestimmte Regeln zu halten, auch Gesetze zählten für ihn nicht. Auto fahren – das war die Freiheit. Wenn sie wenigstens auf nicht öffentlichen Strecken geblieben wären! Da gab es ein abgelegenes Gelände, weit weg vom Verkehr, auch auf dem stillgelegten Flugplatz hätten sie ihre Runden drehen können, aber nein, es musste mitten im Straßenverkehr sein, und natürlich sind sie dabei erwischt worden.

Als er fünfzehn war, ist er mit einem Kumpel Hals über Kopf nach Dänemark abgepfiffen, im Auto von dessen Eltern. Mitten im Schuljahr, ohne Sachen, ohne Geld, ohne Bescheid zu sagen. Die Eltern des Kumpels haben eine Anzeige gegen ihren eigenen Sohn wegen Diebstahls erstattet, wir haben eine Vermisstenanzeige aufgegeben. Nach drei Tagen haben wir rausbekommen, wo er ist. Dann stand er das erste Mal vor Gericht wegen Fahrens ohne Führerschein. Zwei Jahre später dasselbe, diesmal wurde ein Urteil gefällt: Zwei Jahre auf Bewährung. Wir haben ihm eine Lehrstelle nach der anderen besorgt – nie hat er es lange ausgehalten. Seine sogenannten Freunde wechselten ständig, es waren die dollsten Typen. Mit einem brach er dann in eine Spielothek ein, noch während der Bewährungszeit. Er kam sofort in Untersuchungshaft.

Da hatte ich es schon aufgegeben, mit ihm zu reden. Ich hatte ihm gesagt, es ist dein Leben, ich kann dir offenbar nicht mehr helfen. Es hat unglaublich wehgetan, keinen Einfluss auf sein Kind mehr ausüben zu können, tatenlos zusehen zu müssen, wie es in die falsche Richtung rennt, dazu der Stress im Betrieb, es war fürchterlich. Mit meinem Mann konnte ich nicht mehr reden. Von dem Moment an, als Olaf uns nicht mehr zuhörte, hat auch mein Mann total abgeblockt. Das sei nicht mehr sein Sohn, es ginge ihn alles nichts mehr an. Dabei war das Verhältnis zwischen den beiden bis zu diesem Crash einfach toll. Mein

Mann hat sich sehr mit dem Kind beschäftigt. Ich stand fast ein bisschen daneben, was mich aber nicht störte. Es ist okay, wenn sich Vater und Sohn so super verstehen.

In puncto Kindererziehung waren wir uns immer einig gewesen – egal, bei wem sich Olaf beschwerte, er bekam von uns beiden stets die gleiche Antwort. Das hat wunderbar funktioniert. Bis Olaf aus dem Ruder lief: Ich hab versucht, ihn zu unterstützen, mein Mann hat es mit Härte probiert. Unsere Meinungen liefen total auseinander, wir haben uns zerstritten, leben nur noch nebeneinanderher. Der Olaf weiß das, er möchte natürlich, dass wir wieder miteinander klarkommen. Doch im Moment kann ich noch nicht. Olaf wird doch immer unser Kind bleiben, wieso wollte mein Mann das nicht einsehen! Ich habe häufig an Selbstmord gedacht damals. Stand oft am Fenster der zehnten Etage und sah: Es ist nur ein kleiner Schritt. Es hätte nur noch eines Anstoßes bedurft.

Die ersten Wochen von Olafs Haftzeit war ich total blockiert, hab nichts gesehen, nichts gehört, nichts gesagt. Das Thema Olaf war für mich tabu, ich hatte eine Mauer aufgebaut, hinter der ich wohl unbewusst Schutz gesucht hab. Ich konnte meinem Sohn nicht mehr die Hand reichen, nicht den ersten Schritt gehen. Meine Familie hat mich so weit gebracht, dass ich wieder darüber nachdenken, darüber reden konnte.

Nachdem Olaf zehn Wochen im Gefängnis saß, kam ein Brief von ihm: Alles sei vorbei, er sei nichts mehr wert, er wird sich fallen lassen in die Versenkung. Mehrmals habe ich diesen Brief gelesen, Rotz und Wasser geheult. Und sofort geantwortet. Wahrscheinlich hat er auch die Zeit gebraucht, um zu begreifen, was da überhaupt geschehen war.

Vor dem ersten Besuch in der U-Haft hatte ich Angst. Aber es war nicht so schlimm. Eine Beamtin hat weit weg gesessen und nicht so genau hingehört und hingeguckt, so dass wir uns umarmen und die Hände halten konnten. Das tat schon gut. Auch Olaf hatte Tränen in den Augen. Am Ende der Besuchszeit hab ich mich noch mal umgedreht, meinen Sohn angeschaut und gedacht: Ja, jetzt hat er begriffen, was ich immer von ihm wollte, jetzt wird er seinen Weg gehen.

Übrigens ist Olaf zwei Tage vor der Hochzeit meiner Tochter verhaftet worden. Wir haben der Familie zunächst nichts gesagt, natürlich haben alle nach ihm gefragt. Es ist uns unheimlich schwer gefallen, einfach so zu sagen, Olaf ist eben nicht da. Und natürlich hatte ich nicht die Freude, die man bei der Hochzeit seiner Tochter empfinden müsste. Ich bin öfter mal rausgegangen und habe meinen Tränen freien Lauf gelassen. Später, als ich das Fotoalbum zusammengeklebt hab, ging es mir ähnlich: Auf jedem Bild fehlt einer. Wir sind eine große Familie, die sehr engen Kontakt hält. Da war es schon schlimm, dass einer nicht dabei war.

Nach der Gerichtsverhandlung – ein hartes Urteil: drei Jahre, vier Monate Haft – habe ich ihn aus der U-Haft geholt, die Kaution von achttausend Mark hinterlegt – die ich bis heute noch nicht zurückbekommen habe.

Dann dauerte es zwanzig Monate, bis Olaf seine Strafe antreten musste. Während dieser Zeit hat er sich sehr um ein neues Leben bemüht: Hat eine Lehre in einem Autohaus bekommen; Autos sind sein Leben, dafür würde er alles tun. Ich kann es verstehen, wir sind auch Auto-Freaks, das liegt in der Familie. Seine richtig guten Kumpels sind alle wiedergekommen, haben ihn wissen lassen: Wir stehen zu dir, helfen dir. Auch jetzt, während seiner Haftzeit, halten sie zu ihm. Und er hat Madeleine kennen gelernt und sich mit ihr verlobt. Hätten die beiden sich eher kennen gelernt, wäre vieles nicht passiert, sie übt einen sehr, sehr guten Einfluss auf ihn aus. Madeleine wohnt bei uns, wir haben sie aufgenommen wie eine Tochter. Die Chemie stimmt einfach zwischen uns, sie passt in die Familie. Ich finde es gut, dass sie bei uns ist und wir über vieles, was Olaf betrifft, reden können. Ihm hilft es auch, dass wir Madeleine so gut aufgenommen haben. Dafür bedankt er sich immer wieder.

Aber was ist das für eine Gerichtsbarkeit – Olaf musste fast zwei Jahre mit diesem Wissen um seine Inhaftierung leben! Darunter haben er und Madeleine natürlich sehr gelitten. Und dann kam es doch ganz plötzlich, er hatte eine Woche Zeit, dann musste er einrücken, die Lehre abbrechen. Gut, er wird auch dort im Gefängnis etwas dazulernen, und auch diese Zeit wird sein Leben prägen. Aber wenn ich geahnt hätte, dass es so lange dauern würde, hätte ich ihn nicht aus der U-Haft geholt. Verstehen kann ich das nicht. Für einen jungen Menschen ist so etwas ganz schlecht. Ich habe dem Richter all das in einem langen Brief geschrieben, noch nicht mal eine Eingangsbestätigung habe ich erhalten. Als Mensch, als Mutter wirst du überhaupt nicht wahrgenommen, da zählen wohl nur Akten und Aktenzeichen.

Olaf und ich sind durch diese Sache nahe zusammengerückt. Wenn er sich jetzt weiter auf normalem Weg bewegt, unterstütze ich ihn, lasse ihn nicht fallen. Ich glaube, er hat auch aus der Geschichte gelernt.

Ja, heute können wir über alles ehrlich miteinander reden. Wie es ihm während der Haft geht, wie er sich fühlt, was er braucht. Ob ich ihm helfen und wie er mir helfen kann. Er erkundigt sich auch ständig nach meiner Gesundheit. Voriges Jahr litt ich an Herz-Rhythmus-Störungen, er hat es meiner Schrift angesehen, dass es mir nicht gut ging, hat sich Sorgen um mich gemacht. Das fand ich bezeichnend für sein Umdenken. Vorher hatte es ihn nie interessiert, ob es mir gut oder schlecht ging.

Olaf kann gut über seine Gefühle reden, was sehr ungewöhnlich ist für einen Mann. Auch Madeleine ist darüber froh. Mit dem Austausch von Gefühlen kann man sich besser verstehen; wenn ich weiß, was dem anderen wehtut, unterlasse ich das. Damit zeigt man keine Schwäche, sondern Stärke. Männer, die immer so tun, als seien sie hart, verstecken sich bloß, damit verbiegen sie sich, zeigen nicht ihr wahres Ich. Olaf hat das nicht nötig, er schämt sich auch nicht seiner Tränen. Erst seit er in der U-Haft war, umarmt er uns. Und auch ich kann das endlich. Ja, wir haben jetzt ein zärtliches Verhältnis. Woher sollte er es auch haben? Ich war schon Mitte dreißig oder gar noch älter, als ich angefangen habe, eine Umarmung – mit meinen Geschwistern zum Beispiel – als angenehm zu empfinden. Schon wenn man nur die Wange streichelt, ist das ein Gefühl der Zärtlichkeit, das man vermittelt. Jetzt finde ich es schön, jemandem zeigen zu können, dass ich ihn gern habe.

Olaf hat sogar seinen Vater umarmt, das war dem zwar unangenehm, aber er hat sich drücken lassen. Ich hoffe sehr, dass es zwischen den beiden wieder wird. Immerhin reden sie schon miteinander. Vielleicht werden sie auch eines Tages wie früher gemeinsam an Autos basteln. Dann wird sich auch ihr Verhältnis bessern. Aber vergessen wird mein Mann ihm diese Schande nie. Für ihn hat Olaf versagt. Jeder Vater will, dass sein Sohn etwas Besonderes ist, nun ist es eben nicht so gelaufen.

Aber ich denke, jetzt ist Olaf so weit gefestigt, dass er sich von niemandem mehr auf die schiefe Bahn bringen läßt.

Olaf ist richtig erwachsen geworden. Wenn er das überstanden hat, ist er ein toller Typ. Vielleicht musste es so weit kommen, damit er begreift. Jetzt bin ich froh und richtig stolz auf meinen Dicken.

»Ich kann nichts an meiner Vergangenheit ändern, aber ich kann daraus lernen«
Olaf, 24, Cottbus

Ich war dreizehn, als ich die erste Straftat beging. Gemeinsam mit einem Kumpel habe ich ein Moped geklaut. Wir waren beide total wild auf Mopeds, aber wir hatten nicht genug Geld, uns Ersatzteile zu kaufen. Also haben wir ein ganzes Moped geklaut und die Teile an unseren verbaut. So fing es an, mit Diebstählen, dann wurde es immer schlimmer: Fahren ohne Führerschein, Autos klauen, Fahrerflucht, Raubüberfall. Heute weiß ich, dass ich mich an die Regeln halten muss, wenn ich aus meinem Leben irgendetwas machen will. Damals hat mich das alles nicht interessiert, ich hab geklaut, weil ich Spaß haben wollte. Gleich beim ersten Mal, mit dreizehn, wurde ich erwischt. Strafe gab es keine, ich war noch nicht strafmündig. Da kam von der Richterin nur ein du-du!, und damit war's erledigt. Von meinen Eltern gab es dann schon ein bisschen mehr. Mein Moped, das Einzige, was mir wichtig war, haben sie eingezogen. Da war ich natürlich noch gnatziger. Und so ging das immer weiter. Ich hab mir immer häufiger von meinen Eltern den Lada genommen, fahren konnte ich, das hatte mir mein Vater schon beigebracht, als ich zehn war, nur eine Fahrerlaubnis hatte ich nicht. Mit dem Ding bin ich im ganzen Bezirk rumgekurvt. Sie haben es lange nicht gemerkt. Als sie es doch mitbekamen, gab es ordentlich Senge.

Vor der Wende waren meine Eltern immer für mich da. Ich war geborgen. Nach der Wende war keiner mehr da. Meine Mutter musste immer lange arbeiten, bis abends um acht oder neun, Vater war zur Weiterbildung in Gelsenkirchen. Nach der Schule wusste ich nicht, was ich mit mir anfangen sollte. Aber es gab ja die Clique, und die Jungs haben gesagt, wir sind deine Freunde, mit uns kannst du deine Probleme bereden. Auch, wenn es um Schule ging. Schule macht keinen Spaß mehr? Mensch, dann geh doch nicht mehr hin. Ich habe auf sie gehört, weil sie die Einzigen waren, die sich immer um mich kümmerten. Irgendwer hatte immer eine dumme Idee.

Meine Mutter hat es bei mir auch mit Reden probiert. Sie versuchte, mir vernünftig zu erklären, dass es falsch sei, was ich mache. Ich hab nicht auf sie gehört, das ging mir am Arsch vorbei. Ich dachte immer, die Alten quatschen ihre Scheiße. Heute bin ich vierundzwanzig Jahre alt und sehe das alles anders. Damals aber? Ich dachte, warum soll ich mein Leben nicht so leben, wie ich es für richtig halte? Und wenn ich es für richtig halte, meinen Eltern das Auto zu klauen, tue ich es eben. Ich wollte meinen Spaß haben. Ich dachte nicht nach, ich tat es, fertig. Ob es falsch war oder richtig, interessierte mich überhaupt nicht.

Dabei bekam ich nie etwas auf die Reihe, die Schule schmiss ich nach der achten Klasse hin, damit findet man keinen Job. Ich fing eine überbetriebliche Ausbildung an, aber nach zwei Jahren hatte ich keine Lust mehr, ließ mich krankschreiben und ging nebenbei arbeiten. Als es aufflog, wurde mir natürlich gekündigt. Irgendwann hatte ich bei der Bank sechzehntausend Mark Schulden, weil ich Geld ausgab, das ich nicht hatte. Ab da ging es rapide bergab. Die Schulden wollte ich auf einen Streich loswerden, einem Kumpel ging es ähnlich: zwei Dumme, eine Idee. Wir überfielen eine Spielothek. Im Urteil steht, wir seien bewaffnet gewesen. Wir hatten keine Waffen, aber wir hatten Klebeband, um den Wachmann zu fesseln und zu knebeln. Das zählt laut Gesetz als Waffe, da man es gegen eine andere Person einsetzen kann. Drei Jahre und vier Monate habe ich bekommen, weil ich vorbestraft war. Und die zwei Jahre auf Bewährung wegen Fahrerflucht und Fahren ohne Führerschein, die wurden gleich noch drangehängt. Fünf Jahre und vier Monate, TE – also Termin Ende – ist der 5. September 2006. Ich könnte mir in den Arsch beißen für das, was ich damals gemacht habe. Heute frage ich mich, wie blöd man sein muss, um es so weit kommen zu lassen.

Wenn ich darüber nachdenke, was wir dem Wachmann angetan haben, der in der Spielothek Schicht hatte ... das war ziemlich grausam. Der war so fünfzig Jahre alt, hatte eine Behinderung und humpelte. Er kam raus aus dem Laden, und Klaus ist auf ihn zu gerannt, hat ihn überwältigt mit zwei, drei Schlägen. Mit Klebeband haben wir ihm die Arme verklebt, Augen und Mund auch. Der wusste nicht, was mit ihm passiert oder was aus ihm wird. Wir schlugen die Automaten ein und machten mit dem Winkelschleifer den Tresor auf. Ich hab mal nach dem Wachmann geschaut, um zu gucken, ob er noch lebt. Er glaubte wahrscheinlich, dass er jetzt auch noch erschlagen wird. Der Mensch tut mir bis heute wahnsinnig Leid. In der U-Haft habe ich mich bei ihm schriftlich entschuldigt. Es kam aber nie was zurück. Das ist verständlich. Nach der U-Haft bin ich bei ihm vorbeigefahren und wollte mit ihm reden, aber er wollte nicht. War auch verständlich. Mir brennt es auf der Seele, aber ich muss jetzt damit leben.

Drei Tage nach dem Raub war ich festgenommen worden, auf dem Weg zur Arbeit. Meine Mutter hat immer gefragt, was los sei. Bis man es ihr sagte. Da hat sie jeden Rest Vertrauen zu mir verloren. Das war vorher schon nicht mehr viel. Ungefähr seit ich fünfzehn bin, war sie mit dem, was ich tat, nicht mehr zufrieden. Ich hatte einfach den Bezug zu ihr verloren. Von den Dingen, die damals passierten, ist das für mich heute das Schlimmste. Wenn ich heute ein Problem habe, gehe ich zu meinen Eltern und sage, wir müssen mal wieder reden. Damals habe ich das nicht gemacht. Erst jetzt habe ich dazu den Arsch in der Hose. Ich möchte lieber nicht wissen, ob sich auch andere Eltern so viel gefallen lassen würden, wie es meine getan haben. Das hätten wohl nicht so viele verkraftet. Ich ziehe vor den beiden echt den Hut, weil sie trotz allem sagen, das ist unser Sohn. Meine Mutter kümmert sich auch im Knast um mich. Wenn ich was brauche und sie darum bitte, wird das prompt erledigt. Es gibt Leute hier, die nennen mich deswegen Mutterkind. Denen sage ich, ich habe wenigstens eine Mutter, die zu mir hält. Auch wenn ich im Knast sitze. Sie ist die Einzige, die sich meldet. Deine Freunde kannst du alle in den Wind schreiben, wenn du Probleme hast. So was lernt man aber erst, wenn es zu spät ist.

Ich versuche gerade, das Vertrauen meiner Mutter zu mir

wieder aufzubauen und mein Leben in den Griff zu kriegen. Ich mache jetzt eine Ausbildung und will einen Facharbeiterbrief. Um die Lehrstelle habe ich mich selber gekümmert, ich habe an sämtliche Abteilungsleiter, Bereichsleiter, Anstaltsleiter im Knast Anträge geschrieben. Wenigstens den Abschluss der zehnten Klasse wollte ich machen. Nach längerem Bitten habe ich einen Ausbildungsplatz zum Maler und Lackierer gekriegt. September 2004 bin ich fertig, und alle gehen davon aus, dass ich dann auch entlassen werde, weil ich mich gut führe. Man muss irgendetwas tun, wenn man im Knast sitzt, um das Vertrauen zurückzugewinnen. Ich versuche das, ich will mein Leben nicht so weiterleben. Da, wo ich jetzt bin, will ich nie wieder hin. Geschlossener Vollzug ist das Beschissenste, was es gibt. Man wird einfach weggesperrt wie ein wildes Tier, wie eine Gefahr für die Menschheit. Im geschlossenen Vollzug verliert man völlig den Bezug zur Realität. Ich war ein halbes Jahr lang drin, das hat schon gereicht, danach ist es mir schwer gefallen, mich wieder an das Leben zu gewöhnen. Im offenen Vollzug sieht das ein bisschen anders aus, da hast du wieder ein bisschen Verantwortung für dein Leben. Musst zum Beispiel selber aufstehen, dir also erst mal einen Wecker kaufen, um pünktlich bei der Arbeit zu sein. Im geschlossenen wird man früh um sechs per Sprechanlage geweckt, dann kommt das Frühstück, anschließend gehen alle duschen, dann wird man zur Arbeit abgeholt. Nichts darfst du selber machen, alles wird einem gebracht, für einen erledigt. Wenn man irgendwas will, geht man auf Glocke, zu dieser Wechselsprechanlage, und sagt, was man braucht. Abends um halb zehn ist wieder Einschluss, die Riegel werden vor die Türen geschoben. Es gibt Leute im Vollzug, die können mit dem Ganzen nicht leben, die wollen nur nach Hause und machen dauernd Fluchtpläne. So gehe ich erst gar nicht an die Sache ran, das bringt mir nichts. Wenn ich abhaue, kriegen sie mich doch irgendwann, und ich sitze dort bis 2006. Dann brummen sie mir die ganze Strafe auf. Im offenen Vollzug hat zum Beispiel fast jeder ein Handy, der es sich leisten kann, dabei ist es streng verboten. Ich will das nicht. Warum soll ich mir was zuschulden kommen lassen? Das ist doch blöde. Viele haben mich gefragt, wie ich es schon nach einem halben Jahr geschafft habe, in den offenen Vollzug zu kommen. Ich fand das nicht so schwer. Du musst einfach nur offen und ehrlich sein, nicht übermäßig schleimen oder kratzen, um sich bei den Beamten gut zu stellen. Wenn du ganz normal mit denen redest, merken die auch, was du für einer bist, und reden auch mit dir normal. Sind alle bloß Menschen.

Ich bin mit der Einstellung rangegangen, dass ich aus meinem früheren Leben was lernen will, und wenn ich lernen will, muss ich mich eben an die Regeln halten. Was mir am meisten fehlt, ist der Kontakt zu meinen Eltern und meiner Verlobten. Meine Eltern habe ich sehr lieb, die haben viel für mich getan, und meine Verlobte liebe ich auch. Aber ich kann damit leben. Schlimm war das letzte Weihnachten. Weihnachtsstimmung sollte man am besten gar nicht erst aufkommen lassen. Das ist im Knast der größte Fehler, den man machen kann, dann ist es vorbei, dann geht alles den Bach runter. Hier eingeschlossen zu sein, ist nicht schön, aber eigentlich erträglich. Im Moment sehe ich den Knast als Internat. Damit fahre ich eigentlich ganz gut. Ich bin im Internat, mache meine Lehre und kann am Wochenende mal raus. Es ist ein bisschen beschissener als im Internat, aber wenn man so rangeht, kann man das überstehen. Und ich habe jetzt vierundzwanzig Stunden am Tag Zeit zum Nachdenken. Mein Gehirn hat viel zu spät eingesetzt, das passierte erst, als alles schon völlig falsch war. Hätte ich es vorher mal eingeschaltet, wäre es nicht so weit gekommen. Aber vielleicht kann ich noch was retten. Vergangenheit ist Vergangenheit, ich kann nichts mehr daran ändern, aber ich kann das Beste draus machen, draus lernen.

»Wir haben ein Leben vor Aids und eins danach«
Renate, 59 Jahre, Wiesbaden

Einmal haben der Torsten und ich einen Fernsehfilm gesehen, in dem ein Mann im Knast von einem Schwulen verführt wurde, woraufhin er dann auch schwul wurde. Ich hatte plötzlich so ein komisches Gefühl: Gell, das könnte dir nicht passieren? Nö, nö, hat der Torsten gesagt. Zu der Zeit, er war neunzehn, lernte er in Frankfurt Restaurantfachmann, und es hat immer mal wieder ein Mann angerufen mit so einer weibischen Stimme und nach meinem Sohn gefragt. Du, der klingt richtig homosexuell, der will doch nichts von dir, oder? Ich war besorgt. Nö, nö, hat der Torsten gesagt.

Wenig später waren Freunde zum Abendessen bei mir, gegen halb zehn hat der Torsten sich verabschiedet, er wollte zurück nach Frankfurt. Etwas später ging ich ins Bad, da stand er noch, hatte einen Armreif um, einen Ohrring drin, benutzte mein Eau de Toilette. Immer noch ahnungslos und ohne nachzudenken, hab ich flapsig gefragt: Sag mal, hast du einen Freund? Da wurde er puterrot und sagte: Keinen festen. Mir blieb die Luft weg: Willst du sagen, du bist homosexuell? Ich will darüber nicht reden, hat er gesagt, sich umgedreht und weg war er.

Das ganze Wochenende konnte ich nichts weiter denken als: Mein Sohn ist homosexuell – damals hätt ich ja nie schwul gesagt! – und nun? Und dann kamen die Ängste: Wenn er sich nun was antut, weil wir im Streit auseinander gegangen sind – vielleicht geht er ins Wasser? Und ich bin schuld, ich hab ihn allein großgezogen, ihn angehalten, im Haushalt mitzumachen, kein Wunder, dass er jetzt weibisch ist! Plötzlich kommen einem ja die absurdesten Gedanken.

Ich war sehr jung, als ich schwanger wurde, gerade von meinen Eltern weggezogen, aber viel zu stolz, um zu ihnen zurückzukehren, obwohl ich keine feste Arbeit und kein Geld hatte. Tagsüber arbeitete ich bei der Post, nachts in einer Kneipe, um uns über Wasser zu halten. Als Torsten drei war, hab ich einen Mann kennen gelernt. Ich war so verliebt, dass ich erst mal übersehen hab, dass er Alkoholiker war. Es kam vor, dass er mich, wenn er betrunken war, an den Haaren aus dem Bett gezogen hat. Einmal hat er mich im Winter vor die Tür gestellt, das Kind geweckt und geschrien: Da draußen steht deine Mutter, die darf nie wieder rein. Und ich hab gerufen, hab keine Angst, die Mami kommt. Erst als ich vor Kälte blau war, nach Stunden, hat der Mann die Tür aufgemacht. Ich denke, diese Erlebnisse haben Torstens Entwicklung verzögert. Er ist später als andere in die Schule gekommen, hatte motorische Schwierigkeiten, war Legastheniker.

Dann bekam ich wieder ein Kind, es war sehr krank. Der Kindesvater drängte auf Heirat, und ich war zu feige zu sagen, jetzt brauchen wir auch nicht mehr zu heiraten, ich wusste, das Kind wird seinen ersten Geburtstag nicht erleben. Die Ehe konnte nicht gut gehen. Torsten war acht, als wir geschieden wurden. Der Mann hatte Schulden gemacht, ich kriegte keinen Unterhalt. Zu der Zeit arbeitete ich schon bei der Bank, hatte mich von der Stenotypistin zur Buchhalterin hochgearbeitet. Und nachts servierte ich bis eins, halb zwei in einem Restaurant. Wir brauchten das Geld, aber es ging nicht so weiter, dass Torsten immer allein blieb, also gab ich ihn die Woche über in ein Internat. Wenn ich heute dran denke ... es war eine schwierige Zeit. Ich brachte den Kleinen Sonntagabend von Wiesbaden mit dem Zug nach Frankfurt – an Auto und Führerschein konnte ich noch nicht denken –, von dort fuhr er mit anderen Kindern weiter. Und da sah ich ihn dann auf dem Bahnsteig stehen, dünn und frierend, und ich hatte ständig ein schlechtes Gewissen und Angst um ihn.

Er litt wohl sehr im Internat, nach drei Jahren hab ich ihn rausgenommen. Torsten bettelte: Mami, wenn ich nicht mehr in das Scheiß-Internat muss, helfe ich dir auch. So war es dann: Ich arbeitete, und der Torsten machte den Haushalt, putzte, kaufte ein, kochte. Ich hatte damals ab und zu einen Partner, aber wenn's eng wurde, hab ich 'n Absprung gemacht. Ich hatte eine wahnsinnige Angst vor Bindung. Manchmal hab ich mir schon einen Mann an meiner Seite gewünscht, ich wollte eine so gute Ehe führen wie mein Bruder. Aber jetzt hat sich das Thema für mich erledigt.

An jenem Wochenende jedenfalls, als mir der Torsten seine Homosexualität offenbart hatte, hab es allein nicht mehr ausgehalten, bin Sonntagnachmittag zu meiner Freundin. Und

als ich wieder heimkam, hat der Torsten im Wohnzimmer gesessen und gesagt: Renate, wir müssen miteinander reden. Ich
kann es noch nicht verstehen, hab ich gesagt, ich versuche, es
zu tolerieren, aber du musst mir Zeit geben. Torsten hat dann
eine Stelle in Berlin bekommen. Das war gut. Ich hatte nun
zwar einen homosexuellen Sohn, aber der war ja nicht hier. Einmal hat er einen Freund mitgebracht, dann haben die beiden
auf meiner Couch gesessen, Händchen haltend und Küsschen
gebend – ich fand das so fürchterlich. Hab gesagt: Aber nicht in
meiner Gegenwart und nicht, wenn wir unter Leuten sind! Ich
war wirklich total verklemmt.

Torsten hat später in Hamburg gearbeitet, und 1994, er war
neunundzwanzig, wollte er wieder in meiner Nähe sein und zog
nach Darmstadt. Das fand ich toll. Die Verbindung war immer
da, wir haben mindestens zweimal die Woche telefoniert, ich
hab ihn auch besucht, ihm Geld geschickt, wenn er pleite war
– was Mütter eben so tun.

Etwa ein halbes Jahr später musste ich mal zu unserem Hausarzt. Er kennt den Torsten von klein auf, also hab ich gesagt,
komm doch mit, kannst gleich einen Aids-Test machen lassen.
Meine Vorstellung von Aids war sehr nebulös, und Torsten
hatte mir immer versichert, es könnte nichts passieren. Drei
Tage später rief ich den Arzt an, fragte nach meinen Werten. Sie
seien in Ordnung, sagte der Arzt, aber Torstens Werte hätten
sich wohl verschlechtert. Wir müssten aber das Ergebnis ab-
warten, es könnte sein, dass die Helferzellen gesunken seien.
Wie bitte? Was hat sich verschlechtert? Und was für Helferzellen?

Du kannst dir vorstellen, dass ich die nächsten Tage rumgelaufen bin wie im Traum. Eine Woche später musste ich vom
Arzt erfahren: Torstens Immunstatus ist ziemlich unten. Moment mal, sagte ich, Sie wollen doch nicht etwa sagen, der Torsten hat Aids? Da war der Arzt furchtbar erschrocken: Wussten
Sie das denn nicht? Um Gottes willen, das habe ich doch nicht
geahnt!

Er hatte sein Arztgeheimnis verletzt, und ich musste ihm versprechen, Torsten gegenüber zu schweigen. Und der Torsten hat
auch geschwiegen. Bis ich es nicht mehr ausgehalten und ihn
angesprochen habe: Der Arzt hat sich verbabbelt. Da brach es

aus ihm heraus, dieses Was-bin-ich-so-froh-dass-du-es-weißt, Ich-wollte-ja-auch-mit-dir-reden. Und dann haben wir beide geheult. Er war seit neun Jahren positiv. Aber eigentlich hat er mir diese Jahre durch sein Schweigen geschenkt. Dann wollte ich Genaueres wissen, ich kannte ja nicht mal den Unterschied zwischen HIV und Aids, hab mich rundum informiert.

Dann wurde der Torsten von einem Tag zum anderen immer kränker. Fieber, Übelkeit, Bronchitis, Gürtelrose, Meningitis, Beine gelähmt. Er wog noch dreiundfünfzig Kilo bei einer Länge von 1,88 Meter. Fast vier Wochen lag er auf der HIV-Station der Frankfurter Uni-Klinik. Als ich das erste Mal dort von ihm weggegangen bin, hab ich auf dem ganzen Weg geheult, ich weiß nicht, wie viele rote Ampeln ich überfahren habe. Zu Hause hab ich im Spiegel zwei scharfe Falten in meinem Gesicht gesehen. Ich wollte mich zwingen zu lächeln, das ist mir nicht mehr gelungen. Ich glaubte, mein Gesicht sei erstarrt.

Und dann hab ich auf dieser Aids-Station neue Menschen kennen gelernt, wir sind eine richtig tolle Familie geworden. Leid schweißt zusammen. Dort lagen so viele junge Menschen, die mit großer Würde gestorben sind. Der kleine Mario zum Beispiel: Jeden Abend kam seine italienische Familie, Mama hat gekocht, obwohl der Bub gar nicht mehr schlucken konnte, wir saßen auf der Terrasse, Angehörige und Kranke, die noch laufen oder im Rollstuhl sitzen konnten. Sie wussten ja, dass sie nicht mehr viel Zeit hatten, also haben sie mit uns Sekt getrunken, gesungen und gelacht, und immer waren wir mit einem Ohr am Bett unserer Kinder. Von den etwa vierzig Kranken sind damals jede Woche drei oder vier gestorben.

In dieser Zeit habe ich bei der Aids-Hilfe zu einer Angehörigen-Gruppe gefunden: Mütter, Geschwister, schwule Partner, auch die Frau eines Heterosexuellen. Von all diesen Aids-Kranken hat der Torsten als Einziger überlebt. Nach der zehnten Beerdigung hat er gesagt, ich geh nicht mehr mit, das sind alles Generalproben. Auch für mich waren diese Beerdigungen schlimm, aber es war wichtig, dass wir dabei waren. Die Angehörigen-Gruppe trifft sich immer noch zweimal im Jahr, da ist Torsten dann dabei, denn er ist nun aller Kind.

Ich wurde die Schwulen-Mutter schlechthin. Informiere mich auf Workshops und initiiere selbst welche. Hab mich zur Telefon-Beraterin ausbilden lassen und drei Jahre lang in Frankfurt beraten. Bin inzwischen Home-Worker, betreue Aids-Kranke, engagiere mich für die Bundes-Positiven-Versammlung, die alle zwei Jahre parallel zum Aids-Kongress stattfindet, wir haben ein eigenes Angehörigen-Netzwerk. Jeden Monat organisieren wir ein »Regenbogenfrühstück« für Betroffene, die dann alles vom Feinsten bekommen. Sie können zwar nicht mehr richtig essen, du musst ihnen jeden Happen reinschieben und den Mund und den Rotz abwischen und die Zigarette anzünden. Aber sie sollen es noch mal schön haben.

Ich habe ein Leben vor Aids und eins danach. Und ich denke, das jetzige ist intensiver. Zum Leben gehören nun mal Tod und Sterben, diesen Kreis kann ich nicht mehr wegdenken. Unsere Beziehung ist sehr intensiv geworden. Was mit Torsten so toll ist: Wir gucken uns an und haben den gleichen Gedanken, sagen manchmal den gleichen Satz. Wir haben auch ganz sachlich über alle Eventualitäten gesprochen, über Konto auflösen und Beerdigung – es gab in Wiesbaden nur drei Unternehmen, die Aids-Fälle beerdigt haben! – und über die Trauerfeier. Wenn du so was mal geregelt hast, kannst du das im Gehirnkasten ablegen.

1996 wurden bei mir bösartige Blasentumore festgestellt. Dabei hab ich nie geglaubt, dass es mich mal erwischen könnte. Als ich ins Krankenhaus kam, hatte ich nur eine Bitte an die Ärzte: Ich muss hier wieder raus, mein Sohn ist HIV-positiv, ich darf nicht vor ihm sterben! Torsten hat meine Angst gespürt und versucht, mir das nicht zu zeigen. Später hat er gesagt: Jetzt gehörst du dazu, Renate. Er ist täglich ins Krankenhaus gekommen, hat die Wäsche gewaschen. Ich hatte furchtbare Angst vor dem Weg, der vor mir lag: vier Operationen, Bestrahlungen, Chemotherapie. Leben verstehen und Leben leben sind eben zwei Paar Schuhe. Gott sei Dank ist alles gut gegangen. Auch eine Schilddrüsenoperation vor zwei Jahren hab ich gut überstanden.

Torsten ist gesund, er hat jetzt einen besseren Immunstatus als ich. Sein Virus ist seit vier Jahren nicht mehr nachweisbar. Und er ist nie ins soziale Abseits geraten wie so viele. Er hat Glück, dass er mich hat und ich eine gute Pension bekomme, nur mit seiner Rente könnte er nicht auskommen. Wir wissen, dass es uns wieder einholen kann. Aber wir haben ein rundherum gutes Leben. Leben nicht vorsichtiger, aber bewusster. Ich bin keine gläubige Christin, aber ich bete jeden Abend und danke, dass ich den Tag erlebt habe.

Seit meiner Scheidung haben Torsten und ich Weihnachten und Geburtstag immer zu zweit gefeiert oder bei meiner Familie. Jetzt sind meist Freunde von ihm dabei. Weihnachten zum Beispiel schmücke ich eine zwei Meter fünfzig hohe Edeltanne ganz in Rot, Torsten kocht ein Drei-Gänge-Menü, deckt den Tisch festlich. Ich hab mir am ersten Heiligabend nach seiner Krankheit das Versprechen gegeben: Auch wenn der Torsten nicht mehr da sein sollte, werde ich seine Freunde einladen und mit ihnen Weihnachten feiern und mich an diese wunderbaren Abende erinnern.

Natürlich geht's bei uns nicht immer friedlich zu. Ich denke, ich bin eine Übermutter, vergesse manchmal, dass er siebenunddreißig ist und nicht mehr mein Kleiner. Mit ihm bin ich ungeduldiger als mit anderen, trete ihm schon mal kräftig in den Hintern, wenn er sich hängen lässt oder wenn er nicht macht, was ich schon x-mal gesagt habe. Wenn ich ihm zum Beispiel Geld gebe und er sich solchen Scheiß anschafft, steigere ich mich schon in Zorn. Ich fände es sehr schön, wenn er einen festen Partner hätte. Vermutlich würde er dem bald sagen, du musst die Renate kennen lernen, ich denke, für ihn ist es wichtig, mir seine Freunde vorzustellen. Eifersüchtig? Nein, das bin ich nicht.

Dieses tolle Kumpelverhältnis ist aber erst so, seit ich weiß, dass er HIV-positiv ist. Zum Beispiel hätten wir uns früher nie einfach mal so in den Arm genommen. Natürlich haben wir geschmust, als er klein war, aber das war mit der Pubertät vorbei. Heute ist nichts mehr an dem Platz, an dem es war. Was früher Schwarz war, ist heute Weiß.

Mir war immer wichtig, dass er ein Mann wird, der nicht den großen Macker rauskehrt, dass er höflich ist, rücksichtsvoll und tolerant. Torsten wird geliebt für seine Liebenswürdigkeit und Offenheit. Ich glaube, das habe ich gut hingekriegt.

»Ohne meine Mutter wäre ich gestorben«
Torsten, 39, Darmstadt

Ich bin seit achtzehn Jahren HIV-positiv. Dieses hier ist mein zweites Leben. Mein erstes war vor Aids: die Schule, die Ausbildung zum Restaurantfachmann, die Arbeit in meinem Beruf als Kellner. Mit Aids fing das zweite Leben an. Am Anfang war mir gar nicht klar, dass es ein neuer Abschnitt ist, ich musste da erst einmal hineinwachsen. Daher habe ich meine Infektion auch jahrelang verdrängt und sie gar nicht wahrhaben wollen. Bis ich dann krank wurde. 1991 kam es zum offenen Ausbruch von HIV. Ich musste ins Krankenhaus, hatte eine Hirnhautentzündung, gelähmte Beine und so weiter. Die Ärzte haben mir noch zwei Tage gegeben. Meine Mutter war die ganze Zeit bei mir, und irgendwie habe ich es dann noch mal geschafft. Mittlerweile geht es aufwärts, und ich genieße jeden Tag. Früher habe ich es immer gehasst, wenn jemand so etwas sagte. Aber seit ich wirklich kurz vorm Sterben war, begegne ich dem Leben ganz anders. Ich bin nicht religiöser geworden dadurch, aber ich freue mich einfach, morgens aufzuwachen und Sonnenschein zu sehen, Vögel zwitschern zu hören. Das verdanke ich meiner Mutter, ohne sie wäre ich gestorben. Als ich im Krankenhaus war, hatte ich mich aufgegeben, ich wollte nicht mehr leben. Sie hat mir in den Arsch getreten – bis ich wieder neuen Lebensmut gefunden habe.

Sie ist eine Kämpfernatur, während ich gar nicht so ein Kämpfer bin. Das bewundere ich auch an ihr, dass sie eine so starke Frau ist, dass sie sich zum Beispiel in der Aids-Hilfe engagiert. Ich selbst engagiere mich dort mittlerweile nicht mehr so doll. Früher habe ich es viel gemacht, war Mitglied des Positivenrates in Wiesbaden und habe in der Aids-Initiative gearbeitet. Irgendwann habe ich dann aber einen Punkt erreicht, an dem ich es einfach nicht mehr sehen konnte und die Nase voll hatte von Aids und HIV und alldem. Heute mache ich nur noch beim Regenbogenfrühstück mit, gemeinsam mit meiner Mutter. Wenn mich jemand fragt, na klar, dann komme ich auch und mache Aufklärung in der Schule oder einen Stand beim Straßenfest. Ich helfe schon noch, aber nicht mehr so viel wie früher. Meine Mutter arbeitet dort noch mit und kämpft und macht. Ich finde ihre Stärke und ihre Kraft toll. Meine Mutter ist sehr resolut. Das kann manchmal allerdings auch nerven, ihr intensiver Mutterinstinkt und ihr unwahrscheinliches Schandmaul. Durch ihre große Klappe bringt sie mich manchmal in Situationen ... Sie macht das nicht mit Absicht, es ist nicht böse gemeint, aber ganz schön anstrengend. Gleichzeitig gefällt mir, dass sie offen mit Menschen umgeht und kein Blatt vor den Mund nimmt. Ich denke, das hat sie mir auch vorgelebt und beigebracht. Ich rede niemals um den heißen Brei rum. Wenn mich was stört, sage ich das auch. Damit bin ich zwar oft ins Fettnäpfchen getreten, aber ich denke, dass ich so gut klarkomme. Auch mit ihr. Wir sind eher Freunde als Mutter und Sohn. Sie bekommt zwar ab und zu ihren Mutterkomplex, aber das ist nun einmal so. Wenn ich mal drei Tage wegfahre, fragt sie immer gleich, hast du genug eingepackt? Hast du genug zu essen, genug Geld? Ich denke, das macht jede Mutter, das ist nicht weiter tragisch. Und auch nicht verwunderlich, schließlich hat sie mich allein großgezogen. Ich war kein Wunschkind, sondern ein Unfall. Meine Mutter kam frisch in die Stadt, ein Dorfmädchen, und dann ist es halt passiert. Sie wollte mich erst zur Adoption freigeben, hat sie mir später mal erzählt. Doch als die Krankenschwester ihr das Kind in den Arm legte, da konnte sie es nicht mehr weggeben. Aber als ich dann da war, war es auch in Ordnung. Dabei hatte sie es nicht leicht, damals in den sechziger Jahren. Sie war allein mit einem unehelichen Kind, ohne Geld ... Das rechne ich ihr heute noch hoch an, dass sie mich großgezogen hat. Sie hat von früh bis spät gearbeitet. Tagsüber ging sie in die Bank und nachts noch servieren bis drei Uhr früh. Das hat sie jahrelang gemacht, damit ich alles bekam. Sie hat dann auch mal geheiratet, da war ich zwei oder so. Der Mann war Alkoholiker, und nach drei Jahren ließ sie sich wieder scheiden. Seitdem gab es keinen Vater mehr, und sie erzog mich allein. Mutter hatte verschiedene Freunde, aber es blieb niemand länger. Für mich war das in Ordnung, nur wenn einer versucht hat, die Vaterrolle zu übernehmen, habe ich natürlich rebelliert. Solange ich die Männer neutral als Freunde meiner Mutter sah, war es kein Problem.

Natürlich fehlt einem als Junge manchmal auch der Vater. Ich konnte zwar mit meiner Mutter über vieles reden, aber eben nicht über alles. In der Pubertät zum Beispiel kann man doch nicht mit seiner Mutter reden. Probleme hatte ich deswegen aber keine, auch nicht damit, dass sie nie da war. Als Kind bemerkt man das ja gar nicht, erst später ist mir aufgefallen, dass sie sich wirklich ihr Leben lang krumm gelegt hat. Ich glaube aber nicht, dass ich vernachlässigt wurde, ich habe eigentlich eine sehr schöne Kindheit gehabt und viel von meiner Mutter bekommen. Wir hatten immer ein gutes Verhältnis. Wirklich intensiv ist es aber erst geworden, als sie wusste, dass ich krank war. Festgestellt wurde das Virus 1985, da war ich einundzwanzig. Aber damals hat es Mutter nicht erfahren, vor der habe ich es acht Jahre lang verheimlicht. Ich lebte damals in Hamburg und in Berlin. Das war weit genug weg. Ich habe ihr nie etwas gesagt, mir ging es ja gut. Ich hatte zwar den Virus, aber kein Aids. Und außerdem hatte Mutter eh ein Problem damit, dass ich schwul war. Ich selbst wusste das schon früh, so mit vierzehn oder fünfzehn Jahren. Ich habe im Schwimmbad immer mehr auf die Jungens in der Badehose geguckt als auf die Mädchen im Bikini. Mutter hat das dann eher durch Zufall erfahren, auch wenn sie es vielleicht schon länger ahnte. Irgendwann war ich mal bei ihr und wollte anschließend noch in die Disco. Ich hab mich in ihrem Bad fertig gemacht, mit Parfüm und Haarspray und so. Sie kam rein und verwickelte mich in ein Gespräch. Mittendrin fragte sie dann, du fährst doch zu deinem Freund? Ich hab mich einfach verplappert und meinte, ja. Da war erst einmal Totenstille, und ich bin abgehauen. Zwei Tage und zwei Nächte war ich nicht daheim. Als ich dann wiederkam, haben wir uns ausgesprochen. Dann ging es eigentlich. Aber ich habe doch gemerkt, dass sie Schwierigkeiten mit meinem Schwulsein hatte. Sie hat sich persönlich die Schuld dafür gegeben, weil sie nie da war und glaubte, als Mutter versagt zu haben. Sie ist sogar zum Psychologen gerannt deswegen.

Angst vor ihrer Reaktion hatte ich eigentlich nie, auch nicht, dass sie mich verstoßen wird. Bewusst anlügen wollte ich sie auch nicht. Ich dachte aber, wenn ich der Frau jetzt noch zumute, dass ihr Sohn positiv ist, dann bricht sie zusammen. Später habe ich gemerkt, wie sehr ich mich in ihr irrte und dass sie den Schutz gar nicht brauchte. Und natürlich habe ich mich auch selbst belogen. Ich habe es schlicht verdrängt, bin zu keinem Arzt gegangen, habe keine Medikamente genommen. Erst, als die Krankheit ausbrach, begann ich damit, mich mit ihr auseinander zu setzen und zu lernen, mit Aids zu leben.

Von 1991 bis 1995 war ich krank, das waren die vier intensivsten Jahre in unserem Leben. Natürlich haben wir uns auch vorher umarmt, aber im zweiten Leben wurde das viel mehr. Wir können uns inzwischen auch hinsetzen, uns in den Arm nehmen und weinen, denn wir mussten uns beide mit dem Tod auseinander setzen. Nicht nur mit meinem, auch mit ihrem, sie hat ja Krebs. Als sie ihr Ergebnis bekam, sagte sie einmal zu mir, dass sie irgendwie auch froh darüber ist. Denn jetzt könne sie nachempfinden, was ich erlebt habe. Das fand ich wahnsinnig nett von ihr. In dieser Zeit haben wir auch gelernt, miteinander zu reden. Das haben wir auch vorher getan, aber lange nicht so intensiv, zum Beispiel nicht über unsere Ängste. Ich kenne ihre Ängste, sie kennt meine. Über ihre möchte sie allerdings nicht so gern reden, sie möchte nicht, dass wir uns mit ihrer Krankheit befassen. Sicher haben wir darüber geredet, dass sie Angst hat zu sterben und nicht mehr für mich da zu sein, aber eigentlich will sie es mir nicht zeigen. Sie erlaubt sich keine Schwäche. Auf der einen Seite bewundere ich eine so starke Frau, auf der anderen Seite wünsche ich mir schon, dass sie manchmal auch Schwäche zeigen kann.

Am Anfang war es sehr schwer für uns, über den Tod und die eigene Beerdigung zu reden. Ich weiß noch, wir wollten beide zum Beerdigungs-Institut gehen und alles vorbereiten. Und irgendwie hat sich keiner so recht getraut. Dann ist meine Mutter als Erste hin und hat sich erkundigt. Das war für sie ein sehr schwerer Moment. Für jede Mutter ist es schwer, für das eigene Kind die Beerdigung auszurichten. Wir haben dann alles vorbereitet und auch über ihre Beerdigung geredet und wie sie alles haben will. Das wird auch genau so sein. Es gibt nichts, worüber wir nicht miteinander geredet haben, und für mich war es sehr wichtig zu wissen, wie meine Beerdigung abläuft. Das ist jetzt alles geklärt, die Schublade ist zu.

Inzwischen leben wir von heute auf morgen, genießen es einfach. Wir haben nicht so viel Geld, aber unsere Rente reicht, damit wir den Winter auf Teneriffa verbringen können. Eine Freundin von uns hat dort ein Haus, da können meine Mutter und ich wohnen und müssen nur den Flug bezahlen und was wir zum Leben brauchen. Auch sonst machen wir gemeinsam Urlaub, zum Beispiel waren wir eine Woche auf Mykonos, schwuler Urlaub, ein Paradies. Mama war dort der Star. Alle waren begeistert von ihr, da ging es rund, wenn wir in der Disco waren. Wir haben auch eine ganz nette Clique kennen gelernt, zwölf Leute, alles Schwule und Mama immer mit dabei. Sie kam gut an. Da war ich teilweise sogar eifersüchtig. Nach vier Tagen ging ihr das auf die Nerven, und sie ist an den Heterostrand gegangen. Nach drei Stunden kam sie zurück und sagte, nie wieder das Geplärr von den Kindern. Da sei sie lieber bei ihren Schwulen, da sei immer was los. Der Urlaub war wunderschön. Wir sind auch zusammen zum Christopher Street Day gegangen, für die Parade hat sie sich extra ein T-Shirt drucken lassen. Mein Sohn ist schwul und HIV-positiv, stand vorne groß drauf. Und hinten: Ich stehe zu ihm. Das ist gut angekommen, jeder hat sie darauf angesprochen. Ich bewundere sie dafür. Meine Mutter hat immer noch einen großen Einfluss auf mein Leben. Den wird sie auch immer haben. Das hört nicht mehr auf, dazu haben wir beide zu viel erlebt.

»Es war früh klar,
dass Mike anders ist als andere Kinder«
Melanie, 63, Berlin

Mike muss zehn oder elf Jahre alt gewesen sein, als wir ins Ausland gingen. Mein Mann wurde von einer Organisation der sozialistischen Länder nach Budapest geschickt, ich war mitreisende Ehefrau. Als Grafikerin konnte ich dort nicht arbeiten. Die ersten zwei Jahre waren beide Kinder mit: Anke, die Ältere, hatte die Aufnahmeprüfung für die sowjetische Mittelschule bestanden, Mike machte die Klassen fünf und sechs auf einer DDR-Schule. Seine Probleme hatte er mitgeschleppt: Er träumte, war ein Einzelgänger, kam mit Gleichaltrigen nicht zurecht. Sie verstanden ihn nicht, lehnten ihn ab. Nur mit Älteren konnte er reden. Zu Hause las er in Ankes Schulbüchern, und im Unterricht langweilte er sich.

Zwischen Mädchen- und Jungenerziehung habe ich keinen Unterschied gemacht. Ich bin nicht der Ansicht, dass Jungen härter rangenommen werden oder mehr aushalten müssten als Mädchen. Außerdem war Mike viel weinerlicher und wehleidiger als Anke. Es war mir überhaupt relativ früh klar, dass Mike anders ist als andere Kinder: Während Anke mit ihren Freundinnen und Freunden viel unternommen hat, wollte Mike zwar auch Freunde haben, aber wenn sie dann da waren, hat er sich nicht um sie gekümmert. Kindergeburtstage waren für mich deshalb strapaziös, denn ich war es, die die Kinder amüsieren und unterhalten musste – Mike zog sich in eine Ecke zurück und träumte. Und später, als er in die Schule ging, habe ich immer wieder beobachtet: Wenn alle in der Klasse mit ihm zurechtgekommen sind, nur einer nicht, dann konzentrierte sich Mike auf diesen einen; warum es mit diesem einen nicht klappte, darum kreisten seine Gedanken. Die Sympathie der anderen ignorierte er. Er war getrieben von der Gier nach absoluter Anerkennung. Von allen wollte er anerkannt werden.

Auch von der Familie hat er mehr Aufmerksamkeit beansprucht, möglicherweise sogar erwartet, dass ich ihn Anke vorziehe. Vielleicht hat er diesen Anspruch mir gegenüber auch nur aus der Tatsache abgeleitet, dass er der Kleinere ist. Ich wollte beide gleich behandeln und glaube, das ist mir gelungen. Aber vielleicht habe ich dabei übersehen, dass ich ihn doch hätte anders behandeln müssen. Auch in Heinz wollte ich Verständnis für Mikes Andersartigkeit wecken. Aber Heinz sah in Mike sein Ebenbild. Mike ist seinem Vater wirklich sehr ähnlich, nicht nur in Haltung, Mimik, Gestik. Und Heinz war der Meinung, sein Sohn sei auch so intelligent, könne ebenso viel erreichen wie er – also mindestens promovieren –, man müsse Mike nur fordern. Und dann hat er ihn gefordert. Je mehr er ihn jedoch drängte, desto mehr sperrte sich mein Sohn dagegen. Ich habe Heinz in seinem Drängen insofern sekundiert, dass ich Mike mit Toleranz, Einfühlsamkeit und Verständnis dahin zu bringen versucht habe, dass er von selber lernt. Ich dachte, wenn er wirklich so klug ist, wie sein Vater glaubt, dann muss es auch möglich sein, dass er dessen Forderungen einsieht und ihnen nachkommt. Aber letztendlich war ich nicht in der Lage, Mike zu irgendetwas zu drängen, weil ich merkte, er sperrt sich dagegen. Er machte einfach dicht.

Damals in Budapest sollte er dann, wie zuvor Anke, die Aufnahmeprüfung für die sowjetische Mittelschule machen. Aber die Lehrer der DDR-Schule hatten davon abgeraten, sie gaben ihm keine Chance, seine Konzentrationsfähigkeit würde nicht ausreichen. Ein Jahr lang mindestens sechs Schulstunden lang dem Fachunterricht in russischer Sprache zu folgen (wovon er kaum etwas verstanden hätte!) und nebenbei täglich Nachhilfeunterricht, um das Pensum zu schaffen – dem sei er nicht gewachsen.

Eine weiterführende DDR-Schule gab es nicht in Budapest, also blieb nur die Möglichkeit, Mike für die kommenden zwei Jahre in ein Internat bei Berlin zu geben, das für die Kinder vorgesehen war, deren Eltern im Ausland arbeiteten. Da bin ich mit meinem Sohn zu einem Psychologen gegangen. Zum einen, um noch mal prüfen zu lassen, wie es um Mikes Konzentrationsfähigkeit steht, vielmehr aber mit der Erwartungshaltung, dass der mir abrät, Mike in ein Internat zu geben. Ich hoffte, dass er mir empfiehlt: Bleiben Sie mit Ihrem Sohn zu Hause. Das wäre mir das Liebste gewesen. In Berlin hätte ich wieder arbeiten können und meinen Sohn bei mir gehabt, Anke wäre mit Heinz in Budapest geblieben. Aber auch sie hatte Schwierigkeiten mit dem immensen Pensum und Leistungsdruck und

101

brauchte, ebenso wie Mike, eine seelische Unterstützung von meiner Seite. Das machte die Entscheidung für Mikes Situation besonders schwierig. Leider erzählte mir der Psychologe, auch er sei in einem Internat gewesen, was ihm durchaus nicht geschadet habe. Ich hatte kein gutes Gefühl dabei, gab mich aber geschlagen, wollte es versuchen. Über die Konsequenzen war ich mir nicht im Klaren, man tappt da in ein Niemandsland.

Natürlich habe ich mit Heinz über meine Sorgen gesprochen. Aber der war der Meinung, ich gehöre an seine Seite, er müsse schließlich repräsentieren, und wenn ich in Berlin bliebe, könne der Eindruck entstehen, unsere Ehe wäre nicht intakt. Das war sie auch nicht, aber das durfte ja nicht nach außen dringen. Und ich war noch so wenig selbstständig, dass ich meinem Mann keine Steine in den Weg legen wollte. Ich hätte ihm damit ja den schönen Auslandsaufenthalt und seine Stellung vermasselt.

Das Internat machte einen guten Eindruck. Es war für alles gesorgt, und auch die Pädagogen wirkten kompetent und sympathisch. Ich war wohl etwas naiv, als ich glaubte, wenn ein Erzieher in der DDR einen Vollbart trägt und sich alternativ gibt, habe er auch Verständnis für Kinder. Meine anfängliche Angst hatte sich bestätigt. Die Kinder sind ziemlich rabiat miteinander umgegangen, und die Schwächeren hatten keine Lobby. Es gab eine klare Rangordnung: Kinder, deren Eltern im kapitalistischen Ausland – Tokio, Shanghai, Paris – arbeiteten, standen in der Hackordnung ganz oben. Die anderen, deren Eltern nur in Prag, Warschau oder Budapest lebten, hatten schlechte Karten. Manchmal hat Mike etwas erzählt, zum Beispiel die Sache mit dem Stubendienst. Sie mussten jeden Tag Staub wischen, Sauberkeit und Ordnung im Zimmer und im Schrank wurde von anderen Kindern kontrolliert. Wenn sie Mike dabei allein und wehrlos antrafen, kam es nicht selten vor, dass sie ihn zu Boden warfen und einer auf ihm herumsprang. Als ich das hörte, habe ich sofort im Internat angerufen und bekam von einer Erzieherin zur Antwort: Er brauche doch die Tür nicht zu öffnen, schließlich sei er nur verpflichtet, Erwachsene in sein Zimmer zu lassen.

Ich habe unglaublich gelitten und kam mir so schlecht vor, weil ich meinen Sohn diesen Leuten ausgeliefert hatte. Fast alle vier Wochen bin ich nach Hause gefahren, um mit Mike das

Wochenende in unserer Wohnung zu verbringen. Die anderen Wochenenden ging er zu Freunden von uns, die Kinder in seinem Alter haben. Mit unseren engsten Freunden, deren Sohn etwas älter ist als Mike und in dem Mike lange Zeit sein großes Vorbild sah, verbrachte er auch einige Ferien.

Viel später, als wir alle wieder zu Hause in Berlin waren, hat mir Mike gestanden, dass ihm meine häufigen Besuche gar nicht recht gewesen waren. Auch nicht unsere herzlichen Umarmungen zur Begrüßung und zum Abschied. Einerseits sehnte er sich nach diesen Zärtlichkeiten, andererseits aber war er bemüht, sie vor den Mitschülern zu verstecken, um nicht als Muttersöhnchen zu gelten. Und ich hab ihm dann von meinem schlechten Gewissen erzählt, von meinen unguten Gefühlen und meiner Sorge um ihn. Ich weiß nicht, ob es der Wahrheit entsprach oder ob er mich nur beruhigen wollte, jedenfalls behauptete er, dass es für ihn gar nicht so schlimm gewesen sei, wie ich es gesehen hatte, im Gegenteil, es sei sogar ganz gewesen. Um es krass zu sagen: Ich befürchtete in jener Zeit, dass er sich von uns verlassen, abgestellt fühlt und davon einen seelischen Schaden zurückbehält. Er hatte ja Budapest kennen gelernt, wusste, wie schön es dort war. Mich hatte die Situation sehr belastet, zumal vereinbart war, dass wir zwischendurch nicht miteinander telefonieren. Wir haben ihm nur geschrieben.

Damals konnte ich mich bei niemandem ausheulen. Mit den Kollegen meines Mannes in Budapest redete man über Kunst, Kultur, Politik und Allgemeines, mir wäre nie in den Sinn gekommen, mein Inneres zu öffnen, ich wusste ja nicht, wer zur Stasi gehörte und wer nicht. Der Einzige, der Verständnis für mich hatte, war ein Freund, der für mich wie ein Bruder ist, aber der war weit weg, in Berlin. Der traf den richtigen Ton und spürte ohne viele Worte, was mich bedrückte. Aber einen richtigen Rat hatte er auch nicht. Im Prinzip bestätigte er meine Befürchtungen und tröstete mich, ein Ende sei doch absehbar.

Auf Mikes Wunsch und nach etwas Kampf ging er in Berlin wieder in seine alte Klasse. Aber die Schwierigkeiten blieben. Vielleicht hat er zu viel von der Internatszeit erzählt, was niemanden wirklich interessierte.

Heinz und ich haben uns scheiden lassen, da war Anke neunzehn und Mike siebzehn. Ich dachte schon viel früher an Schei-

dung, Heinz hätte auch eingewilligt, aber er hätte alles daran-
gesetzt, mir die Kinder wegzunehmen. Und dieser Preis war mir
zu hoch. Er ließ uns erst gehen, als er eine andere Frau kennen
gelernt hatte. Ich glaube, Mike hat unsere Trennung als mittlere Katastrophe empfunden. Das hat er zwar nicht so gesagt,
und ich habe versucht, ihm klarzumachen, dass das nicht so
schlimm sein müsse. Er könne daraus durchaus einen Gewinn
ziehen, schließlich würde er durch die neue Frau seines Vaters
auch neue Menschen kennen lernen. Ich erinnere mich genau
an die Situation: Wir saßen zu dritt – Anke, Mike und ich – am
Frühstückstisch, Heinz war die Nacht wieder weggeblieben,
und ich konnte ihnen ganz ruhig vermitteln, dass wir fortan unser Leben allein organisieren würden. Die Frage war, ob wir die
große Wohnung behalten wollten oder versuchen sollten, drei
kleinere zu bekommen. Dass Anke sich für eine eigene Wohnung entschied, hat mich nicht überrascht. Dass auch Mike
künftig allein leben wollte, schon. Ich weiß bis heute nicht, ob
er mich damals nur beruhigen wollte mit seinem Drang nach
Selbstständigkeit, weil er mich liebte und mir das anders nicht
zeigen konnte. Es kann natürlich auch sein, dass er aus Überzeugung gehandelt hat, dass er wirklich so empfunden hat, weil
damals für ihn ganz andere Dinge wichtig waren. Wir haben
relativ schnell zwei Wohnungen gefunden, eine im Vorder- und
eine im Hinterhaus. Mike wollte nicht so nah bei mir leben,
das hat er mir gleich zu verstehen gegeben, also hat Anke die
Hinterhauswohnung genommen. Er wollte nicht beobachtet
werden. Nein, das hat mir nicht wehgetan. Ich habe ihn verstanden, weil ich mich erinnern konnte, dass es bei mir damals
genau so gewesen war. Ich wollte auch unter allen Umständen
weg von zu Hause. Ich hätte in meiner Heimatstadt studieren
können, bin aber stattdessen in eine andere Stadt gegangen.

Als Anke und ich unsere Mietverträge hatten, sind wir losge-
zogen, um eine Wohnung für Mike zu suchen. Wir haben dem
Wohnungsamt mindestens zwölf leere Wohnungen nachgewie-
sen – unter den fadenscheinigsten Ausreden haben wir keine
davon bekommen. Dann hat Mike einfach eine Wohnung besetzt. Anke hat mit unserem Trabbi seine Möbel und seinen
Kram dorthin transportiert. Die Wohnung war unglaublich
heruntergekommen, eine einzige Katastrophe, und kaum war

er drin, musste er für die Besetzung Strafe bezahlen. Aber dafür bekam er endlich offiziell eine andere Wohnung zugewiesen.

Die erste Zeit allein in meiner Wohnung quälte mich ein sehr schlechtes Gewissen. Ich hatte meine Kinder einfach so aus dem Nest geschubst. Ich sehe es immer noch als ein Rausschubsen an. Eigentlich hätte ich meinen Mietvertrag ja nur bekommen, wenn ich mit dem Sohn eingezogen wäre. Hätte ich dem aber zugestimmt, hätte Mike sehr lange Zeit keine Chance auf eine eigene Wohnung gehabt. Außerdem hatte ich Angst, dass er beim Zusammenleben auf so engem Raum – die Wohnung hat ja nur zwei kleine Zimmer – wirklich noch ein Muttersöhnchen wird. Ich dachte, es sei besser, ihn zu schubsen und ihm lieber von außen zu helfen. Und ich habe auf das Fundament gebaut, was ich gelegt habe.

Ich glaube, dass Mütter sich mehr zu den Söhnen hingezogen fühlen und Töchter zu ihren Vätern. Florian, mit dem ich seit neun Jahren zusammenlebe, hat mal gesagt, Anke und ich seien nicht wie Tochter und Mutter, sondern wie Schwestern. Bei uns gibt es nie eine Disharmonie, wir haben uns immer gut verstanden, aber unsere Beziehung ist, wie soll ich sagen, vielleicht sachlicher als die zwischen Mike und mir. Nicht nur, weil er mehr Streicheleinheiten brauchte als Anke, es ist ein anderes Band zwischen uns. Wobei ich glaube, dass sich auch Anke manchmal gewünscht hat, ich hätte sie häufiger in den Arm genommen. Weil ich Mike gegenüber dieses schlechte Gewissen hatte, habe ich ihm wohl mehr Zärtlichkeit zukommen lassen.

Das Wichtigste, was ich meinen Kindern vermitteln wollte, waren Toleranz, Offenheit, Ehrlichkeit. Ich erinnere mich an eine zufällig beobachtete Szene, die mich sehr verblüffte. Mike erklärte einem Schulkameraden sehr ernsthaft, man müsse seiner Mutter unbedingt die Wahrheit sagen, selbst wenn es sich um schlimme Dinge handele. Käme sie hinter eine Lüge, würde alles nur noch schlimmer. Ein Erfolg für mich, nicht wahr?

Mit der Offenheit ist es ein bisschen schwieriger. Mike kann sehr schwer Kritik ertragen, erst jetzt lernt er, Kritik zu akzeptieren. Wir haben ein immer gleich bleibend gutes Verhältnis zueinander, dennoch weiß ich nur grob über ihn und sein Leben Bescheid. Einmal besuchte er mich, setzte sich hin, und ich wusste, aha, jetzt will er reden. Ich hielt also die Klappe, goss ihm einen

Tee ein und wartete ab. Das hat immer funktioniert. Er holte Luft und sagte: Ich glaube, dein Sohn ist schwul. Okay, sagte ich, für mich ist die Hauptsache, du bist glücklich. Einmal kam er mit einem dicken Knutschfleck am Hals. Den habe ich einfach übersehen. Also schwul ist Mike nicht, das ist vorbei. So eine Phase ist wohl auch nichts Ungewöhnliches bei Jungen.

Mike hat sich nie besonders darüber ausgelassen, mit welchen Leuten er sich umgeben hat. Ich glaube, er ist seit seiner Kinderzeit getrieben von der großen Sehnsucht nach einem Freund, der mit ihm durch dick und dünn geht, der ihn mit all seinen Ecken und Kanten akzeptiert. Danach hungert er bis zum heutigen Tag. Und dieser Hunger hat ihn in Situationen gebracht, wie sie abenteuerlicher nicht sein könnten. Bis hinein in die Drogenszene, obwohl er selbst absolut clean ist und nie Drogen genommen hat. Aber er war beseelt von der Idee, Drogenabhängige zu retten. Und die haben ihn betrogen, für die hat er sich in Schulden gestürzt bis zum Geht nicht mehr, bis er auf dem Zahnfleisch ging. In dieser Zeit hat mir Florian sehr beigestanden; er hat mal in der Drogentherapie gearbeitet und weiß, was da abläuft.

Dennoch war das wieder Wasser auf die Mühle meines schlechten Gewissens, immer wieder kreisten meine Gedanken um die Frage, ob ich Mike zu wenig Liebe gegeben, ihm zu wenig gezeigt habe, wie viel er mir bedeutet.

Dabei können wir gut miteinander reden – über psychologische Dinge, auch über uns. Manchmal sehen wir uns wochenlang nicht, und dann kommt er mit einem Problem, und ich versuche, das mit ihm aufzudröseln, die Ursachen zu suchen, die Gründe, warum er so und nicht anders reagiert hat. Er hilft mir hingegen, wenn ich ein praktisches Problem in meiner Galerie habe und bei dem Computerkram. Ich glaube, es tut ihm gut, wenn er mir helfen kann.

Was ich ihm nie erzählen würde? Na, es gibt wohl keine Mutter, die ihren Sohn über eine Affäre informierte. Damit brächte sie das gesamte Elternbild ins Wanken! Ob Mama aus Frust über die lustlose Ehe mit einem andern Mann ins Bett geht oder aus einer Laune heraus, das geht doch einen Sohn überhaupt nichts an. Die Mutter erlebt lediglich eine entspannende, lockere Sache, und für den Sohn bricht die heile Familienwelt, in der er sich sicher und geborgen fühlt, zusammen. Das muss ja wohl nicht sein.

Aus einem ähnlichen Grund habe ich auch nie mit Mike über die Rolle seines Vaters bei der Stasi gesprochen. Ich hatte gehofft, dass die Kinder verstehen, warum ich mich von ihm getrennt habe. Das war natürlich zu viel verlangt.

»Ich will kein Muttersöhnchen sein«
Mike, 33, Berlin

Ich würde sagen, ich bin geborgen aufgewachsen. Zumindest, was meine Familie angeht. Innerhalb der Familie hat immer alles funktioniert, ich konnte mich darauf verlassen, dass meine Eltern für mich da waren und dass wir ein gutes Verhältnis haben. Ich glaube auch, dass ich ein Wunschkind bin, jedenfalls hat mir meine Mutter erzählt, dass sie eine Tochter und einen Sohn wollte. Beides hat sie bekommen.

Außerhalb der Familie war es jedoch stets sehr wechselhaft, da bin ich eigentlich immer irgendwann auf Ablehnung gestoßen. Das ist wie ein roter Faden, der sich durch mein Leben zieht. Ich versuche seit dreißig Jahren herauszubekommen, warum das so ist, warum ich zum Beispiel nie für eine längere Zeit Freunde finde. Zurzeit habe ich gar keine Freunde. Es ist sogar so, dass ich inzwischen richtig darauf achte, auf Abstand zu den Menschen zu bleiben, weil meine letzten Freundschaften schlicht eine Katastrophe waren. Ich habe zum Beispiel vor einiger Zeit ein Mädchen kennen gelernt. Anfangs war auch alles okay, doch dann ist sie drogenabhängig geworden. Sie hat mich als ihren besten Freund betrachtet, also habe ich ihr geholfen, als sie ihre Wohnung verloren hatte. Ein halbes Jahr lang wohnte sie bei mir, bis sie wieder etwas gefunden hat. Während dieser Zeit ist ziemlich viel aus meiner Wohnung verschwunden. Natürlich war die Freundschaft dann für mich beendet. Anschließend wurde noch in meine Wohnung eingebrochen und mein Fernseher und mein Videorecorder waren weg. Ich wollte dann erst mal nichts mehr wissen von ihr, doch sie ist immer wiedergekommen und hat sich entschuldigt. Dann habe ich versucht, sie wieder clean zu kriegen, aber das hat nicht geklappt. Ich musste einfach einen Schnitt machen und das beenden und bin in eine neue Wohnung gezogen. Aber das hat auch nicht viel geändert. Ich habe andere Leute kennen gelernt und sie in meine Wohnung gelassen, mit dem Ergebnis, dass wieder Dinge verschwanden, darunter mein Rechner. Dieser Rechner war alles für mich: Fernseher, HiFi-Anlage und vor allem Arbeitsgerät, ich bin Webdesigner. Das war ein ziemlicher Schock.

Inzwischen lebe ich völlig allein und genieße das auch, mich nur auf mich und meine Arbeit zu konzentrieren. Ich will niemanden mehr in meine Wohnung lassen. In meinem Verhältnis zu Menschen hat es allerdings schon Schlimmeres gegeben, vernünftig waren die Beziehungen eigentlich nie. Mein Problem ist, dass halbwegs vernünftige Menschen nicht viel mit mir zu tun haben wollen. Zumindest war das immer mein Eindruck. Ich bin noch nicht dahinter gekommen, warum das so ist. Vielleicht, weil ich kein sehr interessantes Leben führe oder weil ich mich in vielerlei Dingen zu naiv verhalte oder vielleicht, weil ich früher oder später überheblich werde. Zumindest haben mir das manche Leute vorgeworfen. Ich weiß es nicht.

Ob ich eine glückliche Kindheit hatte? Ich will mal sagen, es war eine interessante Kindheit. Ich hab sowohl schlimme als auch ausgesprochen schöne Dinge erlebt. Die schönen haben verhindert, dass aus mir ein Weltmuffel wurde, jemand, der die gesamte Menschheit nur noch negativ betrachtet. Denn die Gefahr bestand durchaus, durch meine Zeit im Internat. Ich war zwei Jahre lang dort, weil meine Eltern im Ausland waren, in Budapest. Ich war dreizehn, als ich in das Internat bei Berlin kam. Ich wusste, dass es schwer werden würde, aber es war für mich trotzdem eine Horror-Erfahrung. Die Kinder dort hatten sich vorgenommen, mir wehzutun, weil ich eines der schwächsten Glieder war. Da konnte es passieren, dass die Stärksten in mein Zimmer kamen und es komplett vernichteten. Es gab dafür keinen Grund, sie taten es einfach. Ich habe mich gewehrt, soweit ich konnte, habe mich eingeschlossen oder die Erzieher gerufen. Manchmal haben sie mir geholfen, aber manchmal auch nicht, ich konnte mich nicht auf sie verlassen. Sie haben mir gesagt, warum wehrst du dich nicht? Ich hatte nicht die Kraft. Man brauchte schon eine gewisse körperliche Kraft, um die aus dem Zimmer zu schmeißen, die hatte ich nicht, und daher war ich ihnen ausgeliefert. Nur körperliche Kraft half dagegen, mit Intelligenz kam man nicht weit.

Meinen Eltern habe ich nie übel genommen, dass ich ins Internat musste. Sie hatten mir angeboten, wenn ich nicht dort bleiben will, würden sie den Auslandseinsatz abbrechen. Doch ich wollte das nicht. Einerseits, weil es in Budapest so schön war. Von mir aus hätten sie ewig da bleiben können. Und andererseits, um den Leuten im Internat nicht den Erfolg zu gönnen, mich dort vertrieben zu haben. Diese Blöße wollte ich mir nicht geben. Ich sagte meinen Eltern, ich habe ein Jahr durchgehalten, und ich werde es noch ein weiteres Jahr schaffen. Es war keine unendliche Qual. Ich merkte dort nur, was aus mir wurde, ein Mensch, dem der Rest der Menschheit egal ist. Ich wusste ja auch noch nicht, dass sich diese Erlebnisse auf mein ganzes Leben auswirken würden. Trotzdem bereue ich nichts. Es war schwer, aber ich weiß nicht, ob es anders besser gewesen wäre. Und mit meiner Mutter konnte ich immer darüber reden. Ich rede überhaupt sehr oft mit ihr. Sie ist eine sehr enge Bezugsperson für mich, jemand, dem ich total vertrauen kann, bei dem ich so sein kann, wie ich bin. Sie kann mir Sachen sagen, die ich mir von anderen nicht sagen lassen würde. Wenn sie mir deutlich die Meinung sagt, kann ich mich drauf verlassen, dass sie es gut meint. Sie kennt mich von allen Menschen immer noch am besten. Es gibt aber auch Themen, über die ich mit ihr nicht reden würde, weil ich weiß, dass wir da gegensätzlicher Meinung sind. Zum Beispiel über Mutters Verhältnis zu einer ihrer Freundinnen. Die hat mal an den Arbeitgeber meines Vaters einen Brief geschrieben, in dem sie behauptete, dass mein Vater inoffizieller Mitarbeiter der Staatssicherheit war und ihren Mann denunziert und dadurch dessen Karriere versaut habe. Ich wollte über dieses Thema mit meiner Mutter reden, habe aber sehr schnell gemerkt, dass unsere Ansichten zu verschieden sind. Ich weiß nicht, was von diesen Geschichten stimmt und was nicht, für mich geht es mehr darum, ob dieser Brief nötig war und ob das nicht ziemlich mies war. Da sind meine Mutter und ich definitiv verschiedener Meinung. Das ist so ziemlich der einzige Punkt, wo ich meinen Vater eher verstehe als meine Mutter. Wir haben es dabei belassen und beschlossen, über das Thema nicht mehr zu reden. Wir wollen uns eigentlich nicht streiten, denn wir sind beide sehr harmonische Menschen. Wenn etwas zu kontrovers wird und wir das Gefühl haben, dass es zu keinem guten Ende führt, hören wir lieber auf. Unsere Familie hat immer darauf geachtet, dass Harmonie herrscht. Früher gab es Momente, in denen ich wütend und laut war und eingeschnappt in mein Zimmer gegangen bin. Und wenn ich dann mit einem richtig bösen Spruch wiederkam, hat meine Mutter mich einfach nur angeguckt und gelacht. Dann musste ich auch lachen, und alles war gut. Selbst ihre Scheidung fand ich harmonisch. Ich konnte beiden nicht böse sein und fand es besser, als wenn sie angefangen hätten, sich gegenseitig zu zerfleischen. Es dauert eben nichts ewig. Die Ehe meiner Eltern hat zwanzig Jahre lang gehalten, das ist schon eine lange Zeit. Für mich hat sich dadurch nichts geändert, mein Vater ist immer noch mein Vater und meine Mutter ist immer noch meine Mutter. Aber gleichzeitig gab es früher Momente, in denen ich mir Eltern wünschte, die nicht so harmonisch sind, die mich nicht verstehen, die richtig entrüstet sind und bei denen ich mich schön austoben kann. Manchmal habe ich mir herrische Eltern gewünscht, mit denen ich so etwas wie einen Generationenkonflikt ausleben kann. Den gab es für mich nicht, ich hatte nie solche Reibungsflächen. Später, als ich älter wurde, fand ich diese Harmonie und die Tatsache, dass meine Mutter für alles Verständnis hat, richtig gut. Das ist immer noch so, nur dass ich ihr inzwischen nicht mehr so viel von mir erzähle. Gerade in letzter Zeit habe ich mich wenig blicken lassen.

Ich achte im Moment drauf, mein eigenes Leben zu leben. Denn ich denke, es muss für mich doch möglich sein, auch außerhalb der Familie ein ordentliches Leben zu haben. Daher suche ich gerade etwas Abstand. Das ist nicht gegen sie gerichtet, sondern ich will mir beweisen, dass ich mit den Leuten da draußen leben kann. Im Internat wollte ich beweisen, dass ich nicht aufgebe. Jetzt will ich zeigen, dass ich kein Muttersöhnchen bin und auch mit anderen klarkomme, nicht nur mit meiner Familie. Mir hat nie jemand vorgeworfen, dass ich ein Muttersöhnchen bin, ich selbst habe aber das Gefühl. Ich finde, dass es eigentlich auch nichts Schlechtes ist, ich will aber nicht nur auf die Familie beschränkt sein. Das Problem ist nicht meine Mutter. Ich muss nie Angst haben, dass sie ein Thema irgendwann beendet und sagt, so, Schluss jetzt, was ich sehr an ihr mag. Das Problem sind die anderen. Meine Schwester hat zum Beispiel keine Schwierigkeiten, Menschen kennen zu lernen und Freundschaften zu schließen. Sie zeigt mir, dass es möglich ist. Und natürlich ist es möglich, da draußen finden Menschen Partner und gründen Familien, es muss also gehen. Ich will es mir unbedingt beweisen. Von meiner Schwester musste ich mir schon vorwerfen lassen, ich würde meine Probleme viel zu oft alleine lösen und zu selten die Familie fragen. Mit meiner Mutter habe ich darüber noch nie geredet. Ich merke natürlich, dass sie darunter leidet, dass ich mich sehr wenig blicken lasse. Sie würde das aber sicher verstehen, glaube ich. Sie hat mich immer so genommen, wie ich bin. Meine Mutter hat mir nie Vorwürfe gemacht, obwohl sie, glaube ich, findet, dass mein Leben recht durcheinander ist. Doch sie hat gesehen, dass es sich gebessert hat, dass ich selbstbewusster geworden bin und offener, und dass es mit mir vorwärts geht. Mein Leben ist natürlich immer noch ziemlich chaotisch, das ist einfach so. Wahrscheinlich findet sie das auch, aber sie hilft mir trotzdem, wo sie kann. Ich bin ihr dankbar dafür, dass ich ihr so viel bedeute und dass sie so viel Geduld mit mir hat. Meine Mutter ist einfach der wichtigste Mensch für mich und jemand, zu dem ich immer kommen kann.

Wenn Söhne aus dem Ruder laufen

Dipl.-Psychologin Dagmar Häuser,
Psychologische Beratungsstelle für Familien,
Eltern, Jugendliche und Kinder, Erkner

Alle Kinder auf dem Weg erwachsen zu werden, machen den Eltern Sorgen, manche mehr, manche weniger. Viele Jahre lang haben Mutter und Sohn vielleicht in einem Boot gesessen, doch irgendwann kann es große, manchmal sehr plötzliche Veränderungen geben. Der Sohn, der gelenkt und gesteuert wurde, sitzt nun in seinem eigenen Boot und fährt einen Kurs, der vielleicht auch ihm selbst ungewiss ist.

Oft löst dies bei Müttern Krisen aus. Sie fühlen sich ohnmächtig, glauben, keinen Einfluss mehr auf ihn zu haben und gegen eine Wand zu laufen. Oft fühlen sie sich hilflos und wissen nicht mehr, was sie tun sollen. Gleichzeitig müssen sie die Kränkung dieser Situation verarbeiten und möglicherweise auch die Schuldgefühle. Ein allgemein gültiges Rezept gibt es nicht, weder für die Mütter, noch für die Söhne, denn jede Familiengeschichte ist eine Besondere.

Was Mütter tun können

Nach außen können Mütter als letzte Maßnahme in einer Krise diese nur akzeptieren. Nach innen sollten sie versuchen, sich ihrer Gefühle klar zu werden und ihr Verhalten zu überdenken, bevor sie handeln. Zwischen dem Kind und den eigenen Überzeugungen zu stehen ist schwer, doch kann sich die Situation entspannen, wenn es ihr gelingt, zwischen diesen beiden Polen zu vermitteln. Vor allem aber müssen sie sich in einer so schwierigen Phase selbst helfen.

Bei allen Enttäuschungen sollten Mütter sich bewusst machen, was sie für ihr Kind bisher alles getan haben, überlegen, was sie noch tun können und was nicht. Gleichzeitig müssen sie sich darüber klar werden, dass die Dinge, die sie jetzt noch für ihre Kinder tun können, von anderer Art sein müssen als bisher. Sie müssen lernen, die »Eigenbewegung« ihres Sohnes zuzulassen, ohne sich dafür verantwortlich zu fühlen und sich einzumischen. Sich zurücknehmen ist wichtig, nur so kann die Beziehung zum Sohn auf eine neue Grundlage gestellt werden.

Dazu gehört auch, die ängstliche innere Stimme zum Schweigen zu bringen, die vor Gefahren warnt. Mütter müssen sich und ihren Söhnen zutrauen, dass sie es schaffen werden. Und sie nicht trösten, wenn sie schwach sind, das stärkt sie nicht, es schwächt sie. Zuviel mütterliche Fürsorge und Mitgefühl lähmt die sich entwickelnde Unabhängigkeit. Erziehung bedeutet, die Eigenschaften zu fördern, die wachsen wollen, die am lebendigsten und unverwüstlichsten sind.

Strategien für Mütter, um Krisen zu überwinden

Es gibt keine Rezepte dafür, wie man sich in Krisen richtig verhält, nur ein paar Linien, von denen man sich leiten lassen kann.

Zuhören statt handeln: Wenn Heranwachsende mit uns reden, sollten wir ihnen zuhören. Das heißt nicht, stumm neben ihnen zu sitzen, sondern es bedeutet, die eigene Aufmerksamkeit auf die Gedanken des Gegenübers zu richten und ihm zu zeigen: Ich versuche, dich zu verstehen und zu begreifen, wie du die Dinge siehst. Ich respektiere deine Meinungen, auch wenn ich nicht immer mit ihnen übereinstimme.

Diskutieren, nicht bekehren: Heranwachsende brauchen die Möglichkeit zu diskutieren, um ihre Gedanken und Ideen zu entwickeln. Doch sie wollen dabei nicht, dass ihnen die eigene Unzulänglichkeit vor Augen geführt wird und sie sich ihren Eltern unterlegen fühlen.

Im Gespräch bleiben: Streit und Zerwürfnisse lassen sich oft nicht vermeiden, trotz aller Bereitschaft zuzuhören und zu diskutieren. Damit die Beziehung daran nicht zerbricht, müssen Mütter das Gespräch suchen, Missverständnisse beseitigen, Kränkungen zurücknehmen, Sachverhalte klären. Eltern sind nun einmal die Stärkeren und besitzen mehr Lebenserfahrungen. Sie können viel leichter ein Problem für sich relativieren und auf den anderen zugehen als Heranwachsende.

Ich-Botschaften senden: Sätze, die mit Du anfangen, wirken wie eine Anklage: Du machst nie deine Hausaufgaben, du räumst nie auf, du kommst immer zu spät – solche Sätze fordern zur Verteidigung heraus und geben Anlass zum Streit. Ich-Aussagen sind wirkungsvoller: Mich nervt es, wenn du immer zu spät kommst, ich mache mir Sorgen. Solche Sätze machen keine Schuldgefühle und sind nachvollziehbar.

Hilfe zur Selbsthilfe: Damit ist gemeint, dass man das eigene Handeln und Denken transparent machen sollte. Wenn Söhne nicht über sich reden wollen, weil sie denken, sie bekommen nur kluge Ratschläge, kann es hilfreich sein, wenn wir über unsere Gedanken und Probleme reden, darüber, was uns beschäftigt, was wir uns wünschen. Oder darüber, wie wir uns fühlen, wenn sie nicht mit uns reden.

Zeit lassen: Eltern sind mitunter ungeduldig und möchten ihre Kinder schnell auf eigenen Füßen stehen sehen. Doch die müssen selbst ihren Weg finden, sich ausprobieren, und dafür brauchen sie Zeit. In Krisen brauchen sie außerdem auch Rückendeckung und Zuspruch, sonst besteht die Gefahr, dass sie sich festfahren und darüber frustriert sind.

Herr im eigenen Leben sein: Kinder sind Gäste, die nach dem Weg fragen. Sie kommen als Neugeborene und gehen, wenn sie in der Lage sind, ihr Leben aus eigener Kraft zu bewältigen. Sollen sie selbstständig werden, müssen sie die Chance bekommen, ihre eigene Lebensform zu finden, und dürfen nicht gezwungen werden, die Vorstellungen der Eltern anzunehmen. Sie müssen sich ein eigenes Reich schaffen und sich von dem der Eltern abgrenzen dürfen.

Sich von den Söhnen helfen lassen: Heranwachsende Söhne brauchen die Erfahrung, dass ihr Tun sinnvoll und nützlich ist. Vielleicht gibt es Dinge, in denen sie mehr wissen und besser sind als ihre Mütter, dann sollte man dies auch anerkennen und sich von ihnen helfen lassen.

Verantwortung übertragen: Für das eigene Zimmer, das Taschengeld oder den Ferienjob können Jugendliche Verantwortung übernehmen. Sie müssen dies irgendwann lernen und üben, später sollen sie schließlich ihr ganzes Leben verantworten. Klare Vereinbarungen sind dabei wichtig; werden sie gebrochen, muss es auch Konsequenzen haben. Es macht jedoch keinen Sinn, irgendwelche Strafen auszusprechen. Die Konsequenz sollte immer mit der ursprünglichen Aufgabe zu tun haben und nachvollziehbar sein.

Grenzen setzen: Heranwachsende brauchen Grenzen. Sie geben Orientierung und zeigen ihnen, wo sie hingehören, wohin nicht mehr und wohin noch nicht. Regeln machen jedoch keinen Sinn, wenn sie mit Bevormundung, Macht und entwürdigenden Strafen erzwungen sind. Enge Grenzen entmutigen und lassen keinen Raum für Eigenverantwortung. Zu weite Grenzen führen zu Orientierungslosigkeit.

Kontrolle aufgeben: Kontrolle führt zu Konflikten und Enttäuschungen. Menschen tun immer nur das, was sie tun wollen, auch Kinder. Wenn sie freiwillig Verantwortung übernehmen, sollte man sie ihnen lassen.

Erwartungen aufgeben: Eltern sind oft überzeugt, dass ihre »Problemkinder« – die drogenabhängig sind, im Gefängnis sitzen, sich auf der Straße herumtreiben – sie brauchen. Was diese Kinder brauchen, ist Verantwortungsgefühl für ihr eigenes Leben. Liebevolle Sorge, Zuneigung oder Autorität sind dürftige Waffen im Kampf um das Kind, das sich Drogen, Alkohol oder Gewalt zugewandt hat. Nach Ursachen suchen, sich die Schuld zu geben, ändert nichts. Das Verhalten des Sohnes ist nicht das Problem der Mutter, sondern sein eigenes. Wir müssen das zulassen und sollten nicht versuchen, ihm Lösungen zu zeigen oder gar aufzuzwingen. Der Versuch, ihn vor den Konsequenzen seines Handelns zu bewahren, zeugt eher von so genannter Co-Abhängigkeit. Spätestens jetzt sollten Mütter sich selbst Hilfe besorgen.

Strategien für Söhne
Auch Eltern verändern sich: Du musst dich allen möglichen Veränderungen anpassen – doch das gilt auch für deine Eltern. Das Zusammenleben wird plötzlich nicht mehr nur von ihren Vorstellungen bestimmt, sondern auch von deinen. Sie haben

wahrscheinlich wenig Zeit für sich, und außerdem liegst du ihnen jetzt auch mehr auf der Tasche. Sei behutsam, wenn du Forderungen stellst, vielleicht haben deine Eltern aus ganz anderen Gründen Probleme mit deiner Jugendzeit. Vielleicht müssen sie sich jetzt mehr um ihre eigenen Eltern kümmern, die langsam alt werden. Vielleicht wird ihnen auch bewusst, dass sich jetzt die letzte Gelegenheit bietet, in ihrem Beruf noch etwas zu ändern. Denn auch für sie beginnt ein neuer Abschnitt, wenn du erwachsen wirst.

Lass ihnen Zeit: Eltern brauchen Zeit, um sich an die neue Situation zu gewöhnen. Du veränderst dich so schnell, dass sie unweigerlich immer einen Schritt zurückbleiben. Vielleicht glaubst du manchmal, sie behandeln dich wie ein Kind. Das ist lästig, aber es ist genauso lästig, wenn sie zu viel von dir erwarten.

Gib das Vertrauen nicht auf: Auch wenn ihr euch streitet, solltest du dir klarmachen, dass deine Eltern im Grunde auf deiner Seite stehen. Hast du ein Problem, dann geh nicht davon aus, dass sie dich nicht verstehen oder dir nicht helfen werden. Die Eltern von anderen scheinen oft netter und verständnisvoller zu sein als die eigenen, aber dies ist nur eine Illusion. Eltern können sich sehr gut verstellen, wenn Besuch da ist. Sie schreien ihre Kinder vor deren Freunden nicht an (oder sollten es nicht tun). Deine Freunde finden deine Eltern vielleicht auch phantastisch.

Achte deine Eltern: Deine Eltern wissen, dass du erwachsen wirst, aber vielleicht sind sie verletzt, weil du überhaupt keine Zeit mehr für sie hast. Wenn sie sich beklagen, dass du dich aufführst wie in einem Hotel, bedeutet es nicht, dass sie sich nicht mehr um dich kümmern wollen, sie wünschen sich nur mehr Wertschätzung.

Leben ohne Vater

**»Ich hatte nie das Gefühl, wegen Peter
auf irgendwas verzichten zu müssen«**
Christine, 60, Berlin

Peter ein Wunschkind? Nein, das kann ich nun wirklich nicht
sagen. Mit dem Kindesvater war ich ein halbes Jahr liiert, ich
war zwar in ihn verliebt, aber wir waren noch nicht so weit,
dass wir uns Gedanken über eine gemeinsame Zukunft gemacht
hätten. Wir haben uns häufig und mächtig gefetzt, und plötzlich
war ich schwanger. Als ich ihm das sagte, warf er mir vor, ich
wolle unbedingt ein Kind, um ihn zu halten, und solche blöden
Redensarten. Da bin ich explodiert, und dann war die Beziehung beendet. Es wäre auch nicht gut gegangen. Nein, glücklich
war ich zuerst mal nicht. In der DDR stand zwar eine allein erziehende Mutter auf der Sozialleiter ziemlich weit oben, man
hatte auch finanziell keine Schwierigkeiten, aber so doll war die
Unterstützung auch nicht. Meine Eltern, die haben ganz toll
reagiert. Besonders meine Mutter, sie war damals Anfang sechzig und wollte unbedingt Oma werden. Und obwohl ich zu meinem Vater nie ein besonders gutes Verhältnis hatte, hat er dazu
kein Wort gesagt. Das muss ich ihm hoch anrechnen. Er war ein
guter Großvater, der sich sehr um Peter gekümmert hat. Ohne
meine Eltern hätte er nicht so eine schöne Kindheit gehabt.
  Und dann habe ich ja einen irren Freundeskreis. Ich habe damals in einem Kinderheim gearbeitet und bin seit 35 Jahren im
Lehrerchor – da stehen alle füreinander ein, die Kollegen haben
mich damals auch moralisch sehr unterstützt. Wir sind gemeinsam verreist, und wenn ich als Leiterin oder Betreuerin ins Ferienlager gefahren bin, hab ich Peter natürlich mitgenommen.
Er hing immer an Mutters Rockzipfel, wurde in die Gruppe integriert, und so wuchs er nicht als verhätscheltes Einzelkind
auf. Er ist auch nicht bloß unter Weibern groß geworden, es gab
ja genügend Freunde und Kollegen, die sich seiner angenommen haben. Er hatte also durchaus männliche Vorbilder.

In meinem Wohngebiet lebten fünf allein stehende Frauen mit Kindern. Die Kinder gingen in dieselbe Klasse, ich unterrichtete an der Schule, und diese Mütter waren alle Elternvertreter. Natürlich gab es Kinder, die mit Mama und Papa an der Hand spazieren gingen – für Peter und seine Freunde aber fast die Ausnahme. Es waren also ganz glückliche Umstände.

Soll ich überhaupt so weit ausholen? Gut. Ich habe Peter später mal gefragt, ob er seinen Vater damals vermisste. Da hat er gesagt, den kenne ich ja gar nicht, also kann ich ihn auch nicht vermissen. Der Vater hat sich nämlich überhaupt nicht um den Jungen gekümmert, zwar die Vaterschaft anerkannt, aber nie Anstalten gemacht, den Jungen sehen zu wollen. Das hat mich sehr verletzt. Ja, er hat Unterhalt gezahlt, was sage ich: Unterhalt – fünfundvierzig Mark im Monat, also viel zu wenig! Er hat es immer sehr clever verstanden, sich zu drücken, und ich war viel zu stolz, um mehr einzuklagen. Dennoch glaube ich, Peter gegenüber nie schlecht über seinen Vater gesprochen zu haben, das hätte ich primitiv gefunden, schließlich war ich ja mal in ihn verliebt.

Nein, ich habe Peter nicht ein einziges Mal als Last empfunden. Ich war schon 29, als er kam, hatte einiges erlebt, und nun bekam mein Leben eben eine andere Qualität. Ich hatte nie das Gefühl, wegen Peter auf irgendetwas verzichten zu müssen. Denn wenn ich mit meinen Leuten unterwegs war, ins Theater oder ins Kino gegangen bin, dann war immer jemand da, der auf das Kind aufpasste.

Es war auch nicht so, dass ich mich wegen Peter nie gebunden hätte – es hat sich einfach nicht ergeben. Leider Gottes haben sich immer Männer für mich interessiert, die ich nicht wollte. Und den anderen habe ich auch nicht so richtig nachgetrauert. Klar hat mir manchmal ein Mann an meiner Seite gefehlt, besonders wenn Entscheidungen zu treffen waren oder es dem Kind schlecht ging. Als er mit fünf Jahren Meningitis hatte, hab ich mächtig durchgehangen. Du doch nicht, du bist doch stark, haben alle gesagt. Natürlich bin ich stark, aber so etwas trägt man einfach leichter zu zweit. Und machen wir uns nichts vor: Je länger man allein ist, desto schwieriger wird es auch, sich auf einen anderen Menschen einzustellen.

Trotz unserer winzigen Wohnung – eine kleine Zwei-Zimmer-

Wohnung, fünfzig Quadratmeter – tummelten sich auch Peters Freunde hier. Ich war ja nachmittags zu Hause, Unterrichtsvorbereitung und Hefte korrigieren konnte ich abends. Mir war es nie zuviel, dass wir eine richtige Anlaufstelle waren. Kindergeburtstage waren der blanke Horror: zwanzig und mehr Gören in so ner kleinen Wohnung. Und wenn sie eine Freistunde hatten, hab ich das am leer gefressenen Kühlschrank gemerkt. Auch Peters erste Liebe hab ich hautnah erlebt. Von sich aus hat er nichts erzählt. Aber ich spürte das, er hatte keinen Hunger, war stiller als sonst. Und dann hab ich auf den Busch geklopft, und er hat durchblicken lassen, dass er ein Mädchen aus seiner Klasse ganz toll findet.

Also dass wir wahnsinnige Probleme hatten, kann ich nicht sagen.

Ich hab mein Kind ziemlich konsequent erzogen. Ein rumgammelnder Junge – nein, das kann es mit mir nicht geben. Ich erlebe immer wieder Eltern, die angeblich so konsequent mit ihren Kindern umgehen – zum Totlachen. Das besprechen wir heute Abend, wenn Vati kommt! Ist das vielleicht konsequent? Gut, Vati kam bei uns nun nicht. Aber ich mache mir weder zu Hause noch in der Schule die Arbeit schwer, indem ich mir von Kindern und Jugendlichen auf der Nase herumtanzen lasse. Und das Kuriose: Kinder brauchen solche Grenzen.

Ich hab ihm stinkbürgerliche Werte vermittelt. Nicht nach dem Motto: Üb immer Treu und Redlichkeit. Aber auf Sauberkeit und Ordnung hab ich geachtet. Wissen Sie, in so einem kleinen Haushalt wie meinem hält sich ja alles in Grenzen. Aber es gab ein paar Dinge, für die er verantwortlich war, für das Getränkeholen zum Beispiel. Er muss vierzehn gewesen sein, es war eine wahnsinnige Hitze, und er hatte vergessen, Brause zu holen. Ich kam mir zwar vor wie eine Rabenmutter, aber ich bin in die Kaufhalle, habe mir eine Flasche Brause gekauft und ihm gesagt: Gnade Gott, du trinkst davon auch nur einen Schluck! Er hat sich knurrend Tee gekocht.

Auch bin ich der Meinung, dass man eine Sache, die man begonnen hat, zu Ende führt. Himmelhoch jauchzen und kaum, dass was nicht klappt, alles hinschmeißen, das finde ich überhaupt nicht gut. Peter wollte also Fußball spielen, und nach einem halben Jahr hatte er schon keine Lust mehr dazu. Dann wollte er unbedingt angeln. Mein Vater war ein großer Angelfritze. Peter wollte auf alles verzichten – wenn er nur angeln dürfte! Und dann war auch das wieder vorbei.

Später habe ich von ihm verlangt, dass er das Studium in der Regelzeit absolviert, ich war noch geneigt, ein Semester zuzugeben. Dafür brauchte er nicht zu jobben. Das Studentenleben ist sicherlich schön, und ein paar Freiheiten soll ein Student auch haben. Aber nicht bis in die Puppen um die Häuser ziehen und am nächsten Tag die Vorlesungen schmeißen.

Ich weiß nicht, ob Peter unter solchen Regeln gelitten hat. Zum Beispiel habe ich uns beiden immer in der Küche den Abendbrotteller zurechtgemacht, auch noch, als er siebzehn, achtzehn war. Dann haben wir uns beide hingesetzt und gegessen. Das hatte zum einen den Grund, dass er echt zu faul war, sich Stullen zu machen. Und zum anderen, dass ich zur Sparsamkeit erzogen worden bin. Ich bin nicht geizig, aber Essen wegschmeißen kann ich nur schwer über mich bringen. Also habe ich Stullen gemacht, mit Paprika und Gurke und Tomate, was man eben so hatte.

Alle meine Leute sagen, den Sohn hast du gut hingekriegt. Aber da sage ich, Kinder, das ist Quatsch. Ich weiß, wovon ich spreche, bin seit einundvierzig Jahren Lehrerin. Ich kenne Eltern, die reißen sich die Beine aus für ihr Kind, und irgendwas geht schief, und dann möchte ich die Eltern einfach nur in den Arm nehmen. Bei Kindererziehung spielen viele Dinge eine Rolle: Das Umfeld zum Beispiel, der Anspruch, den man an sich selbst stellt, die eigene Einstellung zum Leben. Ich war immer lebensbejahend. Peter hatte auch ganz großes Glück mit den Lehrern und Lehrerinnen. Natürlich spielt auch die Veranlagung eine große Rolle. Ich will jetzt hier nicht kokettieren, ich hab meinen Anteil dran, na klar. Darauf bin ich auch ganz stolz. Ich hab ihn alleine durchs Abitur gebracht. Er hat nichts vermisst, ich hab immer gut verdient, also relativ gut, für uns hat es gereicht. Und Ansprüche hat man ja gar nicht groß gestellt. Jedenfalls musste ich nicht nachts noch stricken, damit mein Sohn studieren kann.

Als Peter Abitur gemacht hat, hab ich ein berufsbegleitendes Fernstudium an der Humboldt-Uni beendet, Rehabilitationspädagogik. Das ist mir nicht ganz leicht gefallen, weil ich so lange raus war aus dem Lernen. Aber es wurden gut ausgebildete Leute gebraucht, und das hat meinen Ehrgeiz angestachelt.

Ob ich mit anderen Menschen geduldiger bin als mit Peter? Eigentlich bin ich relativ ungeduldig. Einfach, weil ich ein bisschen cholerisch veranlagt bin. Und Peter ist sehr ruhig. Manchmal denke ich, es dauert nicht lange, dann ist er Phlegmatiker, dann muss man ihm in den Hintern treten. Jedenfalls müssen wir uns häufig gegenseitig ermahnen, den anderen ausreden zu lassen. Wir fetzen uns ziemlich oft, aber das kriegen wir immer wieder in den Griff. Nicht, dass wir konträre Ansichten hätten. Peter ist gründlicher im Denken, und natürlich ist seine Sicht auf die Welt dreißig Jahre jünger als meine. Ich urteile manchmal aus dem Bauch heraus, sage, wie ich etwas empfinde. Häufig sagt dann Peter: Überleg doch mal, warum sich etwas so und nicht anders verhält. Das kann er ganz gut. Wenn ich Unrecht habe, kann ich mich auch entschuldigen, damit habe ich keine Schwierigkeiten.

Beim Autofahren hat mir Peter sehr geholfen. Ich hab zwar seit 1968 einen Führerschein, hatte aber nie ein eigenes Auto. Erst als meine Eltern zum Pflegefall wurden und ich es mit dem Fahrrad nicht mehr gepackt hab, ihren und meinen Haushalt zu versorgen, brauchte ich ein Auto. Und Peter hat mit mir geduldig geübt. Er war vierundzwanzig damals, und ich hatte Vertrauen zu ihm.

Als Peter auszog, war er neunzehn. Sobald er raus war, hab ich die Gardinen runtergerissen und gewaschen. Nicht etwa, weil sie so schmutzig waren. Ich musste einfach etwas tun gegen das Gefühl, dass plötzlich keiner mehr da war. Ich glaube nicht, dass er unsere kleine Wohnung als körperliche Enge empfunden hat. Ich denke, die Zeit war einfach reif. Ich habe es als persönlichen Angriff gewertet, wenn jemand sagte, ach, hast du aber eine kleine Wohnung. Da hab ich immer ganz giftig geantwortet: Das hab ich aber alles selber geschaffen, ich fühle mich wohl. Meine Eltern wohnten in der Nähe, und in zehn Minuten war ich mit dem Fahrrad in meiner Schule.

Als er von mir weg war, wohnte er eine Zeit lang mit drei Brüdern für dreihundert Mark Miete in einer Vier-Zimmer-Wohnung, die haben sie top in Ordnung gehalten, muss ich sagen. Und dann ist er relativ schnell mit seiner Katrin zusammengezogen. Die Sache mit Katrin habe ich ziemlich spät erfahren. Sie war mir von Anfang an sympathisch. Sie ist eine Kluge, und eigentlich hat sie einen guten Einfluss auf Peter. Komischerweise war ich überhaupt nie eifersüchtig. Inzwischen haben sie ein Baby. Eigentlich bin ich die ideale Schwiegermutter. Und die Wohnung der beiden liegt sehr günstig: Ich muss nämlich hundertsechs Stufen hochkriechen, das mache ich wirklich nur alle vierzehn Tage.

Ob Peter mein Typ wäre? Als Mann? Nein, überhaupt nicht. Er war ein ganz hübsches Kind, und ich hab Jugendbilder von ihm, da sieht er aus wie Robert Redford. Auch als er ganz lange Haare hatte, sah er toll aus, sie waren ein bisschen gewellt, und es wirkte nie ungepflegt. Jetzt sieht er sehr männlich aus. Und er hat ein ausgesprochen nettes Wesen. Früher hab ich mir manchmal Sorgen gemacht, weil er so luschig war, also leicht beeinflussbar. Er wollte jedermanns Freund sein. Wenn er früher über seinen Hausaufgaben saß und es klingelte, schmiss mein Kind alles hin: Er ginge jetzt mit Torsten hierhin oder mit Karsten dorthin. Wenn er aber ein Problem hatte, war keiner für ihn da. Aber das hat sich glücklicherweise ausgewachsen.

Nein, Zuwendung würde ich nie einfordern, das kann ich nicht. So was muss spontan kommen. Aber Peter hat ein gutes Gefühl für Situationen. Nur wenn es mir ganz doll schlecht ginge, also im alleräußersten Notfall, würde ich ihn anrufen und bitten zu kommen. Wenn man seine Gefühle nicht zeigt, woher soll der andere wissen, wie es einem geht? In einer schwierigen Situation muss und kann man um Hilfe bitten. Ja, mein Sohn gibt mir Halt. Ich bin ein Bestandteil seines Lebens. Aber in erster Linie ist es sein Leben.

»Mein Vater hatte bei mir nie einen Auftritt«
Peter, 30, Berlin

Ich weiß nicht, ob ich ein Wunschkind bin, darüber kann ich auch nur spekulieren, mein Vater zumindest ist unmittelbar nach meiner Zeugung gegangen. Nicht am selben Abend, aber der hatte bei mir nie einen Auftritt. Bei meiner Geburt war er mit Mutter schon nicht mehr zusammen. Ich weiß nicht, ob ich dadurch irgendetwas eingebüßt habe, aber ich mache mir darüber auch keine Gedanken. Mutter tut das, glaube ich, schon. Zumindest fühlt sie sich bei diesem Thema schnell angegriffen. Manchmal betont sie auch, dass ich ja nichts vermisst hätte. Einen Vorwurf würde ich ihr daraus aber nie machen. Warum auch, das ist eben nichts geworden. Ich weiß nicht, ob sie es sich selbst vorwirft. Allerdings will sie immer die Gewissheit haben, dass alles okay war und dass niemand einen solchen Vorwurf erhebt. Ich habe wahrscheinlich wirklich nichts vermisst. Denn nachgefragt, warum sie nicht zusammenblieben, habe ich nie. Ich weiß, wie er heißt, das reicht mir. Wo er lebt, könnte ich erfahren, wenn ich es wollte. Das hat Mutter auch gesagt, wenn ich möchte, könne ich alles über ihn wissen. Aber ich habe da überhaupt keine Emotionen. Warum soll der interessanter sein als irgendjemand anders? Dass ich ein paar Gene von ihm besitze, ist auch schon alles. Vielleicht habe ich mich noch nicht dahingehend beobachtet, was ich von ihm haben könnte, meine breite Nase ist auf jeden Fall von meiner Mutter. Vielleicht würde Mutter gerne mal über ihn reden. Keine Ahnung. Vielleicht dachte ich, dass es für sie traurig sein muss zu erzählen, warum sie allein ist. Ich habe mich auch davon abschrecken lassen, dass sie nie von meinem Vater spricht. Entweder sie fängt von selbst davon an oder nicht. Mutter ist es suspekt, wenn man über irgendetwas reden will, was soll dabei rauskommen, was soll man bereden? Ich weiß nicht, ob es Angst ist oder für sie nur ungewohnt, weil sie es nie gemacht hat. Und ich bin auch keiner, der andächtig schwafelt über irgendwelche Beziehungen. Ich verliere schnell das ernste Gesicht bei solchen Sachen. Sonst reden wir aber eigentlich über alles. Gut, vielleicht nicht über Intimes, aber, na ja, wenn ich so darüber nachdenke, wahrscheinlich würden wir uns auch darüber unterhalten können.

Ich finde es schon wichtig, miteinander zu reden, und eine der Eigenschaften, die ich an Menschen wirklich beschissen finde, ist, wenn sie sich nichts sagen lassen. Das stört mich bei Mutter enorm. Ich kann ihr zwar etwas erzählen, sie nimmt es sich aber nicht zu Herzen. Irgendwann verliere ich dann einfach die Lust. Das geht aber nicht nur mir so mit Mutter, das beobachte ich auch bei ihren Freunden – Mutter macht eben so ihrs. Sobald du auch nur ihren Kurs angreifst, sagt sie entweder jaja oder aber, alles sei Quatsch und sowieso Blödsinn. Im Gespräch haben wir uns da schnell mal in der Wolle. Mutter hat oft so extreme Positionen, bei denen ich einfach widersprechen muss. Sie glaubt dann immer gleich, dass es ein Angriff auf sie sei, dabei ist das völliger Unsinn. Das sind Kleinigkeiten, ganz banale Sachen, trotzdem könnte ich verzweifeln. Bei ihrem Auto zum Beispiel, da hat sie die Scheibe immer mit einem Lappen gewischt, der voller Sand war. Sie hat selber gesehen, dass die Scheibe zu Milchglas wurde, trotzdem hat sie es immer wieder gemacht. Sie sagt dann, ja, du hast Recht, ich mach es nicht mehr, und dann tut sie es trotzdem. Klar, es ist ihr Ding und nicht mein Auto. Aber bei solchen Kleinigkeiten würde ich sagen, na gut, dann lasse ich das eben. Sie nicht. Ob ich bei ihr ungeduldiger bin als bei anderen Menschen? Ach, das mag sein. Insbesondere, da ich natürlich von meiner Mutter erwarte, dass sie mir zuhört. Bei anderen habe ich die Erwartung nicht. Deswegen ist es für mich schon eine Enttäuschung, wenn ich merke, dass sie es eben nicht berücksichtigt, was ich gesagt habe. Klar, bei wichtigen Sachen tut sie es, und sie würde auch immer zuhören, wenn ich sie ernsthaft darum bitte. Aber bei Alltagsdingen erkenne ich schon manchmal Opas Sturheit wieder. Sie ist es wohl auch gewohnt, ihr Leben selber zu regeln, in dem gab es ja noch nie jemand anderen außer mir.

Vielleicht liegt es aber auch ein wenig an unserem Verhältnis. Das ist sehr eng, aber es ist eher so ein Mutter-Kind-Verhältnis, nicht unbedingt gleichberechtigt, zumindest früher war es das nicht. Wenn ich sie zum Beispiel im Streit gefragt habe, ob sie spinnt, dann war das eine klare Verletzung der Etikette. Mittlerweile ist das etwas anders, aber es gibt noch immer so etwas wie eine Rollenverteilung. Auch wenn es heute nicht mehr unbedingt die Rollen von Mutter und Kind sind, bewegen wir uns trotzdem immer noch nicht auf der gleichen Ebene. Sicherlich bin ich auch autoritär erzogen, Mutter ist eben Lehrerin. Nicht im Sinne von lieblos, das kann ich nicht sagen, Zärtlichkeiten gab es immer, umarmen und so. Sie spielten nur nicht so eine große Rolle. Ich fühlte mich trotzdem immer geliebt, manchmal hätte ich mir nur gewünscht, dass Mutter mir mehr beisteht. Ich erinnere mich an die Mutter eines Klassenkameraden von mir. Wir hatten irgendwas angestellt: Er kam nach Hause und hat es seiner Mutter erzählt, und sie glaubte ihm. Ich erzählte es zu Hause, und Mutter glaubte meiner Lehrerin oder sonst wem, jedenfalls nicht mir. Sicher aus der Erfahrung heraus, dass Kinder immer viel verzerren, aber ich fand es ungerecht. Mein Klassenkamerad kommt nach Hause und bekommt Beistand und Zuspruch, und bei mir gibt es nichts. Es war auch immer eine Hierarchie zwischen uns, meine Mutter war eine Freundin, aber gleichzeitig eine Erwachsene. Wenn ich Kinder heute so erlebe, finde ich das auch nicht schlecht, aber man sollte in ein Kind nicht allzu viel Respekt vor Erwachsenen einpflanzen. Ich habe eine Weile gebraucht, bis ich das wieder loswurde. Vor meiner Mutter habe ich immer noch viel Respekt, heute aber vor allem dafür, dass sie sich durch ihr Leben geschlagen hat. Sie hatte es vielleicht wirklich nicht besonders schwer mit mir, und sie hat viele Freunde, bei denen sie sehr angesehen ist. Aber immerhin war sie allein erziehend, und für sie war vieles sicher nicht so leicht.

Anfangs haben wir bei Oma und Opa gewohnt, in deren Hütte in einer Laubenpieper-Siedlung. Mutter und ich schliefen in dem vorderen Zimmer auf der Couch. Und Oma und Opa hatten hinten das kleine Zimmer. Auch später habe ich noch total eng mit meinen Großeltern zusammengelebt und oft bei ihnen übernachtet. Ich kann gar nicht genau sagen, wann wir dann in die andere Wohnung gezogen sind, ich glaube, kurz vor meiner Einschulung. Aber die war auch nicht sehr groß, zwei Zimmer in so einem Q3A-Wohnblock, diesen winzigen DDR-Neubauten aus den sechziger Jahren. Einen eigenen Raum hatte ich da auch nicht. Einer war unser Schlafzimmer, der andere die Wohnstube. Ich fand das normal, und Mutter hatte ja keinen Mann. Vielleicht ist das auch ein Grund, warum ich darüber nicht reden will, weil ich fürchte, dass sie sagt, sie hätte etwas versäumt. Ich habe keine Ahnung, ob sie was versäumt hat und ob sie mit Männern zusammen war. Es kam zumindest nie ein Onkel mit nach Hause. Na ja, da waren eben die beiden Betten, ein paar Schränke und das war's. Entweder habe ich draußen gespielt oder in der Wohnstube oder war bei Oma und Opa. In der Straße wohnten auch eine Menge Leute aus meiner Klasse. Das war eigentlich schön, war immer was zu erleben, immer ein

Haufen Bengel. Dann bin ich abends hochgegangen, habe ferngesehen, und das war es dann.

In den Ferien sind wir ins Ferienlager gefahren oder mit den Kindern ihrer Klasse auf Klassenfahrt. Sie war Lehrerin in einem Kinderheim, und ich war in der Gruppe halt mit dabei. Mutter hat immer Wert auf Gemeinsamkeit gelegt und darauf, dass alle das Gleiche bekommen. Sie hat dauernd irgendwelche Kleinigkeiten verschenkt oder alle gefüttert. Mir erzählen heute noch Freunde, dass sie immer, wenn sie an unserem Fenster vorbeigingen, lauter geworden sind. Dann hat Mutter sie gehört und was rausgeschmissen, irgendwas zu essen und so. Ihr war Gerechtigkeit immer wichtig und dass man teilt. Jedenfalls hat sie mir immer solche Werte vermittelt, hat mich dazu erzogen, kameradschaftlich und ehrlich zu sein. Ich erinnere mich an eine Erzählung von ihr, dass ich mal ihre Heimgruppe tyrannisiert haben soll, im Ferienlager: Ich, Sohn der Lehrerin, saß da im Sandkasten und ließ mich bedienen. Ich hätte gerne die blaue Schippe, nein, lieber die gelbe, nein, die rote. Und die anderen sind gerannt und haben das immer gebracht. Mutter hat es mitbekommen und mich übers Knie gelegt. Danach wollte ich keine Schippe mehr haben. Ihre Reaktion kann ich nachvollziehen; wenn ich heute so ein verwöhntes Kind sehe, denke ich auch, man eh, muss das sein?

Im Großen und Ganzen finde ich ihre Erziehung schon richtig, Dresche gab es sonst nie. Ich wurde mit Abschreckung und dem bösen Blick erzogen. Der und die laute Stimme dazu haben eigentlich gereicht. Das konnte sie gut, auch wenn sie zu anderen Kindern immer ganz locker und quatschfröhlich war auf ihre resolute Art. Aber sie beherrschte eben auch den bösen Blick. Das war dann aber schon das ultimative Mittel. Eigentlich war alles ziemlich unspektakulär. Auch mit der Schule gab es nie Probleme, ich hatte niemals schlechte Zeugnisse. Nur in Betragen war ich nicht so gut, und die Mitarbeit war auch nicht so doll. Diese Kopfnoten, die waren für Mutter ziemlich wichtig. Sie legte Wert auf das Soziale, auf das Miteinander. Auch zusammen sind wir immer gut klargekommen, sicher gab es da Regeln, aber die habe ich nie als Beeinträchtigung oder Beklemmung empfunden. Ich habe nicht so große Ansprüche gehabt. Es ging eben. Wenn du keine Bedürfnisse hast, vermisst du auch nichts. Ich hatte nie eine Phase, wo ich mich gegen Mutter aufgelehnt habe, ich war nicht der Typ, der die Musik laut aufdreht. Mutter hatte es in der Hinsicht nicht so schwer, da gab es kein Gezanke, das war immer alles im Einklang. Mutter hat mal gesagt, mit mir könne man gar nicht streiten. Kann man sicher, manchmal bin sogar ich wütend. Heute streiten wir auch mal über Alltäglichkeiten, aber eben nie über wichtige Dinge. Katrin und Mutter zum Beispiel mögen und akzeptieren sich, aber ich weiß, dass es für beide nicht ganz einfach ist, wenn sie sich treffen. Mutter hat eine sehr einnehmende Art, wenn sie zum Beispiel kommt und bei uns die verwelkten Blätter von den Pflanzen abrupft. Mich stört es auch, weil ich dazwischen stehe und eigentlich nur möchte, dass alles wunderbar ist, aber ich sage dann zu Katrin, ist doch scheißegal, lass sie machen.

Mutter mischt sich auch nicht wirklich in mein Leben ein. Sie ist stolz auf mich, obwohl ich glaube, dass sie sich immer noch Sorgen macht, ob ich faul sei. Nicht faul, aber dass ich mich um nichts kümmere. Ich bin nicht von Ehrgeiz zerfressen. Das weiß ich. Vielleicht ist das heutzutage schon ein Grund, sich um jemanden zu sorgen. Sie weiß, dass ich sage, na ja, das wird schon werden. Das war schon immer so. Während des Maschinenbau-Studiums zum Beispiel, als ich ausgezogen bin, habe ich das auch nur in kleinen Schritten getan, Stück für Stück. Ich bin anfangs noch einmal in der Woche zu ihr gefahren und hab bei ihr geschlafen. Das hat sich so ergeben. Ich wollte, dass Mutter nicht unglücklich ist, und mich hat es nicht gestört, es gab auch was zu essen und war ein bisschen so wie früher. Irgendwann habe ich dann nicht mehr bei ihr übernachtet und bin auch nicht mehr so oft hingefahren – in kleinen Schritten eben. Sie hat es mir auch nicht schwer gemacht, und ich bin ja noch hier, ich wohne in derselben Stadt. Meine Mutter war sich im Klaren darüber, dass es sein muss und dass sie mir das nicht verbauen kann. Sie ist darüber traurig, glaube ich, aber ich habe sie nie heulen sehen. Allerdings traue ich ihr zu, dass sie das vor mir versteckt.

»Alexander war immer mein Kind, nur meins«
Elisabeth, 42, Berlin

Dass Loslassen sehr schwer ist, wusste ich. Ich hatte mir vorgenommen, mein Kind zu einem autonomen Menschen zu erziehen, damit ich ihn gut loslassen kann. Er sollte nicht mit Mitte, Ende Zwanzig immer noch bei mir leben wollen. Aber ich habe mir natürlich nicht vorgestellt, dass es so werden wird, wie es gekommen ist.

Alexander hat Dinge getan, die ich nicht gutheiße, die ihn mir fremd gemacht haben. Seine Sprache hatte sich sehr verändert. Als Schulkind wurde er oft gelobt, weil er so gut spräche, das war sicherlich auch mein Einfluss. Er hatte einen großen, für Kinder seines Alters ungewöhnlichen Wortschatz. Aber dann bekam er dieses Laut-Poltrige, dieses Machohafte, was mich an seinen Vater erinnert und abgestoßen hat. So einen Typ Mann finde ich eigentlich doof. Ich hatte mir wohl ein weiches Kind mit hohen weiblichen Anteilen gewünscht, das musiziert, liest, ein bisschen verträumt ist. Alex war ein richtiger Junge – laut, derb, er spielte Fußball. Er rauchte sehr viel, weit mehr als ich, er trank zu viel. Und er verkehrte mit diesen dumpfbackigen Rechten, redete verquastes, undurchdachtes Zeug, was mich so aufregt. Wenn ich ihm sagte, dass ich das nicht gut finde, weil er zu intelligent ist für so ein Leben, erwiderte er nur: Du musst ja so reagieren, bist ja Lehrerin. Er nahm meine Meinung nicht an, ich bin nicht an ihn rangekommen. Ich habe sein Verhalten durchschaut. Es ist eine Riesenmaskerade, weil er sehr unsicher ist.

Er hat im Sommer die elfte Klasse absolviert, mit relativ gutem Zeugnis. Jetzt ist mir gleich, ob er studiert oder nicht. Er soll sich nach dem Abi eine Lehrstelle oder einen Job suchen, es ist sein Leben. Er muss es selbst erleben, erwägen, erfahren.

Natürlich gab es auch warme, liebe Momente. Wenn wir uns gesehen haben, haben wir uns sehr gefreut, uns umarmt, manchmal hat er sogar noch Mamichen gesagt. Wir haben uns nicht sehr oft gesehen. Er hat mich ein einziges Mal in seine Wohnung gelassen. Hat sich wohl geschämt, weil nicht aufgeräumt war. Ich bin vor einiger Zeit zu meinem Lebenspartner Hans gezogen, die erste Zeit ist Alexander auch nicht in diese Wohnung gekommen. Er war ziemlich garstig zu Hans, wohl aus Eifersucht. Wir haben uns also in Cafés getroffen. Ja, er kann sehr unzugänglich sein. Ist auch eifersüchtig, wenn er mich mit Hans' Tochter sieht. Aber das gibt er nicht zu. Sie ist achtzehn, so alt wie Alex, und total süß. Natürlich hätte ich gern noch eine Tochter gehabt.

Letzten Sommer waren Hans und ich in Portugal. Ich bin noch nicht viel gereist, konnte es mir einfach nicht leisten. Alex bat, mit uns kommen zu dürfen. Ich war ziemlich erstaunt und hab ihm gesagt, dass wir ihm nicht so ein feines Hotel bieten können wie sein Vater, dass wir ziemlich planlos durch das Land reisen wollen. Macht nichts, hat er gesagt, Hauptsache, ich kann mit dir in Urlaub fahren, was mich natürlich gefreut hat.

Alexander lebt von Jugendhilfe, mein Ex-Mann und ich zahlen Unterhalt. Alex hat nicht einen Pfennig von seinem Geld mit in den Urlaub genommen, ich habe alles bezahlt, seine Zigaretten, sein Bier, und er trank ziemlich viel, was mir Angst machte. Diese Selbstverständlichkeit, mit der Kinder heute Dinge fordern, ohne das durch eine gewisse Konzilianz wettzumachen! Ja, er kann sich auch entschuldigen. Aber dann zieht er wieder diese Flappe, wenn wir eine ihm nicht genehme Entscheidung treffen! Was habe ich da nur falsch gemacht?

Die Schwangerschaft war ein Unfall. Ich war einundzwanzig, hatte das Pädagogik-Studium in Rostock begonnen. Die Aussicht, mit einem Säugling im Studentenwohnheim zu leben, schien mir ungeheuerlich, das Haus war unglaublich heruntergekommen. Also bin ich zurück zu meiner Schwester nach Berlin, von wo ich gerade weggegangen war, in die einst elterliche Zwei-Zimmer-Wohnung. Mein damaliger Freund Gert studierte weiter in Rostock. Damit er nach seinem Abschluss von der Studienlenkung an eine Berliner Schule käme, hatte diese Lenkungsstelle verlangt, dass wir heiraten: Bis Mai hätte die Hochzeit über die Bühne zu gehen, ansonsten würden wir nicht zusammen »gelenkt« werden können. Wir heirateten holterdipolter im April 1984, ich war hochschwanger und entsprechend unschön, im Juli wurde Alex geboren. Und ich heulte dauernd. Was wusste man damals in der DDR von Baby-Blues! Der Kinderarzt redete nur auf mich ein: Was wollen Sie denn, Sie haben doch ein schönes, gesundes Kind!

Dann wurde bei dem Baby eine genetische Störung festgestellt, durch die eine geistige Behinderung nicht auszuschließen sei. Für mich war klar, dann könnte ich das Studium an den Nagel hängen, denn ich wollte alles daransetzen, dass sich dieses Kind so gut wie möglich entwickelte. Und Gert? Der kam nicht mehr jedes Wochenende nach Berlin, und wenn er da war, suchte sein Blick nach Anzeichen, ob das Kind nun blöde sei. Er hatte nur Angst. Das hätte nicht in sein Konzept gepasst. In wessen Konzept passt das denn schon?

Wochen später kam die Entwarnung, es sei ein Fehler im Labor gewesen.

Als ich das Studium wieder aufgenommen hatte, trug man mir eine Assistentenstelle an der Uni an – ich wäre damit aus dem Griff der Studienlenkung raus gewesen, keine Schule hätte mehr die Hand nach mir ausstrecken können, ich hätte promovieren können bei einem Professor, den ich sehr verehrte. Hin- und hergerissen zwischen der Freude über die Auszeichnung und der Sorge, den Anforderungen nicht zu genügen, sprach ich mit Gert darüber. Sein Kommentar: Du machst deine Doktorarbeit, und ich hüte das Kind? Das kannst du vergessen!

Ich habe diese einmalige Chance nie vergessen. Was hätte nach der Wende aus mir werden können!

Ich studierte also weiter in Berlin, Gert in Rostock. Er hatte dort ein Verhältnis. 1986 wurden wir geschieden. Ich fühlte mich sehr allein. Allein gelassen, denn das war nicht meine Entscheidung gewesen. Nie hatte ich mir vorgestellt, allein mit einem Kind zu sein.

Ich bekam ein Stipendium, zweihundertfünfzehn Mark, dazu ein Leistungsstipendium von sechzig Mark. Es war sehr karg.

Ganz deutlich erinnere ich mich an eine Situation: Es ist sieben Uhr morgens, der Himmel noch dunkel, ich kämpfe mich mit dem Kinderwagen durch Schnee und Matsch zur Kinderkrippe. Um acht muss ich in der Uni sein. Ich sehe furchtbar aus, die Haare hängen kraftlos runter, ich bin unglaublich dünn, abgerissen. Dieses Bild ist geblieben: trostloses Grau und Hetze. Und dann wieder ganz andere klare Bilder: wie ich mit Alex male, mit ihm spiele, ihm vorlese.

Alles, was ich anfange, will ich perfekt machen, also auch

meine Mutterschaft. Alex war mein Mittelpunkt, alles drehte sich um ihn. Weinte er, fiel mir alles aus der Hand. Gearbeitet habe ich nachts, wenn er schlief. Später, nach dem Studium, hab ich ihn häufig mit in meine Schule genommen, da war er das Maskottchen. Dadurch hatte er eine konkrete Vorstellung von meiner Arbeit, wenn ich ihm erklärte, ich müsse weg. Der Nachbar hatte einen Schlüssel zu unserer Wohnung und hat nach ihm gesehen.

Ja, ich hatte den einen oder anderen Freund, aber keinem gestattet, bei mir zu übernachten oder gar zu wohnen. Wie auch – in zwei Zimmern. Sobald Alex einen Mann in meiner Nähe sah, meldete er seine Ansprüche an. Und ich hatte auch Schwierigkeiten, Alex zu teilen. So sehr ich mir eine intakte Familie gewünscht habe – Alex war immer mein Kind, nur meins. Wir hätten wohl, wie meine Psychotherapeutin in einem Gespräch meinte, eine symbiotische Beziehung, die nur mit einem Knall gelöst werden könnte. Ich denke, da ist viel dran.

Ich habe ihn sehr frei erzogen, Nacktheit war für uns nie ein Problem. Klar, mit der Pubertät zeigte er sich mir nicht mehr unbekleidet, das habe ich verstanden, aber ich habe weiterhin alle Türen offen gelassen. Dachte, seine Mutter würde er mit anderen Augen angucken. Einmal überraschte er mich im Bad: Für dein Alter siehst du aber noch gut aus, sagte dieser Sechzehn- oder Siebzehnjährige, und ich fand es schon komisch, von ihm als Frau wahrgenommen zu werden. Denn trotz seiner männlichen Attribute habe ich ja in ihm immer mein Kind gesehen. Das hängt wohl mit meinem gestörten Männerbild zusammen: zum einen mit meinem Vater, der ein ziemlicher Luftikus war, zum anderen mit Gert, dem Alex sehr ähnlich sieht. Vielleicht wollte ich deshalb, dass Alex immer mein kleiner, niedlicher, vertrauensvoller Schnurz bleibt.

Nach der Wende ergab sich für mich die Möglichkeit eines Zusatzstudiums. Bei meinem Interesse und meiner Begabung für Sprachen wollte ich – neben Deutsch und Englisch – Spanisch als weiteres Standbein wählen. Außerdem gibt es nicht viele Spanischlehrer. Es wurde eine Katastrophe: Unterricht an zwei Schulen, dazu das neue Studium, an Wochenenden Arbeiten korrigieren, Stunden vorbereiten, für das Studium arbeiten – für Alex blieb einfach keine Zeit. Und er war erst zehn. Ich

hatte gedacht, den Königsweg zu finden und musste mir eingestehen, es nicht zu schaffen. Nach einem Semester habe ich aufgegeben. Und damit ein zweites Mal auf einen Karrieresprung
verzichtet. Die Wende war ja an sich schon eine entscheidende
Aufbruchsituation. Nun hatte ich das Gefühl, wieder mal nicht
teilhaben zu können, weil ich Mutterschaft, Beruf, Weiterbildung nicht unter einen Hut bekam. Meine Beziehung zu Alex
war also von Anfang an mit dem Gefühl der Aufopferung verbunden. Das hat mich frustriert.

Danach bin ich sehr krank geworden. Ich hatte bis zur Er-
schöpfung gearbeitet, sämtliche Batterien waren leer. Für Alex
wieder eine schwierige Situation. Er war in der Pubertät, allein
mit einer psychisch kranken Mutter, was ja zutiefst verunsichert. Mit einer sichtbaren Krankheit kann man umgehen, nicht
aber mit einem psychischen Leiden, das so vage, so schwammig
ist. Er war einfach furchtbar allein.

Ich habe drei Monate in einer Klinik verbracht. Damals war
ich schon mit Hans zusammen, wir lebten aber noch getrennt.
Einmal in der Woche übernachtete Hans bei Alex, kümmerte
sich um ihn. Während meines Klinikaufenthaltes hat sich Alex
an die Jugendhilfe gewandt. Ich sage bewusst: hinter meinem
Rücken. Als ich nach Hause kam, wurde ich vor die vollendete
Tatsache gestellt, dass er, noch nicht siebzehn Jahre alt, ausziehen würde. Die Wohnung haben wir dann gemeinsam ausgesucht, ich habe mit ihm alle Behördengänge erledigt, Sachen für
die Einrichtung gekauft. Und dann standen wir bei mir in der
Küche und haben geheult und uns Liebeserklärungen gemacht,
es war furchtbar.

Und wieder kam ich mir verraten vor: Da mache ich diese
ganze Therapiescheiße, gebe mir die allergrößte Mühe – und
habe erneut versagt.

Wenn ich heute zurückblicke, empfinde ich Schuld. Ich bin zu
oft ausgeflippt. Alex kann mich derart aufbringen, wie mich
kein Mensch aufbringen kann. Ich kann es nicht erklären, aber
er setzt unglaubliche Aggressionen in mir frei, kann mich sehr
verletzen. Er konnte sehr obstinat sein. Ich habe ihn, wenn es
mir zu bunt wurde und ich zu müde war, auch gehauen, wofür
ich mich heute sehr schäme. Erst in der Therapie habe ich gelernt, den Frust nicht wochen- und monatelang wegzudrücken,

um im total falschen Moment zu explodieren, sondern ihm meinen Frust mitzuteilen.

In der Zeit, als Alex allein gelebt hat, hab ich viel von ihm geträumt. Aber ich hab nicht den erwachsenen Alexander gesehen, sondern das kleine Kind. Ich hatte so eine Sehnsucht, noch einmal von vorn anfangen zu können! Seit Jahren lebe ich mit dieser Schuld, nicht konsequent, nicht klar gewesen zu sein. Ich habe ihn einerseits überfordert, um ihn andererseits wieder zu bemuttern – wie soll einer denn damit umgehen? Ich wollte alles perfekt machen, und alles ist schief gegangen.

Vor ein paar Wochen hat er angerufen: Mama, kannst du kommen, es ist was Schlimmes passiert. Ich fuhr sofort los, alle möglichen Horrorszenarien im Kopf. Aber was wirklich passiert war, hat mich ungeheuer entsetzt: Er hatte versucht, sich mit Tabletten umzubringen und die Pulsadern aufzuschneiden. In einem letzten lichten Moment hat er einen Freund angerufen und der den Rettungsarzt. Die haben Alex mit Tatütata ins Krankenhaus gebracht und später zurück in seine leere Wohnung. Ohne mir Bescheid zu sagen! Ich bin darüber so fassungslos und wütend – wenn ich mir vorstelle, es wäre zu spät gewesen, und die hätten mich informiert, dass ... Das kann ich gar nicht zu Ende denken. Ich habe auch eine ungeheure Wut auf die Leute vom Jugendamt, weil die keinerlei Signale bemerkt haben.

Jetzt lebt Alex bei uns, ich habe ihn in einer nahe gelegenen Schule angemeldet, und dort läuft es super. Hans und ich haben die Wohnung umgeräumt, Alex fühlt sich richtig wohl und zeigt es auch. Er ist zugänglich, offen, weich, so wie ich ihn mir immer gewünscht habe. Es scheint nach all den vielen schmerzhaften Umwegen ein Happy End zu sein.

»Ein Vater hat mir immer gefehlt«
Alexander, 18, Berlin

Meine Mutter ist wegen ihrer Depressionen 1998 zum ersten Mal in die Klinik gegangen. Die Zeit habe ich bei Oma verbracht, was auch ganz schön war. Als Mutter wiederkam, hatte sie sich in meinen Augen nicht sehr verändert. 2000 ging sie dann noch mal in die Klinik. Da war ich schon alt genug, um allein in der Wohnung zu bleiben. Ich war sechzehn und habe es auch ganz gut gemanagt. Nach einer gewissen Zeit konnte Mutti wieder nach Hause, aber diesmal lief es nicht mehr so gut. Wenn Sachen in der Wohnung nicht erledigt waren oder nicht so waren, wie sie es gern gehabt hätte, kam es zu derben Auseinandersetzungen zwischen uns beiden. Ich glaube, sie hatte viele eigene Probleme, mit denen sie nicht richtig fertig wurde, und dann sah sie ihren Sohn, der Probleme in der Schule hatte und mit seinem Leben nicht zurande kam. Zusammen wohnen war einfach unmöglich geworden, wir sind uns nur auf den Sack gegangen. Irgendwann habe ich gesagt, Schluss, es geht nicht mehr, und habe mich beraten lassen. Ich suchte mir Anlaufstellen und bin letztlich beim Jugendamt gelandet. Denen habe ich meine Situation dargelegt und habe erklärt, dass ich eigentlich relativ selbstständig bin und gewillt, in eine eigene Wohnung zu ziehen. So kam alles ins Rollen, und irgendwann bin ich ausgezogen. Ich habe mir eine Wohnung genommen, mit staatlicher Unterstützung, und seitdem gab es eigentlich keine Probleme mehr mit Mutti. Wir haben uns in den zwei Jahren, in denen ich allein lebte, vielleicht zweimal gestritten. Vorher ist es mindestens einmal in der Woche passiert. Als wir etwas Abstand voneinander hatten, merkten wir, dass wir uns auf einer ganz anderen Ebene treffen können. Wir haben uns ganz bewusst verabredet, uns Zeit genommen, uns unterhalten oder sind schön essen gegangen. Das war eigentlich total gut.

Allerdings hatte sich zwar unser Verhältnis verbessert, aber meine Situation nicht. Ich bin ziemlich abgerutscht und bin aus der rechten Szene in die Hooligan-Szene geraten. Zu den Rechten kam ich durch mein Umfeld, den Stadtbezirk, in dem ich wohnte. Das hat schon in der Grundschule angefangen, als die ersten Ausländer vom Balkan kamen, nach dem Krieg dort. Schon in der zweiten, dritten Klasse gab es Auseinandersetzungen, weil die sich nicht so benahmen, wie wir das erwarteten – und weil wir es nicht tolerieren wollten. Das sind ja immer zwei Seiten. In der sechsten oder siebten Klasse kam dann zur rechten Haltung die entsprechende Kleidung dazu, um die Einstellung auch nach außen zu demonstrieren. Aber ohne politische Tätigkeit. Ich war nie bei irgendwelchen Demonstrationen oder so, auch mit dem Nationalsozialismus konnte ich mich nicht identifizieren. Bei mir war es eher allgemeiner Rassismus. Mutti war sauer und hat versucht, mit mir darüber zu reden. Sie hat es zumindest probiert, aber ich habe abgeblockt. Sie wollte zum Beispiel nie, dass ich Bomber-Jacken trage. Mit dreizehn, vierzehn habe ich mich durchgesetzt und gesagt: Mama, is mir scheißegal, ich finde die Jacke geil, ich trage sie. So hat sich das über die Jahre hingezogen.

Mit dem rechten Scheiß habe ich inzwischen komplett abgeschlossen, worüber ich sehr froh bin. Aber irgendwann kam ich durch einen alten Bekannten zum Fußball. Da gab es keine Politik, was ich sehr gut fand, sondern nur Spaß und Aggressionsabbau. Ich habe einen Ausgleich für meine Probleme gesucht und ihn dort gefunden. Die dritte Halbzeit, die Schlachten nach dem Spiel, wenn die richtig abgehen und organisiert sind, dann bekommt man dabei genauso viel Adrenalin, teilweise viel mehr, als bei einem Box-Kampf. Ich muss dazu sagen, dass ich vier Jahre lang Thai-Boxen gemacht habe. Es ist halt ein geiles Gefühl, sich gegenüberzustehen. Alkohol hat dabei immer eine Rolle gespielt. Das hat früh angefangen. Mit dreizehn war ich das erste Mal betrunken, auf einer Familienfeier. Mutti war zum Glück nicht dabei, die wär ziemlich ausgetickt. Später ging es mit Partys weiter, auf denen immer relativ unbeherrscht getrunken wurde, und so war es dann auch beim Fußball. Da habe ich oft exzessiv den Alkohol genossen und dabei kam es natürlich zu Ausrastern. Das war normal. Dabei rausgekommen sind für mich zwei Jahre bundesweites Stadion-Verbot, eine Einstufung bei der Polizei als gewaltbereiter Hooligan, ein Haufen verlorenes Geld, Anzeigen wegen Körperverletzung et cetera. Und durch mein Leben als Hooligan kam ich auch noch mit Koks in Kontakt und avancierte letztlich zum Junkie.

Ja, das war ich mal. Inzwischen habe ich die Kraft gefunden, mich von allem loszusagen, habe meine Sachen gepackt und bin wieder zu meiner Mutter gezogen. Auslöser war ein ziemlich derber Absturz auf einer Zeltfahrt in den letzten Sommerferien. Drei Tage lang hatte ich nichts getrunken, nichts gegessen, viel Speed reingezogen und dann wahrscheinlich noch eine Ecstasy geschmissen. An die Einzelheiten kann ich mich nicht mehr erinnern, aber es war wie ein schlechter Traum. Als ich aufwachte, dachte ich, ich hab nur Scheiße geträumt, aber es war alles wahr. Ich hatte keine Kontrolle mehr, über nichts. Ich wusste, wenn ich zum Beispiel in die Disco gehe, lasse ich dort einen Haufen Kohle. Trotzdem habe ich hundert Mark mitgenommen, und die sind natürlich draufgegangen. Genau wie mit dem Alkohol und den Drogen, da konnte ich auch nie stopp sagen. Ich habe mein letztes Geld zusammengekratzt, mir was gepumpt, nur um ein schönes Wochenende zu haben. Bis es zu dem Absturz kam, da war es nicht mehr schön. Ich hätte danach weitermachen können, bis zum nächsten Absturz, und bis ich irgendwann unter einer Brücke liege. Aber so weit wollte ich es nicht kommen lassen. Es musste etwas passieren und ich habe mich daher von den Hools komplett getrennt. Abhauen war die einzige Möglichkeit für mich, da rauszukommen. Jetzt oder nie. Ich habe also an einem Sonntag meine Mutter angerufen und gesagt: Ma, hol mich ab, ich hab Probleme und möchte mit dir darüber reden. Zwei Jahre lang hatte ich niemandem von meinen Problemen erzählt. Sonntagabend saßen wir zu dritt da, sie, ich und ihr Freund, und überlegten, was wir machen können. Wir haben entschieden, dass ich erst einmal bei ihnen bleibe und mir eine neue Schule suche. Am Montag sind wir in die Schule, und die haben mich auch sofort genommen. Sie war natürlich ziemlich geschockt von meinem Leben, als sie davon erfuhr, früher haben wir ja nie darüber geredet. Aber sie nahm es seltsamerweise ganz gelassen, und wir haben uns geeinigt, dass wir jetzt alles gemeinsam angehen wollen, zu dritt, mit ihrem Freund. Wir versuchen die Dinge nun zusammen zu lösen, nicht mehr jeder für sich, sondern als Familie. Vorher war das nie so.

Meine Mutter hatte früher so ein Faible, alle halbe Jahre ihre Freunde zu wechseln. Ich war dauernd gezwungen, mich auf neue Männer einzustellen. Immer wenn ich mich mit einem super verstand, gab es Probleme zwischen den beiden, und er war wieder weg. Mit Papa war es ähnlich, meine Eltern haben sich früh scheiden lassen. Ich war vier und habe das damals auch alles mitbekommen. Ein Vater hat mir immer gefehlt. Natürlich gab es auch mit Papa Schwierigkeiten. Er lästerte zum Beispiel immer über meine Mutter, die mich vernachlässigen würde. Oder ihm passte mein Haarschnitt nicht oder meine Kleidung.

Er dachte immer, er müsse mich ändern. Wir können erst jetzt über uns reden, und dabei habe ich gemerkt, dass der Stress oft dadurch kam, weil wir zu wenig miteinander redeten. Die Probleme stauten sich immer auf und sind irgendwann explodiert. Inzwischen ist mir aufgegangen, dass man durch Reden Probleme lösen kann. Das heißt nicht, dass ich erwachsen bin, aber ich habe inzwischen einen ganz anderen Standpunkt als noch vor ein paar Monaten.

Jetzt lebe ich sehr ruhig, auch am Wochenende. Es war ja zwei Jahre lang Standard, von Freitag bis Sonntag durchzumachen, da hat auch die Schule gelitten. Auf dem Halbjahreszeugnis der elften Klasse standen vier Fünfen. Irgendwie habe ich es aber mit viel Bettelei und auch ein bisschen Arbeit geschafft, die elfte Klasse zu beenden. Inzwischen sind meine Leistungen besser. Ich nehme aktiv am Unterricht teil, bin aufmerksam und die Zeit vergeht dadurch viel schneller. Wenn ich mein Abitur mit einem Durchschnitt von 2,5 mache, dann ist es für mich ein Riesenerfolg. Ich möchte ein geregeltes, normales Leben führen, ohne Drogen, ohne Schlägereien. Den Kick besorge ich mir im Fitness-Studio, beim Sport. So ein bisschen körperliche Betätigung tut mir ganz gut, als Ausgleich. Von den Drogen kann ich zurzeit leicht die Finger lassen, weil ich gar nicht mehr das Geld dazu habe und weil ich nicht mehr in dem Umfeld bin, in dem ich sie sonst konsumierte. Wenn jetzt hier Koks vor mir stehen würde, könnte ich allerdings für nichts garantieren. Ich habe Abstand dazu bekommen, indem ich aus der Szene verschwand. Noch bin ich aber ganz am Anfang. Ich will mir zum Beispiel professionelle Hilfe suchen, denn ich muss zugeben, dass ich einen Klaps weghabe, sonst würde ich nicht so ein Leben führen. Ich habe so intensiv gelebt, dass es körperlich ziemlich belastend war und psychisch sowieso. Irgendwie bin ich aber auch froh, dass ich es durchgemacht habe und dass ich rausgekommen bin. Ich habe mein Leben inzwischen komplett umgekrempelt. Jetzt kümmere ich mich um die Dinge, die wichtig sind.

Auch mit meiner Mutter habe ich nicht mehr solche Probleme wie früher. Ich glaube, weil wir älter und reifer geworden sind. Ich muss mich allerdings erst mal wieder auf eine Familie einstellen, ich war ja lange alleine. Die Umstellung nehme ich aber gerne in Kauf, weil mir dadurch viel abgenommen wird, vor allem die alltäglichen Sachen. Das fängt beim Saubermachen an, geht über das Bezahlen von Strom und Telefon, bis hin zu Stress mit der Versicherung, wenn irgendetwas kaputtgegangen ist. Ich muss jetzt nicht mehr alles allein klären, sondern es ist immer jemand da, den ich fragen kann. Es ist nicht einfach, allein zu leben. Ich hatte es mir mit sechzehn einfach vorgestellt und habe mit achtzehn gemerkt, dass es doch nicht so leicht ist. Deswegen auch jetzt der Schritt zurück zu meiner Mutter. Aber für mich ist es kein Schritt zurück, sondern nur einer nach vorn in ein neues Leben. Auch unsere Beziehung ist inzwischen eine ganz andere. Wenn ich nach Hause komme, freue ich mich, dass jemand da ist. Wenn ich früher nach Hause kam, war da niemand. Da hab ich mich vor den Fernseher gesetzt und hing rum. Nie war Essen gemacht, der Kühlschrank war leer, Geld hatte ich nicht, scheiße. Jetzt ist jemand da, mit dem ich reden kann.

Schwer zu sagen, warum das nicht schon mit sechzehn funktioniert hat. Ich denke, ich war nicht bereit, die Probleme, die ich hatte, zu erkennen. Und ich war auch zu stolz zuzugeben, dass ich Scheiße mache. Ich habe doch immer behauptet, ich schaffe das. Dabei konnte ich überhaupt nicht damit umgehen, genauso wenig wie meine Mutter. Mit der Zeit haben wir uns immer stärker entfremdet, wir hatten gar keine wirkliche Beziehung mehr zueinander. Und wenn beide solche Sturköpfe sind, schreit man sich nur an und am nächsten Morgen sind die Schwierigkeiten dieselben, nichts hat sich geändert. Die genauen Auslöser kann ich gar nicht benennen. Das waren, glaube ich, ganz normale Probleme, die jeder mit seiner Mutter hat. Bei uns wurden sie nur eben nicht gelöst. Manche finden einen Level mit ihrer Mutter, ich fand ihn nicht.

Sie hat natürlich mitbekommen, wenn es zwischen uns knisterte. Dann konnte es passieren, dass sie mir aus heiterem Himmel Geschenke machte, ohne jeden Grund. Ein paar geile Adidas-T-Shirts zum Beispiel, die damals total cool waren. Später erzählten mir Bekannte und die Familie, dass sie eigentlich nur ein schlechtes Gewissen hatte. Sie habe mich einfach vernachlässigt und könne selber nicht mit Problemen umgehen.

Das möchte ich ihr aber nicht vorwerfen. Ich kann sie dafür nicht zur Verantwortung ziehen. Klar hat sie viel falsch gemacht, aber ich auch. Und wenn sie ihre Sorgen nicht steuern kann – und Depressionen kann man nicht steuern, die sind eine Krankheit –, kann sie doch nichts dafür. Wer sein Leben nicht auf die Reihe kriegt, kann doch kaum die Probleme eines anderen lösen. Mutti hatte zum Beispiel dauernd Existenzängste. Sie dachte immer, morgen sei ihr Konto leer und sie stehe auf der Straße. Und durch ihre Krankheit wurde sie jahrelang nicht verbeamtet. Erst jetzt hat sie es geschafft. Ich bin deswegen total stolz auf sie. Ich bin stolz, dass sie eine super Lehrerin ist, dass sie anerkannt ist und sofort genommen wird, wenn sie sich bewirbt. Das hätte sie sicher nicht geschafft, wenn sie sich pausenlos um mich gekümmert hätte. Trotzdem hatte ich alles, was ich wollte, und sie hat mir sehr viele Freiheiten gegeben, die andere nicht bekamen. Vielleicht waren es zu viele, aber andererseits hätte ich nicht so viel über mich lernen können. Ich habe Erfahrungen gemacht, und ich habe von ihnen profitiert. Wenn ich an der kurzen Leine gehalten worden wäre, hätte ich vielleicht eine andere Beziehung zu meiner Mutter, aber ich glaube nicht, dass ich dadurch ein wertvollerer Mensch geworden wäre. Wir haben heute sogar ein sehr gutes Verhältnis, und ich bin mir sicher, dass sie mich lieb hat. Früher, bei unseren Auseinandersetzungen, fühlte ich mich immer abgelehnt, dann dachte ich, ich mache alles falsch und sei es nicht wert zu leben. Das ist für mich heute kein Thema mehr. Wenn sie mich nicht lieben würde, hätte sie mich nicht wieder bei sich aufgenommen. Das war der beste Beweis, dass sie für mich da sein kann, wenn sie will. Zeit ist für sie sehr kostbar, und wenn ich merke, sie opfert sie für mich, ist es ein Beweis ihrer Liebe. Wir kochen inzwischen sogar zusammen oder setzen uns einfach hin und reden. Das ist total geil, das sind Sachen, die ich nicht missen möchte und an denen ich merke, dass ich wieder eine Beziehung zu meiner Mutter habe. Jetzt ist sie wieder meine Mama, nicht mehr nur Geldgeber oder Hotel.

Allein erziehende Mütter
Dipl.-Pädagogin Isolde Schaugg,
Systemische Therapeutin, Stuttgart

In der Regel ist die wirtschaftliche Situation unverheirateter
Mütter deutlich schwieriger als die in einer so genannten Normalfamilie. Da Frauen häufig immer noch weniger verdienen
als Männer, verdienen auch allein erziehende Mütter weniger
als allein stehende Väter. Nicht wenige allein erziehende Mütter streiten jahrelang um die Unterhaltszahlungen und müssen
ohne diese (und nur mit geringer staatlicher Unterstützung)
klarkommen.

Das hat Konsequenzen für Mutter und Kind. Beide müssen
Einschränkungen bei Wohnkomfort, Freizeitaktivitäten und
Urlaubsplanung, Kleidung und Ernährung in Kauf nehmen.
Dadurch rutscht der soziale Status, was sich wiederum ungüns-
tig auf das Selbstwertgefühl der Mütter und auf die Mutter-
Kind-Beziehung auswirken kann. Aus der Sorge, dem eigenen
Kind nicht genügend bieten zu können, erwachsen Schuldge-
fühle und ein permanent schlechtes Gewissen.

Der Anteil berufstätiger Frauen liegt bei Alleinerziehenden
um rund zwanzig Prozent höher als bei verheirateten Frauen.[4]
Sie haben wesentlich häufiger Vollzeitjobs. Jede erwerbstätige
Mutter weiß, dass es enorme Kraft kostet, Kind, Beruf und
Haushalt unter einen Hut zu bringen. Viele Alleinerziehende
fühlen sich doppelt belastet, weil sie auch anstehende Entscheidungen allein treffen müssen. Sie nehmen die »Normalfamilie«
als Maßstab und erleben ihre Situation als defizitär.[5] Wenn sie
jedoch in der Lage sind, eine Identität als Teilfamilie zu entwickeln und diese als normale Familienform zu betrachten, wirkt
sich das positiv auf ihr Wohlbefinden aus. Entscheidend dabei
ist, wieviel Akzeptanz und Anerkennung diese Mütter von außen bekommen. Auch wenn sie heute weniger soziale Diskri-

---

4 Vgl. Martin Textor: Teil- und Stieffamilien. www.kindergartenpaedago-
gik.de/41.html.
5 Vgl. Martin Textor: Teilfamilien. In: www.familienhandbuch.de. Hrsg.:
Wassilios E. Fthenakis/Martin Textor.

140

minierung erfahren als früher, kämpfen sie dennoch gegen viele Vorurteile. Das war in der DDR anders, die Gesellschaft akzeptierte sie und ihre Kinder, es gab etliche soziale Vergünstigungen. Wichtig ist ein gut funktionierendes, großes Netzwerk, über das die Frauen praktische Unterstützung, Anerkennung und Wertschätzung empfangen. Nicht überall sind Großeltern, die helfen können. Aber auch die Berufstätigkeit bietet die Chance, ein Netzwerk und befriedigende Sozialkontakte zu knüpfen. Dadurch werden Kinder weniger als Hemmschuh für die eigene Entwicklung und Selbstentfaltung betrachtet.

Die Eltern-Kind-Beziehung

Prinzipiell erziehen Alleinstehende ihre Kinder nicht schlechter oder besser als Elternpaare. Im Gegenteil, es gibt sogar Faktoren, die positiv auf die Entwicklung der Kinder wirken. Viele Alleinerziehende stellen das Wohl des Kindes in den Mittelpunkt des Lebens. Sie kümmern sich intensiv um sie. Der Bamberger Erziehungswissenschaftler Martin Textor stellt fest, dass berufstätige Alleinerziehende in der Regel weniger Zeit für Hausarbeit aufwenden als verheiratete erwerbstätige Mütter. Sie gönnen sich mehr Freizeit und mehr Zeit mit ihren Kindern.[6] Sie beschäftigen sich intensiver mit Erziehungsfragen, auch deshalb, weil sie sich und anderen beweisen wollen, dass sie durchaus fähig sind, ohne Mann ein Kind zu erziehen. Übrigens stehen häufig auch verheiratete Frauen mit der Kindererziehung allein da, noch dazu mit der Einschränkung, dass sie ihre diesbezüglichen Erwartungen an den Vater nicht erfüllt sehen. Zum Trost sei angemerkt: Eine Person allein kann leichter einen einheitlichen Erziehungsstil praktizieren, weil der zum Beispiel nicht von einem alles tolerierenden oder extrem anders reagierenden Feierabendvater torpediert wird. Für die Entwicklung der Kinder kann es also durchaus positiv sein, nur von der Mutter erzogen zu werden.

Kinder aus Teilfamilien erleben eine sowohl sehr enge als auch offene Beziehung. Mutter und Kind verbringen die Zeit intensiver miteinander und geraten seltener in Konflikte. Unter-

---

6 Vgl. a.a.O.

suchungen haben ergeben, dass Menschen, die in Ein-Eltern-Familien leben, besonders viel Eigenständigkeit und Entscheidungsfähigkeit erlernt haben.

Dennoch ist die Lebenssituation solcher Familien eine Gratwanderung. Leicht können die oben genannten guten Voraussetzungen in ihr Gegenteil umschlagen. Die enge Beziehung kann zu einer Klammer werden, wenn beispielsweise das Kind zum Ersatzpartner für die Mutter wird. Diese Gefahr ist besonders groß, wenn sich die Mutter eines Sohnes emotional noch nicht von ihrem Ex-Partner gelöst hat. Der Ablösungsprozess des Kindes im Jugendalter wird dadurch erschwert.

Auch wenn sich die Mutter überlastet und gestresst fühlt, kann das auf Kosten der Kinder gehen, weil ihnen dann nicht genug emotionale Zuwendung und Wärme zuteil wird.

Manche allein stehenden Mütter glauben, das Fehlen des zweiten Elternteils ausgleichen und die Kinder für Einschränkungen im Alltag entschädigen zu müssen. Sie geraten leicht in Gefahr, das Kind zu verwöhnen, es zu sehr zu behüten, keine dem Alter des Kindes entsprechenden Grenzen zu setzen. Zudem können sich zu hohe Erwartungen der Mutter an sich selbst auf das Kind übertragen. Kleinere Entwicklungsprobleme, wie beispielsweise das Trockenwerden oder Schulschwierigkeiten, werden zu großen Problemen aufgebauscht und an der Tatsache festgemacht, dass sie es allein erzieht.

Söhne ohne Väter

Auch Kinder, die bei ihren allein erziehenden Müttern aufwachsen, haben einen Vater. Nur ist der nicht anwesend, für manche noch nicht mal erreichbar und ansprechbar. Das ist für Mutter und Sohn eine weitere Herausforderung. Etwa im zweiten Lebensjahr entdecken Kinder, dass es zwei Geschlechter gibt, Jungen erkennen, dass sie ein anderes Geschlecht haben als die Mutter. Da die Geschlechterentwicklung Einfluss auf die Identitätsentwicklung hat, sind Vorbilder notwendig. Allerdings mangelt es auch in den so genannten Normalfamilien häufig an diesen Vorbildern, wenn der Vater wenig Zeit für die Kinder hat. In Kindergärten und Grundschulen sind nach wie vor hauptsächlich Frauen tätig. Kinder, die nie einen Vater im Familiensystem erlebt haben, nehmen das meist als unproblematische Tatsache hin, wenn männliche Verwandte, Freunde, Kollegen, Nachbarn als Ausgleich für den abwesenden Vater erlebt werden. Die Idee, dass Kinder, insbesondere Jungen, Väter brauchen, wird erst dann zum Problem, wenn die Mutter-Kind-Familie als Minusvariante begriffen und behandelt wird.[7]

Dennoch wirken auch abwesende Väter in das System hinein. Deshalb ist es wichtig, auf die Fragen des Kindes nach dem Vater mit der größtmöglichen Offenheit und Ehrlichkeit zu reagieren. Geht es in einer Familientherapie um dieses Thema, wird häufig ein leerer Stuhl mit in den Raum gestellt, als Symbol für den abwesenden Vater. An den können Erwartungen und Wünsche, Gedanken und Gefühle gerichtet werden; die unterschiedlichen Standpunkte von Mutter und Sohn sind gleichberechtigt. Zum Beispiel kann die Mutter sagen: Ich fühle mich ohne Beziehung freier und selbstbewusster. Und der Sohn: Manchmal vermisse ich einen Vater, der mit mir Fußball spielt oder mir zur Seite steht. Möchte der Sohn Fragen an den Vater stellen, liefert die Mutter nicht nur ihre Sicht als Antwort, sondern beide können überlegen, wie wohl der Vater darauf antworten würde.

Die Mutter-Sohn-Beziehung

Alle bisher genannten Faktoren wirken auf die Mutter-Sohn-Beziehung. Wenn beide eine Identität als eigenständige Familie entwickelt und weitere soziale Kontakte haben, wenn beiden genügend Raum für die Befriedigung der individuellen Bedürfnisse bleibt, wenn die jeweiligen Unterstützungssysteme funktionieren, dann sind die Voraussetzungen für einen entspannten Umgang geschaffen. Das ist vor allem beim beginnenden Ablösungsprozess, also während der Pubertät, von entscheidender Bedeutung.

Söhne allein erziehender Mütter wachsen ohne männliches Rollenbild auf. Es ist und kann nicht Aufgabe der Mütter sein, das in irgendeiner Weise zu ersetzen. Sofern den Söhnen der Freiraum gegeben wird, sich entsprechende Rollenbilder zu suchen, ist dies Hilfe genug. Kinder sind neugierig und haben eine

---

7 Vgl. Arist von Schlippe/Jochen Schweitzer: Lehrbuch der systemischen Therapie. Göttingen 1998. S. 264.

gute Beobachtungsgabe: Schon der »Blick auf einen Mann« gibt Anregungen für die eigene Identität, ebenso die Informationen, die der Junge über seinen Vater erhält. Sofern die Mutter selbst ein entspanntes Verhältnis zum männlichen Geschlecht hat (zum Beispiel in ihrem Urteil über Männer), ist eine ungestörte Entwicklung möglich.

Ein-Eltern-Familien sind sehr kleine, sogenannte dyadische Systeme. Die Personen sind emotional stark voneinander abhängig und aufeinander bezogen. Das bedeutet auch, dass die Befindlichkeit des einen für den anderen eine größere Bedeutung hat als in einer Familie mit Vater, Mutter und mehreren Geschwistern. Wenn es zum Beispiel für die Mutter noch nach Jahren schwer ist, über die Zeit mit dem Kindesvater zu sprechen, wenn sie am liebsten alles, was mit ihm zu tun hat, vergessen möchte, bleibt das einem Kind nicht verborgen. Die emotionale Anspannung der Mutter beim Thema Vater kann für das Kind Grund genug sein, in Zukunft keine Fragen mehr zu stellen: aus Rücksicht gegenüber der Mutter und als Schutz vor einem negativen männlichen Selbstbild.

Gleichzeitig kann eine Mutter-Sohn-Beziehung in mancher Hinsicht unproblematischer sein als die zwischen Mutter und Tochter. Söhne können ihre Mutter leichter akzeptieren, sie neigen später eher als Töchter dazu, ihre Mütter in Schutz zu nehmen und deren Verhalten mit neutraler Distanz zu betrachten.

Ein neuer Partner – ein neuer Vater?
Der Gedanke an einen möglichen neuen Partner ist für viele Frauen mit Komplikationen verknüpft. Bleibt dafür noch Zeit? Kann sie überhaupt Verabredungen treffen und wenn ja, wann? Vor allem aber: Geht sie zu ihm oder er zu ihr? Allein erziehende Mütter sind in der Regel in Bezug auf ihre Kinder sehr rücksichtsvoll. Keine Mutter will ihrem Kind zumuten, jeden Monat einen neuen Mann kennen zu lernen. Sie sind vorsichtiger in der Wahl eines möglichen Kandidaten als Frauen ohne Kinder. Dennoch hat jede Erwachsene das Recht, sich frei zu entscheiden, ob sie eine intime Beziehung eingehen möchte. Dieses Recht für sich zu beanspruchen, fällt Alleinerziehenden häufig schwer, vor allem, wenn sie sich zu eng an ihre Kinder

gebunden fühlen. Doch sollten Kinder kein Hinderungsgrund für eine neue Partnerschaft sein.

Für Kinder bedeutet ein neuer Mann im Haus eine enorme Veränderung. Immerhin wird die enge Zweierbindung aufgehoben, die Mutter investiert Zeit in die neue Paarbeziehung. Es ist nicht wahr, dass Kinder sich schnell und problemlos an neue Situationen gewöhnen und sich leicht darin zurechtfinden: Kein Mensch reagiert auf Veränderung rundweg positiv. Veränderung bedeutet Neues, Unbekanntes, und das erzeugt Angst. Aus dieser Angst kann sich Widerstand oder Rückzug entwickeln. Wenn das der Mutter klar ist, wird sie mit Nachsicht und Geduld an die Sache herangehen. Hat das Kind bereits die Trennung bzw. Scheidung der Eltern erlebt, werden seine Verlustängste noch stärker sein. Generell gilt, dass Jungen und ältere Kinder größere Schwierigkeiten haben, sich diesen Veränderungen anzupassen als Mädchen und kleinere Kinder.[8] Jungen sehen sich vielleicht selbst als geeigneten Partner der Mutter oder sie wurden von ihr lange als solcher behandelt. Wird von ihnen zu schnell verlangt, den neuen Partner auch als Stiefvater anzuerkennen, erleben sie das als inakzeptable Zumutung. Dann kann es passieren, dass sie versuchen, die Beziehung zum Scheitern zu bringen. Reagieren Kinder feindselig und widerspenstig, stecken dahinter starke Emotionen. Geduld und Rücksichtnahme auf die Gefühle aller ist erforderlich.

Auch der neue Partner muss Verständnis, Rücksicht und Durchhaltevermögen mitbringen. Viel Zeit für intime Zweisamkeit oder die schnelle Akzeptanz von Seiten des Kindes darf er nicht erwarten. Auch der eigene Anspruch, das fremde Kind sofort lieben zu müssen, ist unrealistisch und wirkt überfordernd. Wenn aber dieser Anpassungsprozess von allen Seiten mit der notwendigen Offenheit und Ausdauer gelebt wird, wenn der Mann an der Seite der Mutter auch für den Sohn Freund und Vertrauter geworden ist, wird das dessen Entwicklung sogar unterstützen.

---

8 Vgl. Martin Textor: Teil- und Stieffamilien. In: www.kindergartenpaedagogik.de/41.html.

145

Angst vor Trennung

»Eine bewusste Abnabelung gab es bei uns nicht«
Regina, 52, Berlin

In diesem Korbsessel sitze ich gut, jetzt können wir reden. Ich darf nicht nur herumliegen. 1998 hatte ich eine Brustoperation, nach der ich hoffte, ich hätte es geschafft. Zwei Jahre später musste ich mir den fünften Halswirbel ersetzen lassen. Wir wussten nicht, ob ich danach wieder aufwachen würde und wie. Gott sei Dank bin ich aufgewacht und konnte all meine Gliedmaßen bewegen. Aber der Krebs geht weiter durch die Wirbelsäule. Ich bekomme jede Woche eine Chemotherapie und hab damit ganz schön zu tun. In dieser Situation bin ich natürlich doppelt froh, dass beide Söhne noch im Hause leben.

Ich bin berufsunfähig, den ganzen Tag zu Hause und immer unglaublich müde. Was für mich schwierig ist, weil ich früher eine sehr aktive Person war. Ich bin Lehrerin, habe diesen Beruf aber aufgegeben, als Tom geboren wurde, weil ich merkte, ich konnte weder den Schulkindern noch meinen eigenen voll gerecht werden. Später habe ich im Bereich Kultur und Bildung gearbeitet, nach der Wende arbeitslosen und allein stehenden Frauen Englischunterricht gegeben. Eine gute Zeit; wir haben vier Reisen nach England und Schottland gemacht – diese Frauen hätten sich nie getraut, allein ins Ausland zu reisen.

Obwohl unsere Familie sehr zusammenhält – aufgeopfert habe ich mich nicht für meine Söhne. Was ich wollte, habe ich auch verwirklichen können. 1996 bin ich für ein halbes Jahr nach Irland gegangen. Eine Freundin, die dort bei einer Zeitung für Deutsch-Lernende arbeitet, hat mir ihre Schwangerschaftsvertretung angeboten. Für mich war das ungemein interessant, und wie der Männerhaushalt hier lief, hat mich nicht heiß gemacht.

Ich hoffe sehr, dass ich bald wieder agiler werde. Jetzt aber gibt es viele Tage, an denen ich mich in mein Bett kuschele und zufrieden bin und erst am Abend merke, dass ich den ganzen

Tag nichts gegessen habe. Dabei müßte es doch möglich sein, einfach aufzustehen und sich hochzurappeln. Natürlich ist das fatal, das darf ich nicht machen, es passiert eben so. Wenn aber Tom kommt, fragt er gleich, hast du was gegessen, getrunken? Dann bereitet er was zu, und wir trinken zusammen Tee. Er hat ein besonderes Gespür für Situationen, für meine besonders. Er ist sehr lieb und behutsam, auch sehr zuwendungsbedürftig, ganz süß. Als Kind hat er gerne geschmust, hat sich immer genommen, was er brauchte – auch Zärtlichkeiten. Tom leidet darunter, dass ich mich so häufig in meinem Kabuff verkrieche. Mama, es wird Zeit, dass wir wieder mal was unternehmen und in Urlaub fahren, sagt er dann.

In dieser Hinsicht sind meine drei Männer bewundernswert. Als klar war, dass ich wegen der Wirbelsäule nicht mehr Fahrrad fahren kann, hat mein Mann ein Fahrrad mit drei Rädern bauen lassen, mit dem er den Rollstuhl schieben kann, für ihn ein wahnsinniger Kraftaufwand. Wir haben erst im vorigen Jahr ein Auto gekauft, bis dahin sind wir nur Rad gefahren. Letztes Weihnachten haben wir das neue Dreirad ausprobiert. Es war äußerst schwierig, weil Schnee lag, die Söhne haben mit geschoben. Aber seit zwanzig Jahren ist es Tradition, dass wir uns am Nachmittag des Heiligabend mit all unseren Freunden und deren Kindern an der Spree treffen, Glühwein trinken und so die Weihnacht einläuten. Als ich vor meiner Operation versucht habe, mit mir ins Reine zu kommen, habe ich jedem meiner Söhne einen Brief geschrieben: Ich bin sehr froh, dass ich sie aufgehoben weiß in diesem stabilen, großen Freundeskreis.

Das Dreirad jedenfalls ist ein großer Gewinn für mich, damit kann ich meinen Umkreis erweitern. Bis zum Schlossplatz – zur Buchhandlung, Bank oder Apotheke – schaffe ich es, aber ich möchte ja auch mal was anderes sehen, in ein Café oder Restaurant gehen. Tom kann das Dreirad auch fahren, obwohl er sehr zierlich ist. Aber durch seine Trommelei hat er ganz schöne Muskeln bekommen.

Ein Glück auch, dass wir dieses Haus mit dem kleinen Garten in dieser wunderschönen Straße haben. Tom war zwei, als wir hier mit zwei befreundeten Paaren und deren Kindern eingezogen sind. Das gab es zu DDR-Zeiten eigentlich nicht, dass man in einer Art Kommune leben konnte. Wir haben zusammen den gesamten Haushalt geschmissen, alles gemeinsam unternommen, wir haben nur nicht miteinander gepennt. Es war ein ungewöhnliches, aber sehr schönes Leben. Auch umgebaut haben wir das Haus gemeinsam, und trotz offener Fußböden und durchbrochener Wände gab es immer ein freies Plätzchen, wo die Kinder mit ihren Freunden spielen konnten. Für sie war dieses Leben ideal.

Zu Tom habe ich eine ganz besondere Beziehung. Vielleicht, weil er mir im Alter von sechs Wochen von der Brust gerissen worden ist. Ich bin einer dieser siebentausend Hepatitis-C-Fälle in der DDR, denen ein verseuchtes Serum gespritzt wurde. Einige dieser Frauen sind an Leberzirrhose gestorben. Damals, 1978, wurde das aber totgeschwiegen.

Als Tom in den Kindergarten ging, gab es eine Zeit, da zog er Kleidchen und Sandaletten an, weil er unbedingt aussehen wollte wie ein Mädchen. Wir haben das toleriert und abgewartet, haben ihm sogar mal Lackschuhe gekauft – entweder ist es seine Veranlagung oder ein vorübergehender Spleen. Auch seine Kindergärtnerin hat toll reagiert. Als die Kinder ihn ausgelacht haben, hat sie gesagt: Na und, was ist dabei, Mädchen tragen Hosen, und Tom hat eben ein Kleid an. Natürlich hat er das Ungewöhnliche daran gespürt; als er in die Schule kam, war das Thema erledigt.

Später, in der Grufty-Phase, ist er mit weiß geschminktem Gesicht herumgelaufen, er hatte jede nur vorstellbare Haarfarbe gehabt, von lila über grün bis schwarz.

Diese Kleidergeschichte zeigte schon sehr früh: Tom hat stets getestet, wo die Grenze ist. Und er hat selbst Grenzen gesetzt. Nach Abschluss der zehnten Klasse sollte er in der Feierstunde den Dank der Schüler an die Lehrer sprechen. Okay, hat er gesagt, ich lese jedoch nicht etwas ab, was ich zuvor einreichen musste, um es zensieren zu lassen. Zunächst gab es Widerstand, doch dann haben sich die Lehrer überzeugen lassen. Und so stand mein Sohn im Hochzeitsanzug seines Vaters vor Lehrern und Schülern, fand ganz locker und frei die richtigen Worte, und alle waren begeistert.

Eine Zeit lang hat er die Schule geschwänzt. Ist mit der Schulmappe früh los und nie dort angekommen. Einmal habe ich ihn hier zu Hause angetroffen, mit einem Mädchen.

Wegen dieser Schwänzerei bin ich in die Schule beordert worden. Es war wie bei der Inquisition: Direktor, Stellvertreter und Klassenleiterin auf der einen, ich auf der anderen Seite. Natürlich kann ich Schulschwänzen nicht gutheißen, und wenn ich es mitkriege, werde ich alles versuchen, es zu unterbinden, habe ich gesagt. Allerdings – die Mauer war kurz zuvor gefallen – habe ich sie auf ganz andere Gefahren hingewiesen. Ich hätte Tom nämlich auch zugetraut, dass er seinen kleinen Rucksack nimmt und am Bahnhof Zoo rumlungert, nur um zu erleben, wie es ohne Obdach zugeht. Und da wollte ich ihn nun wirklich nicht haben. Das hatten diese Pädagogen wohl noch nicht bedacht. Aber damit hatte ich klargestellt, dass ich keine Mutter bin, die ihr Kind vernachlässigt.

Ich habe immer ein Grundvertrauen in meine Kinder gehabt. Prinzipiell schlecht sind sie nicht, sie müssen ihr Leben selbst erfahren. Ich bin in einem christlichen, sehr toleranten Elternhaus aufgewachsen. Bei uns war es kein Problem, wenn ich Freunde mitbrachte. Klassentreffen, später Seminartreffen – das alles fand bei uns statt. Von meinen Eltern habe ich diese Gelassenheit gelernt. Ich ruhe in mir, konnte immer gut zuhören und Ratschläge geben. Davon ist viel durch die Krankheit verloren gegangen, ich bin verletzlicher geworden.

Aber für meine Söhne bin ich die sichere Bank, egal, was sie tun. Sie müssen wissen, dass sie mit allen Problemen zu mir kommen können. Das war besonders bei Tom ganz wichtig. Einmal wirkte er verstört, irgendetwas stimmte nicht. Es hat eine Weile gedauert, bis er uns gestanden hat, dass er jemandem fünfhundert Mark für Drogen schuldete. Wir haben ihm dieses Geld vorgestreckt, damit er nicht mehr abhängig war von diesem Menschen. Und dann hab ich versucht herauszufinden, wie weit er in diese Drogengeschichte verwickelt ist, habe ihm ohne Hysterie beigebracht, dass ich große Angst um ihn habe, und mich dann sachkundig gemacht. Toms engster Freund hat es nicht geschafft, am Ende schluckte er alles, was er in die Hände bekam. So schlimm das klingt, vielleicht war das für Tom die Rettung – so wie sein Freund wollte er nicht enden.

Ich weiß, dass er ein bisschen kifft, wenn er seine Musik macht. Ich finde es zwar schade ums Geld, aber ich habe keine Angst mehr, dass er abgleitet.

Mit zwölf, dreizehn Jahren hatte er schon Kontakt zu Mädchen. Intimen Kontakt. Ich habe diese Mädchen gefragt, warum sie nicht mit einem Gleichaltrigen losziehen, warum ausgerechnet mit dem viel jüngeren Tom. So einen finde man selten, haben sie gesagt, er sei so zärtlich, so aufmerksam. Bis er etwa zwanzig war, gab es viel Bewegung in puncto Freundinnen. Meist haben sich die Mädchen von ihm getrennt, er ist keiner, der von sich aus geht. Auch diese Phase habe ich mit ziemlicher Gelassenheit betrachtet. Seine jetzige Freundin, die zwei Jahre lang mit hier gewohnt hat, ist für mich ein Problem. Sie ist sehr labil, instabil, fast hysterisch. Manchmal höre ich beide stundenlang oben schreien, dann heulen sie, schmeißen Türen zu, rennen mürrisch durch die Gegend – ganz schlimm. Bisher hab ich noch nicht rausgekriegt, was ihn an dieser Freundin eigentlich hält, und direkt fragen mag ich auch nicht. Er sagt: Mama, wenn ich nicht bei euch wohnen würde, würdest du das gar nicht mitkriegen. Was mischst du dich ein? Halt dich da raus. Das kann ich aber nicht. Wenn er heulend und trampelnd und völlig verzweifelt durch die Gegend rennt wie ein angestochener Hund, muss ich einfach reagieren. Jetzt ist es ein bisschen besser, sie hat nun eine eigene Wohnung, und ich kriege die Probleme der beiden nicht mehr hautnah mit. Aber es ist ein wunder Punkt.

Auch das Geld ist eine heikle Sache. Zu Ostzeiten war es einfach, mit dem Geld, das wir hatten, auszukommen. Wir haben jahrelang von einem Gehalt gelebt, ohne das Gefühl zu haben, auf etwas Weltbewegendes verzichten zu müssen. Wir brauchten nicht ans Schwarze Meer zu fahren, wir haben Zelturlaub gemacht und waren glücklich. Jetzt ist die finanzielle Decke hauchdünn. Die Jungen versuchen zwar, den Ernst der Lage zu begreifen, aber sie schaffen es nicht. Das ist auch ein Grund, warum sie hier wohnen – von tausend Mark könnte sich Tom gar keine Wohnung leisten.

Früher haben wir mal versucht, wöchentlich eine so genannte Familienkonferenz abzuhalten, um Haushaltsfragen zu klären. Zum Beispiel: Wo ist schon wieder das Klopapier, und wer kauft neues? Das ist uns jedoch nie recht gelungen, wir waren wohl nicht konsequent genug.

Nein, diese bewusste Abnabelung – also mit der Mutter möglichst gar nicht gesehen werden –, die gab es überhaupt nicht. Tom hat sich auch nie geschämt, mit Blumen für mich oder seine Freundin über die Straße zu laufen, wie so viele Jungen in der Pubertät.

Was ich an Tom liebe? Dass er immer schafft, was er sich vornimmt. Er war elf, als er unbedingt ein Schlagzeug haben wollte. Mama, ich brauch das jetzt, hat er gesagt. Wir haben das Schlagzeug gekauft, und wir haben den Krach ausgehalten, bis er außerhalb des Hauses eine Möglichkeit zum Üben gefunden hat. Als die erste Lernphase erledigt war, hat er allein weitergemacht. Für meine Begriffe spielt er sehr gut und mit großer Intensität. Ja, und dann gefällt mir seine ungeheure Zuwendungsbereitschaft, seine Offenheit, seine Fähigkeit, Gefühle zu zeigen. Das können doch die wenigsten Männer.

»Ich habe permanent das Gefühl, mit ihr in Kontakt zu sein«
Tom, 23, Berlin

Die Beziehung von Müttern und Söhnen ist für mich absolut was Besonderes. Mutter und ich haben ein so enges Verhältnis, dass es fast schon ungewöhnlich ist. Ich glaube, dass ich meine Mutter ganz anders verstehe als der Rest der Familie. Oft müssen wir überhaupt nicht sprechen, und zwischen uns wird trotzdem unheimlich viel ausgetauscht, das sind manchmal nur kurze Blicke. Wir müssen uns nur angucken und wissen ziemlich genau, was der andere jetzt meint. Ich glaube, wir sind ähnlich sensibel, und ich habe relativ viele weibliche Anteile in mir und daher einen Vorteil gegenüber den anderen Männern in der Familie, wenn es darum geht, sie zu verstehen. Mit meiner Mutter ist es anders als mit meinem Vater, weil ich glaube, dass sie mehr meine Sichtweise auf das Leben teilt, beziehungsweise ich ihre. Wir sind viel mehr auf Gefühle fixiert als mein Vater oder mein Bruder. Es sagen alle, dass ich meiner Mutter extrem ähnlich bin und mein Bruder meinem Vater. Und dann ist da auch eine enorme Liebe zwischen Mutter und mir, absolutes Vertrauen und eine deutliche Verbundenheit. Ich habe permanent das Gefühl, mit ihr in Kontakt zu sein, auch wenn wir voneinander getrennt sind. Natürlich weiß ich nicht immer genau, wie es ihr geht, aber ich kann, glaube ich, schon einschätzen, ob es ihr gerade gut geht oder ob sie was braucht. Durch ihre Krankheit ist das noch viel intensiver geworden. Jetzt ist es für sie wirklich wichtig, dass jemand da ist. Und sie findet es sehr angenehm, glaube ich, dass jemand in der Familie ist, mit dem sie sich ohne Worte versteht und dem sie nicht dauernd sagen muss, was sie denkt und will. Und mir geht es genauso. Wenn ich Schwierigkeiten mit meiner Freundin habe, dann weiß meine Mutter auch sehr schnell, was los ist, ohne dass ich ihr das alles vorher erzählen muss. Das ist wunderbar so.

Die Krankheit meiner Mutter kam schleichend, Schritt für Schritt. Vor vier Jahren gab es die erste Diagnose, die ersten Behandlungen mit Bestrahlung und Chemotherapie. Damals konnten sie den Tumor entfernen, und alle glaubten, dass sie wieder wirklich gesund ist. Ein Jahr später wurden im Rückenmark Metastasen entdeckt, und von da an hat sich unser ganzes Leben geändert. Wir mussten Mutter einen Rollstuhl besorgen und mit ihr Gehen üben, da sie ganz lange im Bett gelegen hatte und die Muskeln geschwächt waren. Jetzt kann sie zum Glück wieder laufen. Die ganze Familie hatte sich darauf einzustellen, dass sie nichts mehr machen kann. Sie soll es so angenehm wie möglich haben, damit sie sich erholen kann. Wir müssen auf alles achten, zum Beispiel darauf, dass sie auch was isst, dass sie nicht drei Tage nacheinander im Bett liegt und gar nicht mehr rauskommt. Wir müssen das mitbekommen und mit ihr wenigstens mal zum Bäcker laufen. Mama ist mit ihren Wünschen sehr leise. Sie sagt selten, was sie will.

Für mich ist es ein echtes Bedürfnis, mich darum zu kümmern, dass es meiner Mutter gut geht. Auch mir selbst bringt es viel, wenn ich mir Zeit für sie nehme, mit ihr spazieren gehe, mit ihr esse und rede. Wäre sie gesund, würde ich ganz ohne Sorgen durch die Gegend rennen und mir keine Gedanken machen, wenn ich sie vier Tage nicht gesehen habe. Aber so merke ich, wie wichtig es für sie ist, dass sich jemand um sie kümmert und dass wir ihr so viel geben können. Ich habe oft ein schlechtes Gewissen, dass ich zu selten da bin. Natürlich würde ich auch viel mit ihr unternehmen, wenn sie gesund wäre, aber so setze ich mich selbst richtig unter Druck. Eine Zeit lang habe ich mich geradezu zerfressen vor Angst um sie, bis ich mit ihr darüber geredet habe. Sie hat mir ein Buch gegeben, in dem steht, dass man nicht jeden Tag beten muss, um ein gläubiger Mensch zu sein. Der ganze Tag, alles was man tut, kann die Form eines Gebetes haben, und auch Wünsche haben eine Wirkung, selbst wenn man nicht dauernd über sie redet. Das war für mich ein wichtiges Buch. Es hat mir diesen Druck genommen, immer noch mehr für meine Mutter tun zu wollen. Ich habe gelernt, dass ich mich auch um mich selbst kümmern muss. Ich bin viel unterwegs, probe mit der Band oder gehe arbeiten. Dazwischen versuche ich, mir Zeit für sie zu nehmen oder einfach nur den Abwasch zu machen. Sie hat Freundinnen, die unheimlich viel im Haushalt helfen. Da bleibt zum Glück nicht alles liegen, und mein Vater macht auch viel.

Vielleicht hätte ich mehr Ruhe, wenn ich nicht mehr hier im Haus wohnen würde. In einer eigenen Wohnung würde mir nicht permanent bewusst sein, dass meine Mutter allein ist. Mein Bruder schafft es, sie in ihrem Zimmer alleine zu lassen und sein eigenes Ding zu machen. Ich gehe dauernd zu ihr und frage, ob ich was für sie tun kann. Natürlich habe ich mich dadurch noch nicht abgenabelt. Ich bin ein eigenständiger Mensch, aber essenzielle Dinge, wie für mich selbst einkaufen oder kochen, die laufen überhaupt nicht. Mein Bruder hat einen eigenen Haushalt. Ich gehöre immer noch zu meinen Eltern. Auch wenn ich vieles selbst entscheiden kann, glaube ich, dass ich noch in vielen Dingen abhängig bin. Meine Mutter will mich immer wegschicken, weil sie weiß, wie wichtig es für mich ist, selbst Erfahrungen zu machen. Sie wünscht sich, dass ich für eine Weile ins Ausland gehe, es sei doch wunderbar, dass unsere Generation diese Möglichkeit hat. Sie würde mir das gönnen. Andererseits hat sie auch total Sehnsucht und möchte mich am liebsten die ganze Zeit bei sich behalten. Natürlich sagt sie mir das nie, aber wenn ich jetzt ausziehen würde, käme sie damit nicht klar. Und ich würde nicht damit klarkommen, sie jetzt hier allein zu lassen ...

Wie gesagt, wir haben eine ganz besondere Verbindung, die mir auch sehr wichtig ist. Unsere Gespräche sind oft nicht wahnsinnig philosophisch, da geht es einfach um praktische Dinge, aber reden können wir über alles. Ich habe ihr sogar gestanden, dass ich LSD genommen habe. Es war richtig lustig, denn ich hatte immer gedacht, sie wüsste es längst oder hätte es zumindest geahnt. Sie hatte keinen Schimmer. Da war ich völlig verblüfft. Sie vertraut mir einfach. Wie früher in der Schule, da hatte sie auch immer das Gefühl, dass ich das schon irgendwie hinkriege, auch wenn meine Zensuren beschissen aussahen. Und ich hab's auch immer hingekriegt. Natürlich hatte meine Mutter Schiss davor, dass ich Drogen nehme, aber sie hat mir immer vertraut, dass ich es im Griff habe, und mir selbst die Entscheidung überlassen. Sie hat mir auch nicht verboten, mich tätowieren zu lassen, obwohl ich erst zwölf war. Sie fand es Scheiße, aber sie war der Meinung, wenn ich es unbedingt will, soll ich selber sehen, wie ich damit klarkomme. Also habe ich vom Tätowierladen aus zu Hause angerufen und gefragt, ob ich darf, und sie hat gesagt, wir freuen uns nicht darüber, aber wenn du unbedingt ein Bild auf dem Arm haben willst, das nie wieder weggeht, dann mach es eben.

Natürlich hat ihre Toleranz Grenzen, Lügen würde sie nicht dulden. Eine großartige Lüge würde ich mir auch nie leisten. Selbst wenn ich in einem Anfall von Wahnsinn eine Bank überfallen hätte, könnte ich es ihr erzählen, und wir würden eine Lösung suchen. Egal, wie schlimm etwas ist, es gibt eine Lösung, das haben meine Eltern mir beigebracht, und darauf kann ich mich verlassen. Aber solche Grenzen wurden nicht totalitär gezogen, sondern vermittelt. Und das funktioniert. Mir fällt zumindest keine Gelegenheit ein, bei der ich bewusst die Grenzen überschritten habe. Meiner Mutter würde bestimmt einiges einfallen. Natürlich ist nicht immer alles friedlich hier in der Familie, aber wenn ich das mit den Familien meiner Freunde vergleiche, dann läuft es hier ziemlich harmonisch ab, glaube ich. Wir feiern Silvester mit drei Generationen, mit meinen Freunden, meinen Eltern und meinen Großeltern. Wir leben hier alle zusammen, meine Mutter, mein Vater, mein Bruder und ich. Meine Freunde halten sich gerne in Gegenwart meiner Eltern auf. Sie finden, dass meine Eltern etwas ganz Besonderes sind. Offenbar ist es nicht üblich, so viel Toleranz und Unterstützung von zu Hause zu bekommen, zumindest kennen es viele so nicht. Meine Eltern haben mich immer unterstützt, bei allem, was ich machen wollte, auch bei der Musik. Eigentlich wollte ich ja Gitarre spielen lernen, ich fand es toll, vorne auf der Bühne zu stehen und am Mikro präsent zu sein. In der vierten Klasse hatte ich einen Freund, der sagte, lass uns doch Musik machen. Ich sagte, gut, kennst du jemanden, der mir Gitarre beibringen kann? Gitarre nicht, aber mein Bruder spielt Schlagzeug, der kann dir Schlagzeug spielen beibringen. So hab ich dann Schlagzeug spielen gelernt. Und als sich die Chance ergab, relativ billig eins zu kaufen, das war im Osten schwer zu kriegen, haben mir meine Eltern ein Schlagzeug hingestellt. Und damit haben sie einfach das Richtige gemacht, Schlagzeugspielen ist mein Leben. Dabei wussten sie nicht, ob ich überhaupt dabei bleiben würde, ich war ja erst zehn oder elf Jahre alt. Aber sie wollten mir einfach die Möglichkeit geben. An solchen Dingen merke ich, dass die Art, wie meine Eltern mit uns umgehen, eine besondere sein muss. Mutter hat auch akzeptiert, dass ich Musiker werden will. Ich habe eine Ausbildung als Erzieher mit einem sehr guten Abschluss, aber mir war schon immer klar, dass ich nicht in diesem Beruf arbeiten werde, dass ich Schlagzeuger werden will. Ihr war auch klar, dass ich damit auf absehbare Zeit nicht viel Geld verdienen werde. Doch sie ist froh, dass ich nicht Maurer oder Fliesenleger werden wollte, sondern Kunst machen und damit etwas tun, was sie auch schätzt.

Natürlich streiten wir uns auch manchmal, aber das ist sehr, sehr selten. Ich kann mich erinnern, dass mich meine Mutter früher auch mal angeschrien hat oder einfach nicht mehr wusste, was sie machen sollte, und geheult hat. Solche Sachen gab es früher definitiv, aber heute nicht mehr. Mit meinem Vater habe ich viel mehr Meinungsverschiedenheiten. Das ist nicht immer Friede, mit ihm gibt es häufiger stressige Kontakte. Vater kommuniziert ganz anders als Mutter und ich. Wenn mein Vater bestimmte Sachen erreichen will, kann er das sehr, sehr hart vermitteln: Er befiehlt einfach. Ich verstehe zwar, was er inhaltlich will, aber auf diese Art und Weise darf das nicht rübergebracht werden. Vater sagt, es geht nicht um die Form, es geht letztendlich nur um den Inhalt. Meine Mutter und ich sagen jedoch, du kannst nicht einem Baby ins Gesicht brüllen, es geht auch immer um die Form, wie man etwas sagt und in welchem Ton. Wenn es um Kommunikation und Gefühle geht, sind Mama und ich viel sensibler. Dazu gehört auch, dass ich jetzt, wo sie krank ist, versuche, ihr eine Freude zu machen und herauszubekommen, was sie gerne tun möchte. Sie ist sehr mit sich selbst beschäftigt und vergisst dabei oft, dass es vielleicht Dinge gibt, die sie gerne möchte. Ich frage sie halt, worauf sie Lust hat. Sie muss dann oft erst einmal überlegen, was ihr eigentlich Spaß macht, Hörbücher hören oder spazieren gehen zum Beispiel. Glücklicherweise haben meine Eltern mir vorgelebt, dass man seine Zeit nutzen sollte. Das war einer der Werte, die sie meinem Bruder und mir vermitteln wollten: Jede Stunde ist wertvoll und sollte einen Inhalt haben. Heute versuche ich, meiner Mutter zu zeigen, dass das nicht nur möglich ist, sondern auch Spaß macht. Dass es angenehm ist zu leben. Sicher, ich könnte mit Mutter auch über den Tod reden. Wir haben das nicht oft gemacht, aber wenn sie zu mir kommen würde und über solche Gedanken reden wollte, könnten wir das stundenlang tun, ohne dass ich die Hoffnung verlieren würde. Von mir aus würde ich es aber nicht ansprechen, nur wenn ich das Gefühl habe, dass sie es will und braucht. Denn ich finde, es ist die falsche Richtung. Ich habe ein anderes Ziel: Sie soll wieder gesünder werden und noch lange leben. Davon gehe ich fest aus.

»Wir haben keine Geheimnisse voreinander«
Johanna, 47, Stuttgart

Zuerst fiel es mir schwer, Detlef zu lieben. Dann aber habe ich eine große Liebe für dieses Kind empfunden, weil es immer so klein und hilflos war. Ich denke, diese Liebe war es, die ihn so gut über die ersten Jahre gebracht hat. Ja, er ist so, wie ich mir einen Sohn gewünscht habe: Er raucht nicht, trinkt nicht, studiert Wirtschaftsinformatik, lebt schon fast zwei Jahre in einer eigenen Wohnung mit seiner Verlobten. Ihr Vater ist Italiener und liebt klare Verhältnisse, er hat auf einer Verlobung als Eheversprechen bestanden. Dass sich alle Kinder – also Detlef und seine Verlobte, unsere Tochter und ihr Freund – tätowieren ließen, finden wir nicht so toll. Und die langen Haare auch nicht, es sei denn, er bindet sie zusammen. Seine Verlobte liebt es, wenn er sie offen trägt. Das muss man eben akzeptieren.

Detlef und ich gleichen uns in vielen Punkten. Wir lesen gern mystische Bücher. Er zeichnet, ich male. Er macht Musik, wir treiben gemeinsam Sport.

Wir haben einen sehr engen Familienkontakt. Wenn wir uns treffen, drückt er mich, gibt mir ein Begrüßungsküsschen. Wir alle brauchen solche Gesten, den Körperkontakt.

Detlef war ein Wunschkind. Wir lebten damals am Rande von Ost-Berlin in einer Zwei-Zimmer-Wohnung, das war zwar nicht ideal, aber in der DDR nicht ungewöhnlich. Mein Mann hatte die Armeezeit hinter sich, arbeitete bei der Bahn, ich war Chemielaborantin in der Akademie der Wissenschaften.

Es war eine schwierige Geburt, Detlef wurde mit einer Vakuumpumpe geholt, und die Ärzte befürchteten eine Hirnschädigung. Er war sehr klein, Puls und Herzschlag schwach, dann bekam er eine heftige Gelbsucht. Eigentlich war er unentwegt krank, dazu sehr sensibel. Den Gedanken, ihn in eine Kinderkrippe zu geben, mussten wir fallen lassen. Als er drei war, ging er zwar in den Kindergarten, aber sein Verhalten war sehr auffällig: Er konnte sich nicht an- und ausziehen, konnte nicht singen, nicht basteln, nicht malen – nichts. Später sollte er in eine Sonderschule, aber da hab ich gedacht, nee, der Junge ist nicht dumm, ich habe das kategorisch abgelehnt. Ich musste mit ihm zu mehreren Psychologen, schließlich konnte er eingeschult werden. Natürlich hörten die Probleme nicht auf: Er lernte nicht schreiben, nicht rechnen. Wir sind dann nach Berlin gezogen, dennoch blieb mir ein recht langer Arbeitsweg, und schließlich hat man mir nahe gelegt, eine andere Arbeit zu suchen. Ich habe einen Sechs-Stunden-Job gefunden. Bis dahin war er im Hort, jetzt hatte ich Zeit, um mit ihm zu üben: Reden und Lesen, Schreiben und Rechnen, jeden Tag bestimmt zwei Stunden lang, auch samstags und sonntags.

Heute würde ich sagen, er hatte eine schwache Form von Autismus. Damals wussten wir nichts darüber. Kamen fremde Leute in seine Nähe, brüllte er, bin ich ihm zu nahe gekommen, brüllte er, wollte ich ihn auf den Arm nehmen, brüllte er. Und hatte ich ihn endlich auf meinen Schoß gezwungen, drehte er sich weg. Im Grunde genommen habe ich ganz früh angefangen, alles mit ihm zu trainieren: wie man seine Mama drückt und Küsschen gibt, wie man sich anzieht, die Schulmappe packt, dass er Schulstullen und Obst oder Gemüse mitnimmt. Dass man überhaupt zur Schule geht, die erste Zeit habe ich ihn hingebracht und aufgepasst, dass er auch wirklich hineingeht und dort bleibt. Bis er es kapiert hatte. Er hatte Probleme, Dinge umzusetzen. Ordnete der Lehrer ein Diktat an, waren die anderen schon beim Schreiben, als Detlef noch dabei war, sein Heft vorzuholen. Der Übertragungsweg vom Wort bis zur Tat ist bei ihm, auch heute noch, länger als bei anderen Menschen.

Und dann diese Nächte. Als er größer war, kam er alle Stunde angetanzt und hat mich geweckt, einfach so, dann ist er wieder ins Bett gegangen. Nach ein paar Jahren war ich fix und fertig. Ich war ja weitgehend alleine mit diesem unerträglichen Kind. Mein Mann arbeitete in Schichten.

Von meinen Eltern bekam ich keine Unterstützung. Unsere damaligen Freunde haben zwar gern mit uns gefeiert, aber wenn es um praktische Hilfe ging, war es nicht mehr so doll mit der Freundschaft. Und die Schulpsychologen meinten nur: Manchmal haben Kinder Glück und die richtige Mutter, ich sei eben die falsche für dieses Kind.

Ich habe mich nicht beirren lassen. Hab weiter mit ihm trainiert. Weil er sich nicht durchsetzen konnte, hab ich ihn quasi aufgehetzt: Junge, du musst dich wehren, wenn du nicht zurückschlägst, wirst du immer wieder einstecken müssen. Eines Tages

hat er sich gewehrt, und von da an ist er, glaube ich, besser zurechtgekommen. Ich hab ihn zum Gitarrenunterricht und zum
Judo geschickt. Wir haben tausend kleine Taktiken probiert,
ihm und uns das Leben zu erleichtern.

Mein Mann und ich wünschten uns sehr ein zweites Kind,
hatten aber Sorge, dann für Detlef nicht mehr genug Zeit zu
haben. Aber als er sieben war, wurde unsere Tochter geboren,
und alles ging gut. Zumal die Kleine ein sehr pflegeleichtes Kind
war. Vielleicht hat sich durch diesen Dauerstress mit Detlef
meine Asthmageschichte so verschlimmert. Ich lag zweimal ein
Vierteljahr lang im Krankenhaus. Das zweite Mal war Detlef
zehn, seine Schwester drei Jahre alt. Da musste der Junge vieles
im Haushalt erledigen, auch seine Schwester vom Kindergarten
abholen. Ich habe meinem Sohn voll vertraut, wusste genau,
dass er alles erledigen wird, so gut er es eben kann, etwas lang-
samer und sicher nicht so ordentlich. Aber ich war mir absolut
sicher, dass er zu dem Zeitpunkt an Disziplin, an dieses konse-
quente Durchführen bestimmter Dinge, so gewöhnt war, dass
er durchhalten würde. Das viele Üben hatte sich gelohnt.

Auch in der Schule ist er richtig gut geworden. Allerdings
hatte ich ihn unbewusst unter Druck gesetzt. Heute sagt Detlef zwar, nur durch meine Konsequenz sei er überhaupt so weit
gekommen. Aber Druck ist nicht immer gut für die Seele. Einmal, wir hatten wieder für eine Mathearbeit geübt, hat er dafür
eine Drei bekommen. Ich war sauer, weil ich wusste, er kann es
besser. Da hat er zu mir gesagt: Denkst du, ich bin nicht enttäuscht? Ich hab mich doch angestrengt und mich geärgert, dass
es nur eine Drei geworden ist. Und dann komme ich nach
Hause und kriege noch mal Ärger! Er hatte Recht, ich hab mich
bei ihm entschuldigt.

Als die Mauer gefallen war, hatte sich mein Mann bei einer
Stuttgarter Firma beworben – von dreihundert Bewerbern sind
drei genommen worden, darunter er. Wir waren uns einig: Heimat ist dort, wo er das Geld verdient. Ich hatte mir Sorgen gemacht wegen Detlef, aber den hat das Neue gereizt. Wir haben
immer alles in der Familie besprochen, natürlich auch, was uns
in Stuttgart erwarten würde.

Die erste Zeit war schwer. Mein Mann musste sich mit der
neuen Arbeit zurechtfinden. Detlef hat hier die achte Klasse

noch mal gemacht, ihm fehlte ja Englisch. Das hat er rasch auf-
geholt. Aber es gab etliche Konflikte. Nicht nur, weil es in Berlin gerade Mode gewesen war, mit einem Tuch um den Kopf
rumzulaufen – in Stuttgart war er der Einzige damit. Vielmehr
haben ihn die Deutsch-Russen und Jugoslawen in seiner Klasse,
die hier schon ewig leben, als Eindringling empfunden und ihn
das auch spüren lassen.

Dass ich die ersten Jahre nicht gearbeitet habe, war sein Glück.
Er kam aus der Schule mit seinem ganzen Frust, und ich war da.

Bei uns in der Familie ging es immer laut und furchtbar anstrengend zu. Besonders, als Detlef in der Pubertät war, gab es
heftige Auseinandersetzungen. Er ist sehr, sehr temperament-
voll. Waren wir unterschiedlicher Meinung, hat es kurz und
kräftig gekracht, dann war alles wieder okay. Wir diskutieren
so lange, bis wir wieder ruhig sind, zum Schluss geht's normal
weiter, nach ein bisschen Einsicht auf allen Seiten gleichen wir
uns irgendwo an. So hat nie jemand das Gefühl, ungerecht behandelt zu werden.

Ich bin Jungfrau, Detlef ist Stier, also sehr eigensinnig. Es war
für uns immer schwierig, zwischen seinem Willen und unseren
Vorstellungen einen Weg zu finden. Seitdem er nicht mehr bei
uns wohnt, ist für uns vieles leichter, weil wir nicht mehr mit all
seinen Problemen sofort konfrontiert werden. Nein, für mich ist
das kein Kontrollverlust, eher so, als sei mir eine Last von den
Schultern genommen. Ich fühle mich nicht mehr für alles verantwortlich. Bin nur noch da, wenn es brennt. Aber natürlich
kriegen wir die Probleme mit, und natürlich kommt er an und
erzählt vieles. Ich weiß fast alles von meinem Sohn – was er liest,
was er macht. So wie er auch alles über mich weiß. Wir haben keine Geheimnisse voreinander, spielen kein Versteck. Natürlich würde ich ihm nicht erzählen, dass sich meine Krankheit
verschlimmert hat, wenn er gerade in einer Prüfung steckt.

Dreimal in der Woche spielen wir in einem Sportverein Faustball. Sonntags trifft sich die ganze Familie beim Gesellschafts-
tanz, also mein Mann und ich, Detlef und seine Verlobte, unsere Tochter und ihr Freund. Mein Mann sieht ja den Detlef
noch in seiner Firma, weil er dort einen Ferienjob hat. Auch unsere Tochter arbeitet in dieser Firma, und ihr Freund hat sich da
auch beworben. Und in Urlaub fahren wir alle gemeinsam.

Detlef hat nach wie vor einen Schlüssel zu unserer Wohnung. Meine Eltern finden zwar, das gehöre sich nicht. Aber wir sind anderer Meinung. Wenn er plötzlich im Zimmer steht, oder wir kommen heim und sehen Licht, ist das ein schönes Gefühl – Detlef ist da.

»Wenn ich mit jemandem reden will, rufe ich meine Mutter an«
Detlef, 25, Stuttgart

Ich war das erste Kind meiner Eltern und sie wollten mich. Es war ihnen egal, ob ich ein Sohn werde. Als meine Schwester geboren wurde, wünschte ich mir unbedingt eine Schwester. Warum ich mir das in den Kopf gesetzt hatte, weiß ich nicht. Meine Eltern wollten einfach nur noch ein Kind. Dabei hatten sie mit mir schon einige Schwierigkeiten. Dass sie bei allem, was sie durchmachten, immer zu mir gestanden haben, war schon phänomenal. Erst im Nachhinein haben sie mir davon erzählt, so Schritt für Schritt. Als Kind bekam ich davon nicht viel mit. Sie sagten immer nur, mach, was du denkst und was du für richtig hältst, sag deine Meinung. Auch damals im Osten, obwohl sie meinetwegen oft in die Schule mussten. Die Lehrer waren der Meinung, ich verhalte mich nicht nach den sozialistischen Normen. Ich habe schon viel Unsinn gebaut. Aber ich konnte mit meiner Mutter fast über alles reden. Das ist auch heute noch so. Wenn ich mit jemandem reden will, rufe ich meine Mutter an, gehe vorbei, und wir trinken einen Kaffee. Wir sehen uns sehr oft, zwei bis drei Mal in der Woche ist die ganze Familie zusammen. Weil wir gemeinsam Faustball spielen und im Tanzverein sind. Wir gehen auch zusammen aus oder fahren Pilze suchen.

Meine Mutter hat für vieles Verständnis. Und wenn sie meint, dass etwas aus ihrer Sicht nicht okay ist, sagt sie es auch: Wenn du es so und so machen willst, ist es in Ordnung, aber ich sage dir gleich, dass es dann so und so läuft. Ich höre mir ihre Ratschläge auch an, und entweder ist es für mich schlüssig, und ich denke, okay, du hast Recht. Oder ich denke, vielleicht war es bei euch so, bei mir ist es aber anders. Meistens bin ich ganz ruhig, aber manchmal hakt es aus, dann kann ich richtig bösartig werden. Das ist schlimm. Das hasse ich an mir, aber das geht dann nicht anders. Das ist wie ein Schutzmechanismus.

Ich denke, meine Mutter kennt mich sehr gut. Sie kennt wohl alle meine Macken, jedenfalls sehr viele. Irgendwann hatte ich sogar das Gefühl, dass ich ihr gar nichts vormachen kann. Ich bin ein schlechter Lügner, ich werde dann rot und verlegen. Ich habe von klein auf die Moralvorstellungen meiner Eltern mitbekommen, dass man sich zum Beipiel an Absprachen hält. Die Grenzen waren fest vorgegeben, sie waren klar. Ich habe meine Freiheit, aber in der Familie kann ich nicht machen, was ich will. Ich kann zum Beispiel nicht einfach weggehen. Es war in Ordnung für meine Mutter, wenn ich irgendwohin ging, kein Problem. Aber sie wollte immer, dass ich auch tue, was ich versprochen habe. Als ich noch zu Hause wohnte, war es für sie wichtig zu wissen, wann ich komme und wo ich bin. Das fand ich auch okay, denn ich war als Kind ziemlich tollpatschig. Sie hatten Angst, dass etwas passiert, und wollten im Notfall schnell reagieren können. Das war auch in Ordnung, sonst wäre mir mitunter noch viel mehr passiert. Ich bin auf Bäume geklettert, wie jeder Junge, aber ich fiel runter und knallte auf den Rücken. Das passierte nur mir. Oder mir ist ein Dachziegel auf den Kopf gefallen, leider war ein Nagel drin, der sich in meinen Kopf bohrte. Das ganze Treppenhaus war voller Blut. So was ist nicht ständig passiert, aber irgendwas habe ich immer kaputtgemacht. Weil ich so hyperaktiv war. Ich war ständig unterwegs und in Bewegung, wollte immer etwas machen. Auch in der Schule. Das gab dann natürlich Probleme, weil ich nicht eingesehen habe, warum ich lernen soll. Da habe ich die ganze Zeit rumgespielt und nicht zugehört. Aber das hat sich dann nach und nach gegeben.

Meine Eltern haben mir beigebracht, dass ich Dinge zu Ende machen muss, für die ich mich entschieden habe. Und sie haben mich dabei geleitet, haben gespürt, wofür ich mich interessiere, und mich in die Richtung gelenkt.

Ich habe mich sehr behütet gefühlt. Ich wurde auch nie angelogen, sondern sie sagten immer klipp und klar, so und so ist es. Und wenn wir uns stritten, dann konnte jeder seine Meinung sagen. Auch, wenn es manchmal ziemlich heftig zuging. Wir haben

162

alle ein aufbrausendes Temperament, mein Vater, meine Schwester und ich. Da flogen die Fetzen und es flossen auch mal Tränen. Aber hinterher war es okay, wir hatten uns geeinigt und niemandem wurde etwas nachgetragen. Deswegen liebe ich meine Eltern, weil ich immer mit Problemen zu ihnen kommen kann.

Auch gegen unsere Verlobung hatten sie nichts. Sie wollten es sogar. Meine Mutter hat zwar zu mir gesagt, eigentlich wird es Zeit, dass du eine Freundin hast, aber du solltest dich nicht drauf versteifen, die Erste, die du triffst, auch gleich zu heiraten. Mit vierundzwanzig hatte ich die erste feste Freundin. Und für Mutter wäre es auch okay gewesen, wenn es nur eine Woche gedauert hätte. Ich hab immer gesagt, wenn ich jemanden kennen lerne, dann soll es etwas Ernstes sein. Nur meine Schwester, die war eifersüchtig, als Gianna auftauchte. Weil ich mich nicht mehr so viel um sie gekümmert habe. Seitdem ich studiere, habe ich sowieso wenig Zeit. Jetzt, wo meine Schwester auch einen Freund hat, versteht sie sich gut mit Gianna. Sie hat halt eine Zeit lang geglaubt, ich mag sie nicht mehr. Was weiß ich, was Frauen so denken. Manchmal kann man das gar nicht nachvollziehen. Ganz komisch.

Mit mir ist mitunter aber auch schlecht zu reden. Wenn ich mir was in den Kopf gesetzt habe, dann ist es da ganz schwer wieder herauszukriegen. Es ist auch schwer, mich von etwas zu überzeugen. Ich muss selber auf die Nase fallen. Meine Mutter hat zum Beispiel gemeint, kürzere Haare würden besser zu mir passen. Für mich kam das nicht in Frage. Und als ich anfing, nur noch schwarze Klamotten zu tragen, da hat sie vorsichtig nachgefragt, ob das denn wirklich sein müsse. Sie hatte Angst wegen dieser ganzen Satansgeschichten. Weil wir nicht gläubig sind. Sie fürchtete, dass ich irgendwo anders meinen Glauben suche. Aber wenn ich nicht an den lieben Gott glaube, kann ich auch nicht an den Teufel glauben. Für mich kam das nie in Betracht. Meine Mutter hatte einfach nur Angst, dass ich in so eine Sektengeschichte abrutsche. Streit gab es wegen des Aussehens aber nicht. Nur eben diese vorsichtigen Fragen. Doch sie hat mich machen lassen. Nur die zerrissenen Jeans haben meinen Eltern nicht gefallen. Damit würde ich aussehen wie ein Penner. Ich fand mich gut. Ich will mich abheben und nicht so sein wie jeder. Ich war schon immer eher der Außenseiter und hatte nie mehr als einen engen Freund. Gerade hier in Stuttgart. Hier wirst du nicht so schnell akzeptiert. Die Leute im Westen sind nicht unbedingt zugänglich.

Geboren bin ich in Ost-Berlin. Der Umzug, kurz nach der Maueröffnung, hat mich schon ziemlich belastet. Genau wie die Gesundheit meiner Mutter, sie war öfter im Krankenhaus, Asthma hat sie und etwas mit dem Herzen. Ich musste früh Verantwortung übernehmen, was ich auch gern getan habe. Die einfacheren Sachen konnte ich auch als Kind schon machen, die Wohnung putzen zum Beispiel. Jetzt bist du der Mann im Haus, hat sie gesagt. Da musste ich auch meine Schwester vom Kindergarten abholen, weil mein Vater bis abends gearbeitet hat. Das Verhältnis zu meiner Schwester ist dadurch ganz intensiv geworden. Ich habe sie umsorgt und zum Kindergarten gebracht. Wenn sie turnen musste, dann bin ich mitgegangen, und abends, wenn es dunkel war, habe ich sie wieder abgeholt. Das hat mir Spaß gemacht. Und sie fand es auch gut. Sie war nicht so eine ewig nörgelnde Schwester. Klar hat sie mich genervt und geärgert, wenn meine Eltern dabei waren, aber wenn wir alleine waren, hat sie auf mich gehört. Wenn ich sagte, bleib stehen, da kommen Autos, nahm sie meine Hand, und wir gingen zusammen über die Straße. Da war ich selber noch ziemlich klein. Aber ich fühlte mich dadurch nicht gestört oder unter Druck gesetzt. Nur dass Mutter im Krankenhaus lag, fand ich furchtbar. Damals wurde mir klar, dass sie dort sterben könnte. Das hat mich sehr belastet, und ich war immer froh, wenn ich wieder bei ihr war. Von ihr habe ich auch übernommen, dass man so leben sollte, als wenn's am nächsten Tag vorbei wäre. Sie macht, was sie will und wozu sie Lust hat. Das liegt an ihrer Krankheit. So versuche ich auch, mit meiner Verlobten zu leben. Wir sagen uns tschüss, als wenn wir uns vielleicht nicht mehr sehen würden. Das ist eigentlich blödsinnig, aber man weiß ja nicht, was passiert. Es kann immer etwas passieren, und ich möchte dann, dass meine Verlobte weiß, dass ich sie liebe. Und so ist es auch mit meinen Eltern. Wenn ich gehe, muss alles gut sein. Es darf keine Unstimmigkeiten oder ungelösten Probleme geben. Ich könnte nie weggehen in solch einer Situation. Dann würde ich lieber nicht zur Uni fahren oder zu spät zur Arbeit kommen.

Ablösung und Trennung
Dipl.-Pädagoge Theo Gilbers,
Partnerschafts- und Sexualtherapeut, Berlin

Zwischen Müttern und Söhnen besteht ein besonderes Verhältnis, das sich nie mehr lösen wird. Die Mutter ist wie ein Rucksack, den Männer ein Leben lang mit sich herumtragen. Abschnallen lässt er sich nicht. Aber was sie damit machen, können sie selbst entscheiden. Ob das Gewicht dieses Rucksacks einen Mann eher niederdrückt oder ihm Kraft verleiht, das hängt auch davon ab, wie die verschiedenen Klippen – von der Pubertät über das Abnabeln bis zum Umgang miteinander in späteren Krisen – umschifft worden sind.

Ablösung beginnt, wenn Sexualität erwacht
Irgendwann wird der Sohn ausziehen, das weiß jede Mutter. Und an diesen Gedanken sollte sie sich gewöhnen, wenn der Junge sich seiner Sexualität bewusst wird. Das ist der kritische Zeitpunkt, den Mütter und Söhne kennen: der erste feuchte Traum, der Flecken im Bett hinterlässt. Für beide ist es ein Symbol der Veränderung, und als Symbol sollte es auch stillschweigend hingenommen werden – Kommentar nicht nur überflüssig, sondern sogar fatal. Ich habe in unserer Praxis oft gehört, dass junge Männer selbst so wohl gemeinte Sprüche wie: »Du wirst nun ein Mann, Selbstbefriedigung ist normal und in Ordnung« als eklatante Grenzverletzung und ein Eindringen in die Intimsphäre empfinden. Genau dann ist der Zeitpunkt gekommen, den jede Mutter kennen und akzeptieren muss: Ab sofort gibt es für den Sohn Bereiche, in denen sie nichts mehr zu suchen hat.

Viele Jungen dokumentieren das bildlich. Sie hängen ein Schild an die Tür, auf dem sie verbal Fürchterliches androhen, falls man das Zimmer dennoch betreten sollte. Das sollten Eltern respektieren. Schließlich ist es für beide Seiten eine heikle Situation, wenn er bei der Selbstbefriedigung überrascht wird, selbst wenn die Eltern so tun, als hätten sie nichts bemerkt.

Gegenseitiger Respekt tut ohnehin immer gut, das gilt natürlich auch für die Söhne. Denen bringt man am besten früh bei, dass sie das elterliche Schlafzimmer, den Arbeitsraum der Mutter oder ähnliche Bereiche nur nach Anklopfen betreten. Schließlich fühlen auch sie sich sehr geehrt, wenn die Eltern bei ihnen anklopfen. Es sind eben die Kleinigkeiten, die das Zusammenleben erleichtern oder erschweren.

Auch an den Zeitschriften, die der Sohn liest, und an den Postern, die er sich ins Zimmer hängt, lässt sich festmachen, dass er ein sexuelles Wesen wird. Die Mutter könnte ihm zwar vermitteln, dass sie dieses oder jenes Poster frauenfeindlich, sexistisch oder ätzend findet, aber sie hat nicht mehr das Recht, es zu entfernen. Wenn der Junge zwölf oder dreizehn Jahre alt ist, weiß er zwar, dass er noch kein Mann ist, aber er kennt zumindest die Richtung und ist auf dem Weg. Dass die geistige Entwicklung, häufiger als bei Mädchen, der körperlichen hinterherhinkt, ist für Jungen sehr schwierig. Immer wieder gibt es Brüche: Er interessiert sich schon für Politik und Technik – und will plötzlich doch noch mal mit seinen Legosteinen spielen oder verstohlen mit Mama kuscheln.

Mütter und Söhne sind auch Frauen und Männer

Wir wissen nicht erst seit Freud, dass die Mutter für einen Jungen bis zur Pubertät eine große Rolle spielt. Sie kann auch in einer sexuellen Fantasie auftauchen, was sie gemeinhin nicht erfährt, weil es beide Seiten sehr erschrecken würde. Das Inzest-Tabu besteht durchaus zu Recht.

Aber in der Pubertät, wenn es um Loslösung von der Mutter geht, ist es mit ihrer Attraktivität vorbei: Das ist ja die, die verlangt, das Zimmer aufzuräumen, Getränke zu holen, um zehn zu Hause zu sein, diejenige, die nicht loslassen will. Dann werden für Jungen die Mädchen und Frauen draußen interessant.

In dieser Phase nimmt die Mutter wahr, dass aus ihrem Sohn ein Mann wird. Ich erlebe häufig in der Beratungsstelle, dass sie ihn plötzlich mit anderen Augen sieht – auch mit verliebten Augen. Das ist nichts Negatives, es kann durchaus Flirtsituationen mit dem eigenen Sohn geben. Oft merkt er das gar nicht, aber die Mutter spürt den anderen Blick, den sie austauschen, ohne dass daraus etwas folgen würde. Wenn eine solche erotische Situation nicht erschreckend für den Sohn oder behindernd für beide Seiten ist, kann das sehr schön sein. Es geht keineswegs darum, mit ihm ins Bett zu wollen, es ist der mütterliche Stolz:

Schaut her, diesen Jungen habe ich zur Welt gebracht, ich habe einen tollen, gut aussehenden Mann erzogen.

Natürlich gibt es Mütter, die in ihren Sohn verliebt sind. Das kann sogar neurotisch werden. Das aber sind die Ausnahmen.

Ebenfalls eine Ausnahme: Wenn eine Mutter nicht damit klarkommt, dass der Junge erwachsen wird, und sie ihn kleinhalten will. Für mich ist das ein emotionaler Missbrauch der Entwicklung des Sohnes. Das kann schon beginnen, wenn der Sohn zwischen den Eltern in der Besucherritze schläft, also als Schutzwall vor dem Ehemann oder dem Partner dient: statt Migräne wird das Kind vorgeschoben. Oder wenn Mütter die Söhne mit all ihren Sorgen und Nöten belasten oder Bündnisse und Anerkennung einfordern. Ein kleiner Sohn kann sich schwer dagegen wehren, wenn er als Partner-Ersatz missbraucht wird. Es liegt daher in der Verantwortung der Mutter, ihn davor zu bewahren.

Auseinandersetzungen als Mittel der Abgrenzung

Jede Mutter eines pubertierenden Knaben kennt diese lautstarken, erbitterten, aufreibenden Auseinandersetzungen, die meist nur ein Ergebnis haben: Die Mutter ist wieder mal total genervt, und der Sohn knallt die Türen zu. Häufig sind das jedoch nur Scheinkriege, die man sich getrost ersparen kann. Im Streit mit einem Pubertierenden geht es – wie auch im Streit zwischen Mann und Frau – um Machtverhältnisse. Natürlich will der Sohn Grenzen austesten. Nur hat er nicht wie der Partner die Möglichkeit, die Mutter zu verlassen. Häufig räumen Mütter später ein, dass sie mit dem Sohn um etwas gekämpft und eigentlich den Partner dabei gemeint haben: Wer hat die Kontrolle, wer hat die Macht? Und der Sohn hat es abbekommen.

Und die Söhne beschimpfen Frauen in der Person der Mutter. Das kann sich oft sehr hochschaukeln. Am Anfang meint er ja noch kein konkretes Mädchen, die Mutter steht als Symbol für die Frauen oder die Mädchen: Die sind so komisch, die verstehen mich nicht, denen soll ich immer alles erzählen. Bei den Klassenkameradinnen oder Spielfreundinnen kann er seine Hilflosigkeit nicht unterbringen, wohl aber bei der Mutter, die kennt er ja gut.

Es geht also um Männlichkeit und Weiblichkeit, um Geschlechterauseinandersetzung. Jede Mutter ist gut beraten, wenn sie solche Angriffe nicht persönlich nimmt. Natürlich ist das leichter gesagt als ertragen. Aber es geht vorbei, sie muss nur sehen, wie sie diese Zeit gut übersteht.

Ein häufiges Beispiel: der Streit um die Kleidung. Hier rate ich zu mehr Gelassenheit. Söhne schreiben ihren Müttern ja auch nicht vor, was sie anziehen sollen. Es gibt natürlich Kompromisse und finanzielle Grenzen. Wenn die Mutter sagt: Ich finde das so hässlich, wenn du es schön findest, bezahle es auch selbst, so ist das eine klare Aussage. Sie muss allerdings dann auch zulassen, dass er sich das Gewünschte vom Taschengeld oder vom geschenkten Geld von der Oma kauft. Auch das hat mit Respekt zu tun. Damit ist oft viel entschärft.

Ein anderes Beispiel: Kinder ab vierzehn Jahren sollten die Möglichkeit haben, zumindest den Urlaub für sich zu gestalten. Das entspannt auch die Eltern, die eine Auszeit nötig haben. Denn ein Urlaub mit Vierzehnjährigen ist Stress. Da trabt an einem strahlenden Tag in zauberhafter Umgebung ein muffliger Kerl neben einem her, der mault und mosert, Unbotmäßiges fordert und an allem rummeckert – warum soll man sich das antun? Ihn alleine losziehen zu lassen, ist natürlich zu früh, aber es gibt organisierte Jugendreisen und Ferienlager.

Wenn die Mutter sehr krank ist

Wenn Jungen in früher Kindheit oder vor der Pubertät eine schwere Krankheit der Mutter erleben, ist das für sie wie das Gehen auf dünnem Eis: Jeden Moment kann es brechen. Eine solche Unsicherheit prägt. Die einen lernen daraus »Carpe diem – Nutze den Tag«, die anderen trauen sich nichts, weil sie immer nur die Gefahr sehen.

Lebt die Familie sogar mit der Angst, die Mutter könnte sterben, hat das besonders für Kinder etwas immens Bedrohendes. Nicht selten bleiben Jungen dann im Elternhaus, weil sie fürchten, die Mutter könne sterben, sobald sie gehen. Und dann würden sie jahrelang mit Schuldgefühlen leben. Das kann dazu führen, dass der Ablösungsprozess zunächst gestoppt wird, weil sie sehr symbiotisch mit der Mutter verbunden sind. Rückblickend erkennen sie vielleicht, dass sie ihre eigene Entwicklung behindert haben. Es hängt von der Lebenssituation ab, wann und wie die Ablösung nach dem Tod der Mutter ausfällt. Lebt der junge Mann noch im Elternhaus, steht er vor einer völlig neuen Existenz. Er wird wenig Risikobereitschaft zeigen und unsicher bleiben. Hat er eine eigene Familie, wird er den Verlust weniger extrem erleben. Aber er wird sich möglicherweise sehr eng an seine Partnerin binden. Für die ist das nicht einfach – es gibt ja permanent eine Frau neben ihr, gegen die sie schwer ankommen kann. Sie kann nur auf die Verantwortung für die junge Familie verweisen. Von dem Mann eine Entscheidung zu verlangen, geht immer schief.

Andererseits können gerade Söhne, die längere Zeit mit ihrer kranken Mutter gelebt haben, sehr starke Persönlichkeiten werden. Sie schöpfen aus diesem Zusammensein Trost und Kraft. Wenn sie sogar den Tod der Mutter fürchten müssen, entsteht ein intensiver Kontakt zwischen Mutter und Sohn, von dem beide profitieren. Positive Bindung und Beschäftigung mit der Mutter, mit der Familie ist ja nicht nur anstrengend. Dann ist auch der endgültige Abschied leichter, weil die Angehörigen, anders als bei einem Unfalltod, darauf vorbereitet sind.

Wie Mütter mit der Trennung klarkommen können

Viele Mütter lassen ihren Sohn scheinbar gelassen ziehen, sie verbergen ihren Schmerz und ihre Tränen vor ihm. Aber Söhne spüren, dass es mit der Gelassenheit nicht so weit her ist, dass die Mutter sie viel lieber gehalten hätte. Ich berate auch erwachsene Männer, die diesen sehr komplizierten Prozess ganz anders als ihre Mütter erlebt haben. In ihrer Wahrnehmung wollte die Mutter sie eben nicht ziehen lassen. Rückblickend räumen die Männer ein, ziemlich rabiat gewesen zu sein, weil ihnen ein Gegenhalten anders nicht möglich gewesen wäre. Diese Härte sei für sie wichtig gewesen, um erwachsen werden zu können. In dieser Phase miteinander reden zu wollen, ist völlig sinnlos. Damit wären beide Seiten völlig überfordert.

Für die jungen Männer ist es ein Machtkampf. Und für die Frauen ein Riesenlebensbruch in der Biografie. Eine Mutter hat etwa zwei Jahrzehnte lang ihr Leben um dieses Kind herum organisiert, dann zieht es plötzlich aus und besucht sie nicht mal. Weihnachten ohne Sohn – eine sehr schmerzhafte Erfahrung.

Die heile Welt gibt es nicht mehr, stattdessen ist da ein Loch, das sie nun füllen muss. Obwohl ich als Mann und Männerberater parteiisch bin, sehe ich, was dieser Prozess für Mühe macht. Die Mutter bleibt zurück, wenn der Sohn geht. Sie hat keine Chance.

Vielen Frauen fällt es schwer, diesen Trennungsschmerz überhaupt zuzugeben, sie begreifen ihn als Tabu. Es ist aber gut, wenn sie sich mit einer Freundin oder Bekannten austauschen könnte: Wie bist du damit zurechtgekommen? Was hast du gemacht?

Wer niemanden zum Reden hat, sollte sich professionelle Hilfe suchen. Es gibt Beratungsstellen, Nachbarschaftseinrichtungen, Selbsthilfegruppen, wo sich Mütter oder Eltern treffen. Ich rate jeder Mutter mit diesem Problem sehr: nicht schlucken – nicht den Frust, keine Medikamente, keinen Alkohol, der in einer solchen Situation eine besondere Rolle bekommen könnte.

Auch ein Vater erlebt den Verlust des Sohnes schmerzlich, aber Männer tragen das ganz anders aus. Wenn die Eltern sich gut verstehen, können neue Bündnisse in der Partnerschaft und ein neues Lebensgefühl wachsen: Jetzt ist hier endlich Ruhe und Ordnung, und das sollten wir genießen.

Wenn der Sohn das Hotel Mama nicht verlassen will

Natürlich hat das Hotel Mama Vorzüge: Die Wäsche wird gewaschen, der Kühlschrank ist gefüllt, das Zimmer wird gereinigt, der Sohn kann kommen und gehen, wann er will. Manche müssen noch nicht mal so genanntes Kostgeld abgeben. Es klingt wie ein Klischee, aber es ist so: Meist verharren junge Männer im Elternhaus, die noch keine feste Partnerschaft haben. Männer leben nach wie vor weniger gern allein als Frauen, weil sie ungern Verantwortung übernehmen wollen.

Eine andere Kategorie sind die sehr unsicheren Männer, die wenig Sozialkontakte haben, kaum Freundschaften, die nicht in Partnerschaften leben. Oder es sind Männer, die von der ersten großen Liebe enttäuscht sind und lange trauern. Sie fantasieren und träumen von einem anderen Leben, aber der Schritt dorthin fällt ihnen schwer. Also bleiben sie in der vertrauten Umgebung.

Die Eltern müssen entscheiden, ob und wie lange sie das dulden und ertragen möchten. Der Zeitpunkt der Trennung kann auch einfach überschritten werden: Alle sind so aufeinander eingespielt, dass niemand mehr auf die Idee kommt, etwas ändern zu wollen. Das ist nicht verwerflich, sofern alle damit zufrieden sind.

Wenn Mütter aber meinen, ihre Pflicht erfüllt zu haben, wenn sie endlich ihre Ruhe haben möchten, müssen sie ohne ein schlechtes Gewissen sagen können: Das Hotel Mama wird jetzt geschlossen. Das muss nicht von heut auf morgen passieren, sie kann eine Frist setzen, bis wann der Sohn auszuziehen hat. Es gilt jedenfalls sich durchzusetzen. Der Sohn mag mufflig oder beleidigt reagieren, aber das geht vorbei.

Manchmal wollen aber beide Seiten den Zustand nicht wirklich ändern: Die Mutter klagt zwar über den beharrenden Sohn, und dieser behauptet, nicht genug Geld für eine eigene Wohnung zu haben. Beide geben viele objektive Gründe an, warum sie diesen Zustand nicht ändern können, unter dem sie angeblich leiden. Guckt man aber genau hin, lassen sich diese Gründe sehr wohl ändern. Beide kokettieren damit, wollen aber nichts verändern aus Schutz vor Unbekanntem. Denn dann müssten sie sich mit einer neuen Situation auseinander setzen. Manche ziehen auch einen Lustgewinn aus dem Jammern und Klagen, weil sie sich in einem vertrauten, geschlossenen System bewegen, das auf seine Weise funktioniert. Erst wenn der Leidensdruck auf einer Seite zu groß ist, wird eine Veränderung angestrebt.

Natürlich spielt heute die hohe Arbeitslosigkeit, besonders unter jungen Leuten, eine Rolle. Viele junge Arbeitslose fühlen sich abhängig von den Eltern. Ohne das Problem zu verharmlosen: Wenn der Sohn wirklich gehen will, gibt es eine Lösung. Er kann staatliche Unterstützung, wie zum Beispiel Wohngeld beantragen. Sobald eine Freundin auftaucht und die beiden zusammenziehen wollen, geht das ja auch. Die subjektive Komponente ist also in den meisten Fällen stärker als die objektive.

Gehen und Wiederkommen

»Kinder müssen sich wohl abgrenzen«
Gundula, 55, Osnabrück

Als fest stand, dass mein Mann und ich keine eigenen Kinder bekommen können, haben wir uns in der ganzen Bundesrepublik um ein Adoptivkind beworben. Junge oder Mädchen, das war uns egal. Damals studierte mein Mann noch, wir glaubten, sehr lange warten zu müssen. Aber schon nach kurzer Zeit bekamen wir ein Baby zugesprochen, die leibliche Mutter war im siebenten Monat schwanger. Als Anna vierzehn Tage alt war, holten wir sie aus dem Krankenhaus ab. Zwei Jahre später, mein Mann hatte sein Studium beendet und eine Anstellung, wünschten wir uns noch ein Kind. Wir bekamen Raoul. Und als der drei war, kriegten wir Maria, auch erst eine Woche alt.

Die Mädchen waren als Kleinkinder unproblematisch, Raoul hingegen war ein Sorgenkind: zu früh geboren, mit Atem- und Verdauungsschwierigkeiten und problematischer Haut. Wir sind ganz bewusst als Eltern für Raoul ausgesucht worden, weil wir schon Erfahrungen mit einem Adoptivkind hatten. Er war so hilflos, viel hilfloser als die anderen beiden. Er brauchte von Anfang an sehr viel mehr Fürsorge. Raoul sagt heute, ich sei diejenige, die sich immer Sorgen macht.

Ich habe jedenfalls meine Arbeit als Maskenbildnerin aufgegeben, um mich um die Kinder kümmern zu können. Seitdem Sie mich das erste Mal angerufen haben, denke ich darüber nach, welche Gefühle mich damals bewegten. Natürlich sprechen uns Babys mit ihren kleinen Knubbelhändchen und blanken Äuglein sofort an; aber Sympathie ist das eine, es soll ja mehr aufgebaut werden, wenn man Kinder adoptiert. Und es ist nicht zu leugnen: Die neun Monate der Schwangerschaft, in denen eine werdende Mutter die Beziehung zu ihrem Kind entwickelt, die fehlten mir eben. Ich bin sicher, dass diese Zeit eine

entscheidende Rolle spielt. Wir mussten eine Beziehung auf-
bauen, als die Kinder fix und fertig da waren. Vielleicht ging es
mir wie einem werdenden Vater – seine Frau trägt das Kind aus,
er läuft nebenher, und wenn das Kind dann da ist, muss er mit
ihm zurechtkommen.

Wir haben uns ganz bewusst um Nähe bemüht. Man sieht ja
häufig, dass kleine Kinder ihre Flasche in die Händchen gedrückt bekommen, während man sie in der Karre herumfährt.
Wir haben jedes Kind dabei auf den Arm genommen, damit es
unsere Wärme spürt. Die Mädchen taten immer ein bisschen
distanziert, aber Raoul war ein Schmusejunge. Kaum hatte ich
ihn auf dem Arm, ging sofort sein Mund zu meiner Brust, da
war nun zwar keine Milch, wohl aber die kuschligste Wärme.
Für mich ein tolles Gefühl. Wir haben immer viel gelesen, auch
im Bett. Kam Raoul dazu, habe ich ihm vorgelesen, dabei tat er,
als wolle er in mich hineinkriechen, ganz eng lag er an mir dran.

Vielleicht sagen manche, ich sei wie eine Glucke gewesen,
denn auch wenn die Kinder gespielt haben, war ich um sie rum.
Mit meinem Bedürfnis nach Nähe habe ich wohl übertrieben.
Möglich, dass mein Verhalten die Abnabelung später erschwert
hat. Anna, unsere Große, hat jedenfalls sehr darunter gelitten,
dass ich ständig präsent war. Ich weiß nicht, wie das bei leiblichen Eltern ist, aber wenn heute eine meiner Töchter krank
ist, packe ich eine Tasche mit Sachen und fahre hin. Ich will ihnen durch solche kleinen Gesten zeigen, dass ich für sie da bin.
Raoul lehnt derartige Fürsorge ab, dabei habe ich immer noch
das Gefühl, ich müsse besonders ihm zeigen, ich bin für ihn da.
Ich denke, er ist ein bisschen zu kurz gekommen, deshalb tue
ich mich schwer damit, das zu akzeptieren. Wenn er schon mal
zu Hause ist, könnte er es doch ruhig annehmen, dass ich ihn
bemuttere! Aber er will es nicht, er wehrt sich dagegen. Ich sehe
das als Abnabelungsprozess.

Wir haben den Kindern ziemlich früh gesagt, dass wir sie
adoptiert haben. Als wir die Adoption beantragt hatten, nah-
men wir an Seminaren teil, in denen uns vermittelt wurde: Je
früher man einem Kind die Wahrheit sagt, desto besser. Einfach
ihre Fragen beantworten, wenn sie sie stellen, so die simple Regel. Ich denke, sie gingen in den Kinderladen, waren also drei
oder vier, als sie anfingen zu fragen, woher die Kinder kommen.

Einige Mütter waren schwanger, und die Kinder erzählten von den Geschwistern, die bald kämen. Also haben wir ihnen erklärt: Ich war krank und hätte deshalb keine eigenen Kinder bekommen können, wir hätten uns aber ganz doll welche gewünscht. Deshalb hätten sie nun zwei Mütter. Das haben sie als völlig normal akzeptiert. Wie wir sie gefunden und bekommen haben, konnten wir später erklären. Sie sollten jedenfalls nicht in dem Glauben aufwachsen, sie stammten von uns ab. Ein späteres Geständnis hätten sie dann als Vertrauensbruch erlebt.

Mütter, die sich dazu entschließen, ihre Kinder abzugeben, kommen aus schwierigen sozialen Verhältnissen. Deshalb denke ich, unsere drei haben es gut getroffen. Sie haben Abitur gemacht, einen guten Start bekommen. Dank erwarte ich dafür nicht, nein, das ist selbstverständlich. Das wäre wohl eher die Sicht eines Außenstehenden. Für uns ist es Normalität. Ganz besonders Raoul hat beobachtet, dass es bei uns ähnlich läuft wie in anderen Familien, da wird nichts an der Adoption festgemacht.

Die drei sind völlig normal aufgewachsen, das sehen sie auch so. Dass Raoul massive Probleme mit seiner Haut hatte, hat ja nichts mit der Adoption zu tun. Ich denke, es war Neurodermitis, er vertrug keine Milch. Er durfte zum Beispiel nicht in den Sandkasten, weil der ganze kleine Kerl total entzündet war. Diese Zeit hat ihn wohl sehr geprägt. Wenn er heute mit kleinen Kindern spielt, holt er offenbar Versäumtes nach: Er setzt seinen ganzen Körper ein, spielt mit vollem Einsatz. Obwohl ich aus einem Arzthaushalt komme, kann ich sehr schlecht mit Krankheiten umgehen – ich falle in Panik. Es war also eine ziemlich schlimme Zeit. Glücklicherweise war alles vorbei, als er ungefähr drei Jahre alt war.

Raoul hatte es schwer mit seinen zwei Schwestern, von denen die ältere sehr dominant ist. Er war ein richtiger Junge und sie ein richtiges Mädchen – mit all den dazugehörigen Problemen. Und ich habe sie das nicht unter sich austragen lassen, sondern immer versucht auszugleichen, was sicher ganz falsch ist. Von früh an habe ich sowohl von Anna als auch später von Raoul verlangt, dass sie Rücksicht nehmen auf den jüngeren Bruder bzw. auf die jüngere Schwester.

Als Anna in die Pubertät kam, hat es unendlich viel Streit und

Zoff gegeben. Anna hat ganz klar gezeigt: Jetzt bin ich dran, jetzt geht ihr in die zweite Reihe. Damals haben sich die beiden anderen stark zurückgezogen.

Unsere Kinder haben wenig Taschengeld bekommen. Das wirft uns Raoul heute noch vor. Und dass Freunde halt zum achtzehnten Geburtstag ein Auto bekommen haben und er nicht, sah er überhaupt nicht ein. Das war schon hart.

Unsere Große wollte auf ein elitäres Gymnasium – okay, ihre Freunde waren auch da. Sie ist in eine andere Stadt gezogen, hat dort ihr Abitur gemacht. Sie hat ihr Geld bekommen und nebenbei gejobbt, da war dann etwas mehr Ruhe im Haus.

Raoul ging auf eine Gesamtschule, auf der gegenseitige Hilfe, Solidarität und Respekt eine große Rolle spielten. Er hat sehr hohe Ansprüche an sich gestellt. Mit der Folge, dass er Niederlagen viel schwerer genommen hat. Erst später ist er wurstiger geworden, aber hinter dieser Wurstigkeit hat er nur seine Versagensängste versteckt.

Ob das alles mit leiblichen Kindern ebenso gewesen wäre? Hm. Natürlich spielen die Gene eine Rolle, es gibt bestimmte Veranlagungen. Aber je nachdem, wo man aufwächst, werden sie gefördert oder nicht. Ab einem bestimmten Alter prägt die Umwelt den Menschen – je nachdem, mit wem er zusammen ist. Unser Raoul ist ein Linker. Weil der Freundeskreis sehr links ist. Seine große Schwester ist eher konservativ, sie hat konservative Freunde. Natürlich legt Raoul auch Wert auf Kleidung, aber manchmal kleidet er sich wie ein Punk. Er hat keine Berührungsängste. Er wohnt in einem Sanierungsgebiet in Ost-Berlin – eine unwahrscheinlich lebendige Gegend, die mir sehr gefällt. Wir könnten uns da auch wohl fühlen.

Ich weiß nicht mehr, ob ich Leistung von ihm verlangt habe. Wie ich mich kenne, wohl nicht direkt. Möglicherweise aber war es für ihn schwieriger, meiner indirekten Erwartungshaltung zu entsprechen, als wenn ich direkt Leistung gefordert hätte. Für mich gab es zu wenig Kommunikation zwischen uns. Wir haben immer versucht, wenigstens eine Mahlzeit am Tag gemeinsam einzunehmen, obwohl das nicht immer einfach war: Manchmal ist er vormittags um zehn nach Hause gekommen, weil zwei Stunden frei waren, dann gab es nachmittags Kurse, es war halt alles sehr unregelmäßig.

Und die Feste? Weihnachten, meint Raoul, müsse man nicht begehen. Vergiss es, sagt er mit so einer wegwerfenden Handbewegung. Das tut mir richtig weh. Ich bestehe aber darauf. Ich bestehe auch auf einer Tischdecke und einem schön gedeckten Tisch. Das ist für mich einfach wichtig, ich tue das nämlich auch für mich. Ich hoffe, dass am ersten Weihnachtsfeiertag alle drei Geschwister zu uns kommen – sie sollen sich nicht aus den Augen verlieren. Ich denke, sie wehren sich erst mal, weil sie es als Zwang empfinden, aber diese Kindheitsrituale sind ja in ihren Köpfen, sie werden sich daran erinnern. Jetzt müssen sie sich wohl krass abgrenzen, um zu zeigen: Ich bin erwachsen – begreif es endlich! Aber das sage ich mir immer erst im Nachhinein. Und da gibt es keinen Unterschied zwischen adoptierten und leiblichen Kindern. Geburtstage zum Beispiel: Als Raoul einen Fremdsprachenkurs in Cornwall gemacht hat und Geburtstag hatte, haben wir einen kleinen Kuchen gebacken, eine Kerze samt Kerzenhalter dazugelegt und ihm geschickt. Er hat zwar Ärger gekriegt, weil Feuer im Zimmer verboten war – aber uns hat es gezeigt, dass er sie angezündet hat. Und wenn Freunde Geburtstag haben, bäckt Raoul sogar für sie Kuchen.

Eigentlich ist Raoul ein richtig Gemütlicher, einer, der sorgt. Er lädt gern viele Freunde ein, für die er kocht. Wenn sie bei ihm schlafen, macht er Frühstück. Und die Mütter seiner Freundinnen mögen ihn sehr, denn Raoul hat die Mädchen, egal, wie spät es war und wie weit weg sie wohnten, nach Hause gebracht, damit sie nicht allein im Dunkeln heimgehen mussten. Also er ist ein ganz Lieber, Rühriger. Einer, der behütet und bewahrt. Früher hat er sich sogar um Mäuse gesorgt, hat Fallen gekauft, in die Mäuse zwar reinlaufen, aber in denen sie nicht sterben. Einmal musste eine Maus sogar mit uns umziehen. Das verlor sich dann, später hat er auch Käfer getötet, wie alle Jungen.

Es ist wichtig, dass sich Raoul von mir löst. Jetzt hat er wohl zu meinem Mann die engere Beziehung. Ja, ich finde das richtig gut. Sie verstehen sich auf der intellektuellen Ebene: Beide haben sprachlichen Witz. Mein Mann ist vorzeitig pensioniert worden, er studiert jetzt Geschichte, Philosophie und Kunstpädagogik. Dass er sich im Alter noch mal hinsetzt, finden die Kinder auch Spitze. Dass er sieht, wie schwer es ist, in einer vorgegebenen Zeit das Pensum zu schaffen. Dass das nur geht, wenn die Studenten voll finanziert, unterstützt werden.

Ach ja, mein Raoul. Ich wünsche mir, dass ihn die Auseinandersetzungen, die er zwischen mir und Anna erlebt hat, nicht zu sehr belastet haben. Ich wollte lange nicht wahrhaben, dass ich zurücktreten musste. Aber nur dadurch kann ich die Kinder entlasten.

»Sie hat Muttertierängste, aber das ist okay«
Raoul, 24, Berlin

Ich bin mit zwei Schwestern aufgewachsen, wir alle sind Adoptivkinder von verschiedenen leiblichen Eltern. Ich habe in meinem Freundeskreis selten so eine ausgeglichene Beziehung zwischen Eltern und Kindern erlebt, wie es bei uns der Fall war. Nicht alle haben so viel Glück. Ich habe Seminare mit adoptierten Kindern geleitet, da haben viele auch andere Erfahrungen gemacht. Bei uns war es wie in einer normalen Familie. Uns wurde früh erzählt, dass wir Adoptivkinder sind, so früh, dass ich mich gar nicht an das erste Mal erinnere. Es war daher auch ganz normal. Ich fand es sogar nett, adoptiert zu sein, das war etwas Besonderes. Ich kann nicht für meine Schwestern sprechen, aber mir hat es nie Probleme bereitet. Thematisiert habe ich das, glaube ich, auch nicht, das ist nicht meine Art. Meine jüngere Schwester ist da sehr hinterher, sie stellt viele Fragen.

Und natürlich bin ich auch ein Wunschkind, mehr Wunschkind kann man doch gar nicht sein. Meine Eltern haben viel Stress auf sich genommen, um mich zu bekommen. Ich war ja auch schon das zweite Kind, das sie adoptiert haben. Sie wussten also, was sie tun. Ich glaube, dass Eltern, die Kinder adoptieren, sich mehr Mühe geben. Ich weiß von meinen Eltern, dass sie sich vorher viel bewusster mit der Idee, Kinder zu haben, auseinander gesetzt haben. Ich finde Adoption eigentlich besser: Man muss vorher nachdenken, um auf diese Art ein Kind zu kriegen, und fällt später nicht aus allen Wolken. Viele Eltern haben sich doch nie mit dem Gedanken beschäftigt, bis die Frau plötzlich schwanger ist.

Meine leibliche Mutter war zum Beispiel sechzehn, als sie

mich bekam. Ich war schon ihr zweites Kind, das erste war bereits bei der Oma. Wenn ich daran denke, dass ich bei ihr geblieben wäre, wo wäre ich heute? Ich glaube, ich habe ein gutes Los gezogen mit meinen Eltern. Ich habe auch die Daten meiner leiblichen Mutter, und bis ich achtundzwanzig bin, kann ich die Akte einsehen. Da steht auch ihre aktuelle Adresse drin. Aber bisher hat noch keiner von uns dreien nachgeschaut. Meine Eltern haben mir ihre Adoptionsunterlagen gegeben, aus denen konnte ich ein bisschen was erfahren, aber ich fand es nicht so spannend. Anschließend war mir aber zumindest klar, dass meine Mutter keine Prinzessin ist – dieser stereotypische Traum hatte sich dann erledigt. Ich selbst hatte den aber eigentlich nie. Ich weiß nicht, was ich als Kind über meine leibliche Mutter gedacht habe. Dass ich in einem stillen Eckchen sauer auf sie war, das wird nicht ausgeblieben sein, aber ich kann mich nicht daran erinnern. Also kann es nicht so schlimm gewesen sein. Es interessiert mich einfach nicht, sonst hätte ich längst meinen Arsch hochbekommen und wäre auf die Ämter gerannt, hätte einen Termin mit ihr gemacht und wäre hingefahren. Vielleicht denke ich auch, dass es für sie viel belastender sein muss als für mich, sie hat ja ihr Kind weggeben. Warum soll ich sie damit aufregen?

Für mich sind meine Adoptiveltern, also meine richtigen Eltern, ein Glücksfall. Es ist super, dass ich bei ihnen gelandet bin. Die meisten Dinge sind doch sowieso erlernt. Man lebt so viele Jahre mit seinen Eltern, wird von ihnen erzogen, da wird man einfach wie sie. Letztlich sind es nur ein paar Gene, die uns unterscheiden. Klar, die spielen eine Rolle – bei uns kann man das gut beobachten: Wir sind drei Kinder von drei verschiedenen Eltern und haben alle die gleiche Erziehung bekommen. Wir ähneln uns in vielem, aber haben uns doch in verschiedene Richtungen entwickelt. Wir bekamen alle den gleichen Grundstock mit, aber was jeder daraus macht, ist ihm selbst überlassen. Und natürlich gibt es ab und zu Momente, in denen ich es nett fände, wenn ich zwischen uns so etwas wie eine Familienähnlichkeit erkennen könnte. Trotzdem würde ich auch Kinder adoptieren. Ich finde es gut, dass meine Eltern mir diesen Grundstock mitgaben, sie haben mir viele Werte vermittelt. Ich würde sagen, dass sie sehr harmonisch sind, immer erst eine

Seite betrachten, dann die andere und dann nach einer Lösung suchen. Davon habe ich zum Glück etwas mitbekommen. Ich kann von mir sagen, dass ich nichts vermisse. Wenn diese Eltern, die ich jetzt habe, meine leiblichen wären, dann wüsste ich nicht, was hätte besser sein sollen. Und dass wir nicht ihre biologischen Kinder sind, hat, glaube ich, in ihrer Beziehung zu uns keinen Unterschied gemacht. Sie bekamen uns als Babys, hielten diese kleinen Wesen im Arm.

Meine Eltern sind mir bis heute sehr wichtig, nur gibt es im Moment nicht viele Situationen, in denen ich sie unbedingt brauche. Ich hole mir das, was ich emotional brauche, eher aus dem Freundeskreis und von meiner Freundin. Aber Eltern sind ja meistens auf Abruf da. Ich denke, das ist gerade eine Phase. Früher war es emotional dichter, aber das wird sich wieder festigen. Auch meine Mutter hat eine schwierige Phase, denke ich. Alle Kinder sind aus dem Haus. Das ist für die Mütter immer schwieriger als für die Kinder. Unser Verhältnis ist gut, nicht sehr eng, aber mir reicht das. Ich hing nie so sehr an ihrem Rockzipfel, war immer gerne selbständig. Sie hätte sich wahrscheinlich mehr Nähe gewünscht, aber das stand nicht zur Debatte. Wir telefonieren auch nicht so oft. Meine jüngere Schwester telefoniert wöchentlich mit ihr oder mehr. Ich nicht. Wenn es keine Geburtstage gibt oder irgendwas zu klären ist, dann rufe ich auch nicht an. Ich versuche, so viel wie möglich alleine zu regeln. Natürlich muss ich manchmal trotzdem zu den Eltern gehen und mir von ihnen helfen lassen. Das ist auch immer noch so. Aber dafür sind Eltern ja auch da. Und sie helfen mir gerne. Sie sagen auch, melde dich doch mal wieder, wenn du was brauchst, du kannst dich ruhig öfter melden. Meine beiden Schwestern machen das, aber mein Ding ist es nicht. Ich möchte nicht abhängig sein. Geborgen habe ich mich trotzdem immer gefühlt.

Wir waren drei Kinder, und jedes von uns hatte eine gewisse Rolle. Die eine Schwester hat sich immer sehr abgekapselt – in der Pubertät war es noch viel schlimmer. Die andere suchte eher die Nähe der Eltern. Und ich, der Mittlere, das Männchen, habe mich lieber rausgehalten, so neutral wie möglich. Das war mein Part. Man gibt nicht so viel, emotional. Man kriegt aber natürlich trotzdem was, weil Eltern eben liebender sind als Kinder. Meistens zumindest. Daher konnte ich mich einfach rausziehen. Jetzt bin ich vierundzwanzig und seit drei Jahren aus dem Haus, aber ich hatte auch früher nie das Bedürfnis, die ganze Zeit bei meinen Eltern rumzuglucken. Ich könnte nicht dauernd zu ihnen nach Osnabrück runterfahren. Ein- bis zweimal im Jahr reicht. Dann ist es auch gut. Nicht, dass ich Familie ablehne. Aber die eigene Familie, die Eltern, das ist doch wie eine Ehe. Die läuft eben achtzehn Jahre, und dann ist irgendwann auch mal Schluss. Einen Abnabelungsprozess gab es bei mir eigentlich nicht, da ich nie mit einer Nabelschnur verbunden war, biologisch. Ich habe bei meiner Mutter nie geklammert. Meine Beziehungen zum Beispiel, die habe ich auch früher immer außen vor gelassen, ich hatte nie das Bedürfnis, mit meiner Mutter darüber zu reden. Heute reden wir über die Dinge, die sie auch etwas angehen, über Zukunft, Beruf, Studium. Eher über praktische Fragen, bei denen ich denke, dass sie das Recht dazu hat, darüber Bescheid zu wissen. Da konsultiere ich sie schon. Mutter hat auch nie darauf gedrängt, sie hat nie geklammert, das war sehr angenehm. Trotzdem war es eine sehr liebevolle und herzliche Kindheit, mit vielen Zärtlichkeiten. Das fand ich immer schön, wenn meine Mutter abends was vorgelesen hat. Sie haben sich mit uns beschäftigt, haben sich hingesetzt, gelesen, gemalt, gespielt und all diese Sachen. Wir haben viele Ausflüge gemacht, sind mit dem Fahrrad rumgefahren. Und sie haben uns immer machen lassen, haben uns zugetraut, dass wir es schon schaffen, das war das Beste. Das war in meiner Kindheit so und auch in der Pubertät. Es ist gut, was ich mitbekommen habe: Zärtlichkeit, Aufmerksamkeit, moralische Richtlinien, Regeln. Und es war alles kunstvoll verpackt, so dass wir Kinder es nicht so merkten. Die lange Leine eben. Meine Eltern haben nie viel Stress gemacht, und ich habe nicht viel Anlass zur Sorge gegeben. Sie hätten sich sicher kritischer mit mir auseinander gesetzt, wenn mehr Anlass zur Sorge da gewesen wäre. Mit meiner großen Schwester war es schwieriger, gerade als sie in der Pubertät war. Aber die finden sie heute genauso Klasse wie vorher. Meine Eltern sind da nicht nachtragend. Auch mit meiner Pubertät kamen sie eigentlich ganz gut klar. Die war auch nicht so schlimm. Ein bisschen trinken und kiffen, und dann war es auch gut. Natürlich fanden sie es nicht super. Meine Mutter kam manchmal nach Hause und sagte, oh Raoul, du hast gekifft. Das fand ich eher lustig und habe es nicht so ernst genommen. Ich wusste ja, dass ich damit nicht übertreibe und dass ich auch nicht meine Mutter brauche, die auf mich aufpasst. Sicher war ich rebellisch, wusste sowieso alles besser, das ist so. Und natürlich haben Eltern letztendlich doch Recht. Das sehe ich inzwischen auch so. Sie haben viel mehr Lebenserfahrung als ich. Im Großen und Ganzen war alles sehr undramatisch. Ich bin sehr aufgeschlossen erzogen worden. Gegenüber allem. Bestimmte ethische Normen gehörten dazu, keine Dogmen. Wie sagt man? Aufgeklärtes Bildungsbürgertum. Ohne Vorurteile, immer auf der Suche nach dem Mittelweg. Wenn ich zum Beispiel sagte, alle Lehrer sind Arschlöcher, hieß es, das kannst du doch nicht so sagen. Es gab aber nie Riesenzoff, den hatte eher meine große Schwester. Ich fand das sehr befremdlich und habe es deshalb vermieden. Bei Auseinandersetzungen hielt ich mich eher bedeckt und reagierte nicht so emotional, wenn mir was gegen den Strich ging. Wahrscheinlich würde meine Mutter dazu sagen, Raoul, du sitzt Probleme lieber aus, als dass du sie angehst. Vielleicht hat sie Recht, Streit mit ihr habe ich meist abgeblockt, weil es mir zu stressig war. Meine Eltern fanden auch meinen Freundeskreis immer toll. Sie sind schon sorgende Eltern. Natürlich weiß ich nicht, wie sie darüber denken, aber Mutter hat mir immer vertraut, dass ich schon alles auf die Reihe kriege und dass was aus mir wird. Wahrscheinlich wäre ihr lieber, wenn ich etwas eifriger wäre, aber ich denke, sie respektiert, wie ich lebe. Früher gab es Diskussionen, weil ich die Schule zu lax genommen habe. Das hat sich aber auch gegeben. Die Schule ist vorbei. Jetzt jobbe ich beim Film, mache Praktika im Technikbereich. Film ist mein Ding. Ich will Regie studieren. Erst mal werde ich aber eine Ausbildung als Mediengestalter Bild und Ton machen, da lernt man das Handwerk, und danach studieren. Das finden meine Eltern gut. Ich glaube, sie sind froh, dass ich weiß, wo ich hin will.

Viele Leute, die ich kenne, sind nach der Schule im gleichen Ort geblieben wie ihre Eltern, nur tausend Meter weitergezogen. Das wollte ich nicht. Mich hielt nichts mehr in Osnabrück, da bin ich nach Berlin gegangen. Mutter hatte deswegen schon ein wenig Angst, aber ich war ja nicht mehr in einem gefährlichen Alter, als ich herkam. Natürlich war es eine Frage, warum gehst du denn ausgerechnet nach Berlin? Du kannst doch auch in Mainz, Köln oder München studieren. Da habe ich gesagt, ich suche mir die Stadt aus, die ich mag und in der meine Freunde leben und ich die Chance hab, einen Job zu bekommen. Und dann war das auch in Ordnung. Es sind einfach Muttertierängste, aber das ist okay. Sie haben mich nach dem Abitur trotzdem gehen lassen. Na gut, sie hatten keine andere Wahl, aber ich habe großen Respekt vor ihnen. Dafür, dass sie uns adoptiert haben und auch dafür, was sie uns alles ermöglichten. Sich drei Kinder ins Haus zu holen, das finde ich ganz großartig. Ich weiß gar nicht, wer von beiden keine Kinder bekommen konnte, das ist mir auch egal.

»Heute denke ich viel an meine Mutter«
Viktor, 33, Dresden

Mein Vater ist 1984 an einem Herzinfarkt gestorben, mit einundsiebzig Jahren. Ich war gerade fünfzehn geworden. Vater war vorher schon mal verheiratet und hatte drei Kinder aus dieser Ehe. Meine Mutter hat er über die Kirche kennen gelernt. Als sie von Dresden nach Berlin gekommen ist, wohnte sie als Studentin in einer Dachkammer der Bartholomäus-Gemeinde, und er war dort im Gemeindekirchenrat. Nachdem seine erste Frau gestorben war, haben er und meine Mutter sich lieben gelernt und dann auch geheiratet. Da war er dreiundfünfzig und meine Mutter achtundzwanzig. Sein Tod war für mich ein so krasses Erlebnis, dass ich das erst mal vollkommen verdrängt habe. Trotzdem hat es mich stark verändert, denn plötzlich war ich erwachsen.

Vorher habe ich ein ziemlich wildes Leben geführt, hab mit anderen auf einem Sportplatz rumgehangen, Musik gehört, geraucht und Bier getrunken und mich um nichts gekümmert. Für meine Eltern war ich wohl lange Zeit das Sorgenkind. Einmal waren sie ein Wochenende lang verreist. Ich zog mit den übelsten Typen rum, Punks und so, und wir beschlossen, jetzt machen wir uns die Haare hoch und stylen uns einen Irokesen. Meine Eltern haben fast einen Anfall gekriegt. Bei ihnen mussten die Haare eine bestimmte Länge haben und ordentlich aussehen. Das Schlimme war, ich kriegte hinterher keine ordentliche Frisur mehr hin. Meine Eltern sagten: Mach bitte irgendwas! Ging aber nicht. Ständig mussten sie in die Schule, laufend hat sich jemand über mich beschwert.

Mit dem Tod meines Vaters hatte sich das erledigt. Ich fühlte mich auf einmal wie achtzehn oder noch älter. Wahrscheinlich war es meine Art, mich zu schützen: Ich bin jetzt groß, ich kümmere mich um alles, bin optimistisch, das kann mir nichts anhaben. Ich habe auch meine Mutter getröstet. Nicht, dass sie es gebraucht hätte, aber ich wollte nicht derjenige sein, der getröstet werden muss. Allerdings ist mir das erst viel später klar geworden. Damals fühlten wir uns jedenfalls wie ein total gutes Gespann, meine Mutter, meine Schwester Sarah und ich. Das lief fast wie in einer WG. Ich fühlte mich plötzlich ganz wichtig, viel stärker als jetzt – so stark hab ich mich wohl nie wieder gefühlt. Uns kann nichts kleinkriegen, dachte ich. Und auch meine Mutter ist dadurch ein wenig aufgeblüht. Ich hab sie mal mit einem geborgten Moped abgeholt. Ich selbst durfte keins haben, weil sie dachte, ich würde mich damit umbringen. Aber Frau Doktor ist tatsächlich hinten aufgestiegen mit ihrem Rock und ließ sich von ihrem Sohn chauffieren, obwohl sie Angst hatte. Das fanden wir irre. Gestört hat mich, dass sie sich so zurückgehalten hat, nachdem mein Vater tot war. Ich hätte mir gewünscht, dass sie mal klarer gesagt hätte: Ich wünsche mir das so, und das machen wir jetzt so. Oder dass sie mal gesagt hätte, jetzt habe ich ein Wochenende nur für mich und ihr könnt mich alle mal – das hätte sie nie gemacht. Sie war immer auf die Familie fixiert. Ich hab oft gesagt, denk doch mal an dich, aber sie konnte es wohl nicht.

Und als alles gut schien, ist Mutter krank geworden, da war ich siebzehn. Sie bekam Krebs, und für uns alle war es richtig schlimm, weil es sich ein Jahr lang hinzog und Sarah und ich gerade Abitur machten. Mutter musste dauernd ins Krankenhaus zu Bestrahlungen, Chemotherapie und Operationen. Dadurch hat sich unser Verhältnis verändert, es wurde viel enger, und ich war nicht mehr der Partner oder der große Sohn, der dabei hilft, ein Auto zu kaufen, sondern auf einmal wieder ein kleiner Junge. Im Krankenhaus und an ihrem Bett haben wir über Sachen geredet, die vorher nie eine Rolle spielten, über den Sinn des Lebens zum Beispiel. Und wir haben auch über Hoffnung gesprochen, was erstaunlich war, denn die Lage war nicht sehr hoffnungsvoll. Sie hat immer Optimismus ausgestrahlt, vielleicht auch, weil sie uns trösten wollte und schon an den Tod gedacht hat, bevor ich mir den Gedanken daran überhaupt erlaubt habe. Die Energie und die Kraft, die sie hatte, das war unglaublich. Sie hat nie die Schultern hängen lassen. Das bewundere ich noch heute. Ihr Durchhaltevermögen war mir lange schleierhaft, erst später ist es mir klar geworden: Sie ist in der Nacht gestorben, nachdem Sarah und ich unsere letzte schriftliche Abi-Prüfung hatten. Sarah ist ein Jahr älter als ich und machte eine dreijährige Berufsausbildung mit Abitur. Mein Abitur hat nur zwei Jahre gedauert, und ich hatte sie eingeholt. Wir hatten am gleichen Tag unsere letzte Prüfung, und danach konnte bei uns beiden nichts mehr schief gehen. Selbst wenn wir die mündlichen Prüfungen versaut hätten, wir hatten das Abitur in der Tasche. Da hat Mutter losgelassen.

Als sie dann starb, war ich fast schon geübt darin, einfach weiterzumachen wie bisher. Allerdings hat es mich doch härter getroffen, als ich zuerst dachte. Zwar versuchte ich immer noch, stark zu sein, doch gleichzeitig habe ich mich richtig hängen lassen, bin kaum noch zur Schule gegangen, hab viel Alkohol getrunken. Es hat mich alles nicht mehr interessiert. Sarah und ich haben ganz schön gehaust zu dieser Zeit. Ich fand es so unfair vom Schicksal, dass meine Mutter starb, wo wir uns gerade zu dritt so schön eingerichtet hatten. Ich empfand es als Scheißschicksal, und die Religion hat mir dabei auch nicht geholfen. Wir hatten ja einen christlichen Hintergrund, aber diese kirchlichen Sprüche konnte ich nicht mehr hören, der Herrgott weiß schon warum und solche Sachen. Ich hab mich von allem, was mit Kirche zu tun hat, abgewendet, wurde der schärfste Atheist. Erst als meine eigenen Kinder in den Gemeindekindergarten kamen, wurde auch ich wieder in die Gemeinde integriert. Aber damals war mir das alles nur zuwider.

Und dann musste ich noch zur Armee, das hat das Fass fast zum Überlaufen gebracht. Ich hatte den Dienst mit der Waffe verweigert, und da es keinen Zivildienst oder so etwas gab, wurde man dann Bausoldat, mit Spaten statt Waffe, eineinhalb Jahre lang. Die Leute dort waren nicht so stumpfsinnig wie in der normalen Armee, da gab es untereinander keine Schikanen und keine Spielchen, aber für mich war es nach Mutters Tod trotzdem sehr belastend.

Außerdem kam noch dazu, dass die Wohnungsverwaltung uns aus der Wohnung schmeißen wollte. Das täte ihnen ja Leid mit den Eltern, aber wir hätten nun zu viele Zimmer für zwei Personen. Da bekam ich meinen ersten und einzigen cholerischen Schreianfall. Ich hab in dem Wohnungsamt so laut gebrüllt, dass die richtig Angst kriegten. Vor versammelter Mannschaft hab ich damit gedroht, dass ich einen Ausreiseantrag stellen werde, bis die total blass wurden und nur noch wollten, dass ich mich beruhige und verschwinde. Das hatte mich trotzdem sehr verunsichert, ich hatte Angst, dass sie Sarah und mich raussetzen. Das hätte ich nicht mehr ausgehalten. Über die Kirche wurde mir ein Anwalt empfohlen, Lothar de Maizière. Der hörte sich meine Geschichte an und sagte: Wissen Sie was – melden Sie sich doch einfach nicht mehr, vielleicht vergessen die das! Ich dachte, der ist irre. Das kann der doch nicht ernst meinen. Aber er hat mir erklärt, das wäre das Beste, und er hatte Recht. Wahrscheinlich hat mir auch geholfen, dass ich gerade bei der Armee war. Auch wenn ich Bausoldat war, die hätten mich nicht einfach rausschmeißen können. Und außerdem hatten die Anfang 1989 bereits andere Sorgen und wollten die Leute eher im Land halten.

Wir wohnen heute noch in der Wohnung, meine Frau, die Kinder und ich. Ich hab immer wieder darüber nachgedacht, ob ich so früh eine Familie gegründet hätte, wenn meine Eltern nicht gestorben wären. Ich weiß es nicht, wahrscheinlich nicht. Sicher, Ute hätte ich trotzdem kennen gelernt, und sie wäre wohl auch schwanger geworden. Aber ich hätte womöglich ein riesiges Problem mit der Schwangerschaft gehabt und wäre vielleicht sogar weggerannt. Drei Monate vor Ute ist Sarah schwanger geworden, und ich habe ihr damals abgeraten. Ich wollte ihr das am liebsten ausreden, weil es doch viel zu früh sei. Unsere Verhältnisse damals waren total chaotisch, und obwohl Sarah zu ihrem Mann zog, war es dort auch nicht besser. Sie hat sich irgendwann wieder scheiden lassen, und der Mann ist dann später auch noch gestorben.

Sarah hatte sowieso die traurige Rolle bei uns. Ich habe immer gedacht, bei mir läuft es total super, und ihr kann es gar nicht gut gehen, weil sie das schwere Schicksal auf sich genommen hat. Ich hatte oft ein schlechtes Gewissen, wenn es ihr nicht gut ging. Für mich war der Tod meiner Eltern damals kein Thema, ich habe mir jahrelang eingebildet, dass ich das bewältigt habe und Sarah nicht. Ich war ja immer lustig, und sie war die Traurige. Das blieb so, bis ich dreißig wurde. Wenn mich jemand fragte, hatte ich immer meine Sätze parat, ich war schon richtig geübt. Aber das war wohl nur ein Schutz.

Beim Medizinstudium habe ich mich mit Psychotherapie beschäftigt, da ging es oft um Selbsterfahrung. Und dabei tauchte einmal das Thema auf, warum ich so ein Machertyp bin. Wenn nichts passiert, muss ich was machen, nichts tun geht nicht. Wie damals, als ich fünfzehn war. Dabei kam dann der Tod meines

Vaters wieder hoch und hat mir fast die Beine weggehauen. Plötzlich war ich wieder fünfzehn und habe alles noch einmal erlebt. Ich merkte, dass ich zu meinem Vater eine andere, viel engere Beziehung gehabt haben muss, als ich immer dachte. Er war ja ein alter Mann, aber ich hatte ihn offenbar immer als Kerl empfunden, nie als alt oder schwach. Trotzdem hatte ich zu meiner Mutter ein viel besseres Verhältnis, vielleicht weil er strenger war. Vater musste immer arbeiten, durfte nicht gestört werden und brauchte seine Ruhe.

Wenn mich irgendetwas beschäftigt hat, habe ich mit ihr gesprochen. Als es mit Mädchen losging, hat sie mir mal gesagt: Egal, was du machst, aber wenn eine Freundin mal ein Kind von dir bekommt, musst du dich selbst drum kümmern – Kondome und so, das war alles in meiner Verantwortung. Ich war total geschockt und fühlte mich ertappt. Trotzdem hatte ich das Gefühl, dass sie ganz dicht bei mir ist, dass sie mitdenkt, obwohl wir darüber nie viel geredet haben. Mein Vater hat leider nicht mehr erlebt, wie ich die Kurve gekriegt habe, meine Mutter schon. Doch hatte ich bei ihr immer das Gefühl, dass sie hinter mir steht, egal, was passiert. Bei der Selbsterfahrung ging es dann gleich weiter mit meiner Mutter. Ich hatte mir ein Bild von meinen Eltern konstruiert. Meine Schwester sieht und interpretiert manche Sachen ganz anders. Ich habe wohl mehr idealisiert. Nach der Selbsterfahrung habe ich vieles kritischer beurteilt. Früher empfand ich meine Mutter immer als total selbstsicher, sie war eine taffe Frau, war Ärztin und erfolgreich. Doch inzwischen glaube ich, dass sie ziemlich unsicher war und vielleicht auch Angst hatte vor der ständigen Verantwortung in ihrem Beruf. Mein Vater war wohl die Autorität, möglicherweise hat sie ihn immer noch mal gefragt, und er hat die letzte Entscheidung getroffen. Er hat sie wohl auch ziemlich ausgenutzt, Mutter ackerte und er ließ machen und richtete sich häuslich ein. Ich glaube, die Rollen waren ungleich verteilt. Das ist nicht ungewöhnlich, aber ich habe es früher nie so betrachtet.

Als ich diese Schublade aufgezogen hatte, konnte ich zu meinen Eltern endlich wieder eine Beziehung aufnehmen, sie bekamen wieder eine Gestalt. Bis dahin hatte ich sie ganz weit weggeschoben und dem Ganzen das Etikett »erledigt« gegeben.

Inzwischen habe ich meine Eltern wieder in die Familie geholt. Ich hab eine Ecke mit ihren Bildern eingerichtet, ihre Geburtstage feiern wir mit Kerzen und Sekt, das ist für uns alle total schön. Die Kinder bekamen plötzlich neue Großeltern. Bis dahin hatte ich das Thema immer ganz vernünftig und sachlich behandelt, auf den Friedhof gehen war eine Formalität.

Heute denke ich viel an meine Eltern, vor allem an meine Mutter. Inzwischen vermisse ich sie auch total. Der Gedanke, ich könnte jetzt mit meinen Kindern zu ihr gehen – das ist ein Hammer. Ich weiß, dass sie die Kinder mögen würde und dass sie eine total fetzige Oma wäre. Und sie wäre auch saustolz auf mich. Dieses tolle Elternhaus habe ich erst spät als Geschenk erlebt, früher war es für mich selbstverständlich. Heute denke ich, was hab ich für ein Schwein, solche Eltern gehabt zu haben. Was ist das für eine Kraft, für eine Energie! Davon bekomme ich immer noch so viel mit, dass ich gar nicht weiß, wo ich damit hin soll. Das finde ich schön.

Loslassen und dabei glücklich sein ist eine Lüge

Dipl.-Psych. Wolfgang Bergmann,
Kinder- und Familientherapeut, Hannover

Mütter und Töchter können ein Leben lang Freunde bleiben, Mütter und Söhne können das nicht. Während der Pubertät müssen sie ihre bis dahin symbiotische Beziehung lösen, damit der Junge zum Mann und zu einem eigenständigen Menschen werden kann. Diese Trennung ist wie das Ende einer Liebesgeschichte, doch sie ist notwendig.

Trennung ist notwendig

Menschliche Beziehungen sind voller Tragödien. Sigmund Freud, der Begründer der Psychoanalyse, hat einmal gesagt: Glück ist im Schicksalsplan des Menschen nicht vorgesehen. Das ist sehr pessimistisch formuliert, aber wenn man diese Aussage um einen Schuss Optimismus ergänzt, kommt man zu einer brauchbaren These: Das Leben des Menschen ist tragisch, doch es besteht aus vielen glücklichen Momenten.

Das stimmt auch für die Verbindung von Müttern und Söhnen. Es ist eine große Liebesgeschichte voller Verletzungen, und wenn sie glücklich sein soll, müssen beide Schmerz und Unglück in Kauf nehmen und sich irgendwann voneinander lösen. Das Verlassen dieser frühen symbiotischen Zustände zwischen Mutter und Sohn ist offenbar notwendig, damit aus dem Jungen ein seelisch gesunder Mann werden kann.

Unvollständige Trennung

Der Prozess der Abnabelung passiert einfach dadurch, dass der Sohn seinen eigenen Zielen folgt. Jede Eltern-Kind-Beziehung entwickelt sich gesetzmäßig in diese Richtung, solange sie nicht gestört wird. Störungen können dazu führen, dass die Abnabelung missglückt. Möglicherweise streiten sich Mutter und Sohn dabei dermaßen, dass sie nie wieder miteinander sprechen. Doch sind sie damit nicht getrennt, im Gegenteil. Dadurch, dass sie sich immer weiter mit dem Problem beschäftigen, ohne es aber lösen zu können, weil sie sich ja aus dem Weg gehen, kommen sie nicht voneinander los. Oder sie hocken jahrelang aufeinander und schaffen es dann natürlich auch nicht.

Die Tatsache, dass der ewig bei Mama wohnende Sohn in unserer Kultur ein Stereotyp ist, zeigt, dass diese missglückte Trennung gar nicht so selten vorkommt. Der Wunsch des Sohnes nach Individualität kann aber auch anders verarbeitet werden, durch permanente Krankheit zum Beispiel.

Dass Trennung missglücken kann, ist jedoch nur ein Zeichen dafür, dass sie notwendig ist. Wäre die Abnabelung nicht nötig, würde nichts schief gehen, die Beziehung von Mutter und Sohn ginge ewig weiter und alles wäre gut. Das geht aber offensichtlich nicht. Die Unfähigkeit, sich zu trennen, endet immer in Konflikten. Wird die Verbindung über eine gewisse Zeit hinaus fortgesetzt, erzeugt sie höchst anfällige und schwierige Seelenzustände. Im Wesentlichen führt es zu der Unfähigkeit, sich im Leben auf die eigenen Beine zu stellen. Ein erster und sehr wichtiger Schritt zur Selbstständigkeit ist es nun mal, sich von der Mutter zu lösen. Denn nur so kann ein Mensch das werden, was unsere Kultur von ihm fordert: ein Individuum, das für sein Handeln selbst verantwortlich ist.

Bleibt dies aus, können Kinder eine ganze Fülle von vor allem für sie selbst sehr unglücklichen Eigenschaften entwickeln, sie können aggressiv werden oder Schwierigkeiten haben, mit anderen Menschen Beziehungen einzugehen. Aber sie entwickeln unter Umständen auch bestimmte positive Charakterzüge, zum Beispiel einen sehr selbstverständlichen Charme, der sich bis zur Distanzlosigkeit auswachsen kann. Diese Kinder wirken sehr offen, verschmitzt und freundlich, bis man auf ihre Schwäche stößt.

Trennung tut weh

Ich glaube nicht, dass es ohne Schmerz möglich ist, eine so intensive Beziehung wie die zwischen Müttern und Söhnen zu lösen, und seien beide Beteiligten noch so cool. Es gibt keine Trennung ohne Schmerz. Mütter wissen intuitiv, sobald sie ein Kind auf die Welt gebracht haben, dass sie es irgendwann wieder hergeben müssen. Aber die Trauer und die Tragik kann der Mutter niemand ersparen. Jede Liebesgeschichte, die mit einer Trennung endet, ist traurig. Die Liebesgeschichten zwischen Eltern und Kindern enden immer mit einer Trennung und sind deswegen traurig. Das Eingeständnis dieser Trauer gehört eben-

190

falls dazu, will man sich voneinander lösen. Loslassen lernen und dabei glücklich sein ist eine Lüge.

Natürlich führt dieser Schmerz auch bei dem jugendlichen Sohn zu einem katastrophalen Seelenzustand. Er ist vielleicht gerade fünfzehn und hat dank seiner pubertierenden Gefühle schon genug Schwierigkeiten, seinen Platz in der Welt zu finden. Gleichzeitig muss er aber noch den Menschen verlassen, der in seinem bisherigen Leben am wichtigsten war. Er weiß es vielleicht nicht, aber intuitiv erfassen auch Söhne, dass sie gehen müssen und wehren jede Annäherung ab.

Offensichtlich ist dies für viele Mütter aber eine tiefe narzisstische Kränkung, von dem Menschen abgelehnt zu werden, den sie jeden Tag an ihrer Seite hatten und den sie als etwas ganz Besonderes erleben. Doch dadurch können sie ihre Söhne auch mit dem Glauben infizieren, dass sie etwas Besonderes sind. Jede Anforderung, die das Leben an ihn stellt, wird er dann als Unrecht erleben, als etwas, das ihm nicht hätte passieren dürfen. Damit wird Trennung für Söhne auch noch der Schritt in die Uniformität: Wenn ihnen die Mutter nicht mehr ihre Einzigartigkeit versichert, müssen sie akzeptieren, dass sie nur einer unter vielen sind.

Zu einer vollständigen Trennung gehört das Gefühl der Wehmut. In jeder tiefen Liebe ist die Wehmut mit enthalten, ohne sie gäbe es die Liebe nicht. Die Abwesenheit solcher Wehmut sollte skeptisch machen, es ist schließlich etwas Tragisches, was dort passiert.

Ein Zeichen für eine geglückte Abnabelung ist es, wenn Mutter und Sohn danach die Fähigkeit besitzen zu lieben. Ein guter Vater oder ein guter Partner zu sein zeigt, dass man sich trennen konnte, ohne den andern vollständig zu verstoßen.

Das Paradox der Untrennbarkeit

Die Eltern-Kind-Beziehung ist eigentlich unauflöslich, sie hält sogar über den Tod hinaus. Dafür sorgen schon die Gene, dagegen kann man gar nichts machen: Noch im hohen Alter stellen Kinder fest, dass sie sich bewegen wie der längst verstorbene Vater oder reden wie die Mutter. Es ist für viele unangenehm, aber nicht zu ändern.

Das Loslassen an sich zu fordern ist daher ein Irrweg, die

Unauflöslichkeit der Beziehung muss berücksichtigt werden. Es reicht also nicht, sich emotional abzunabeln, beide müssen gleichzeitig akzeptieren, dass der andere immer zu einem gehören wird und Teil des eigenen Selbst ist. Donald Winnicott, der Urvater der analytischen Entwicklungspsychologie, hat vor vierzig Jahren geschrieben, jeder Schritt weg von der Mutter ist gleichzeitig die Rückkehr zu ihr. Diese Integration ist ein ganz wichtiger Punkt, der oft vernachlässigt wird. Loslassen heißt immer auch zueinander zurückzufinden.

Und die Väter?

Mama will nicht loslassen und meckert den ganzen Tag, und Söhnchen ist tief gekränkt über das Meckern und gleichzeitig wütend darüber, dass er nicht aufhören kann, gekränkt zu sein. Also flieht der Bengel und Mama flieht auch. Und zwischen allem steht Papa. Der Vater versucht in diesem Konflikt natürlich, die Gemüter zu beruhigen. Das ist seine Rolle, allerdings eine zweitrangige. Der Vater ist nicht der Konflikt, er hat damit nicht viel zu tun. Es ist ungerecht, aber es ist so. Papa kann also nur sagen, der Junge hat Recht, du meckerst immer, halt doch mal den Mund, Weib. Und du, Bengel, sei nicht so garstig zu deiner Mutter. So balanciert sich alles aus, wenn es nicht total aus dem Ruder läuft.

Das Unvermeidliche akzeptieren

Ein ganz wichtiges Mittel, damit es nicht aus dem Ruder läuft, ist die Unerschöpflichkeit der Zärtlichkeit. Die Liebe und die Zuneigung der Mutter zu ihrem Kind sind eigentlich grenzenlos. Es gibt aber eine Reihe von Punkten, auf die in der Erziehung geachtet werden sollte. Das betrifft vor allem die Erwachsenen, denn einer dieser Punkte ist, dass man von einem vierzehnjährigen Jungen keine Vernunft erwarten kann. Ich bin sogar der Meinung, dass man Jungen ab dem dreizehnten Lebensjahr auf eine Insel verfrachten und ihnen ab und zu mit einem Hubschrauber etwas Essen abwerfen sollte. Frühestens wenn sie sechzehn sind, sollte man sie da wieder rausholen, denn Jungen in diesem Alter sind der Menschheit eigentlich nicht zumutbar, sie verstoßen gegen elementare Menschenrechte ihrer Umwelt. Je mehr man das zu akzeptieren bereit ist, umso leichter lässt sich diese Zeit der Pubertät und der Trennung überstehen. Es geht alles vorbei – das ist eine ganz vernünftige Haltung. Je inniger jedoch die Beziehung ist, umso schwerer fällt das natürlich.

Doch müssen Mütter nicht nur ihre unzumutbaren Söhne akzeptieren, sondern auch ihre eigenen Reaktionen darauf. Mütter meckern, das ist ein Naturgesetz und sie können nichts dafür. Also Mütter: Akzeptiert, dass ihr meckert. Denn nach jedem Ausbruch auch noch ein schlechtes Gewissen zu haben, macht die Situation nicht besser. Aufs Gewissen ist geschissen, hat einmal der amerikanische Psychologe Martin Seligmann formuliert. Ich sage den Müttern, die in meine Praxis kommen: Vergessen Sie das und machen Sie es ab morgen anders. Und wenn es nicht klappt, dann haben Sie kein schlechtes Gewissen, sondern probieren es noch einmal. Das Akzeptieren dieser Gesetzmäßigkeiten hilft, die Situation erträglich zu machen.

Klare und gelassene Regeln helfen

Aber auch den Jungen kann man einen Rat geben: Halte dich an Normen, halte dich an Regeln. Natürlich ist das in einer Welt, die aus permanenten Regelüberschreitungen besteht, ein ganz allgemeiner Rat, aber ein wichtiger. Wenn Jungen das Glück haben, irgendwelche Leute zu finden, die sie dazu ermutigen, sie vielleicht sogar etwas zwingen können, Regeln einzuhalten, dann kommen sie sehr viel besser klar. Die heutigen Jungen haben das große Problem, dass ihnen Regeln unzumutbar und gleichzeitig aber überschreitbar erscheinen. Eins von beiden wäre nicht so schlimm, beides ist fatal. Denn es führt nur dazu, dass sie im Nichts landen, letztlich also wieder auf ihren Ursprung zurückgeworfen werden, und der heißt Mama.

Man kann für Jungen letztlich nur hoffen, dass sie so jemanden finden, und wenn es nur ein Psychologe ist. Ich beobachte immer wieder, dass sich auch fünfzehn- oder sechzehnjährige Jugendliche penibel an aufgestellte Regeln halten und eher enttäuscht sind, wenn sie nicht durchgesetzt werden. Gelassene, großzügige und absolut strenge Regeln machen ein Kind glücklich. Das akzeptieren Kinder auch. Wäre das nicht so, hätte Erziehung keine Chance, denn es gibt keine Tricks, keine Geheimnisse, nur das eine: Alles funktioniert nur, weil die Kinder das wollen.

Erziehung bedeutet also immer auch Selbstbeherrschung der Eltern. Doch kann man diese Selbstbeherrschung erwarten, weil alle Eltern ihre Kinder lieben, sie können nicht anders. Und alle Kinder wollen ihre Eltern respektieren, auch sie können nicht anders. Das ist das Grundgesetz. Wenn man das hinkriegt, geht es gut.

»Heute akzeptieren wir uns, wie wir sind«
Rundfunk-Moderatorin Kerstin Lehmstedt im Gespräch mit Brigitte und Kai Biermann

Erinnerst du dich an den Moment, als Kai von zu Hause ausgezogen ist?

Brigitte: Klar. Ich war zwar darauf vorbereitet, habe ihn auch darin bestärkt, dann aber kam es doch sehr plötzlich, und ich hab den ganzen Abend geheult. Es ist etwas anderes zu glauben, auf eine Situation gefasst zu sein und sie in Gedanken durchzuspielen, als sie dann zu erleben. Ich fühlte mich entsetzlich verlassen, weil ich wusste, jetzt ist ein Abschnitt endgültig zu Ende.

Kai: Meine Mutter hat sich darauf vorbereitet, indem sie es ignoriert hat. Ich hab's lange vorher in kleinen Schritten angekündigt: Ich hab vor auszuziehen. Ich werd mir eine Wohnung suchen. Ich such mir jetzt eine Wohnung. Ich habe jetzt eine. Ich renoviere sie. Da kam immer: Ja, mach mal. Rational hat sie das wohl verarbeitet, schließlich gehört es zu einem normalen Leben, dass sich der Sohn verabschiedet. Aber emotional nicht. Als ich dann mit dem Koffer in der Tür stand, heulte sie – es war wie im Film, ein bisschen albern. Ich war einundzwanzig und hab mir gesagt: Wenn ich es jetzt nicht schaffe, bleibe ich, bis ich tot bin.

Wie ging es euch in der ersten Zeit?

Kai: Ich war heilfroh, finde allein leben immer noch wunderbar.

Brigitte: Ich habe ihn schmerzlich vermisst, das durfte ich ihm aber nicht zeigen. Ich hab mich ins Leben gestürzt und mir verboten, darüber nachzudenken, ob der Junge genug Vitamine isst und gesund lebt.

Hattest du dir einen Jungen oder ein Mädchen gewünscht?
Brigitte: Es kam nichts anderes in Betracht als ein Junge: blond, intelligent, frech, wach, fantasievoll. Ich wollte kein Duckmäuser-Kind, kein Ja-Sager-Kind, ich wollte einen Sohn, der sich und seiner Kräfte bewusst wird.

Warum nur ein Junge?
Brigitte: Das ist mir erst viel später klar geworden: Ich musste in meinem Elternhaus erfahren, dass ein Junge mehr wert ist als ein Mädchen. Mein Bruder war immer der Bessere, von meiner Mutter Bevorzugte. Als ich schwanger war, redete ich mir ein, eine bessere Jungsmutter zu sein. Ich wollte einen Puppenjungen anziehen und das volle Programm haben – von den Lederhosen, die ich nicht haben durfte, bis zur Holzeisenbahn.

Hast du ihn als richtigen Jungen erzogen?
Brigitte: Ich hatte den künftigen Mann im Blick. Mir lag sehr daran, dass er ein partnerschaftlicher Mann wird, kein Macho, der über alles hinweggeht. Er sollte lernen, auf seine Partnerin oder auf seinen Partner zu achten. Den wir akzeptiert hätten, wäre Kai gleichgeschlechtlich orientiert.
Ich wollte auch, dass er im Haushalt Bescheid weiß, autark ist. Er stand zum Beispiel auf dem Mülleimer neben dem Herd und guckte zu, wenn ich kochte oder wenn seine Oma backte.
Kai: Das war aber nicht wegen des Kochens und Backens, sondern weil die Küche der kommunikative Ort in diesem Haus war. Diese Erinnerungen mag ich sehr gern: An diesem warmen Ort zu stehen, zuzusehen und zuzuhören, beteiligt zu sein am Leben.
Brigitte: Natürlich war mir klar, dass er mit vier Jahren nicht kochen kann. Aber dass er, als ich Brühe kochte, fragte, warum man die Knochen erst anwärmen muss, bevor man sie wegschmeißt, zeigte mir doch, dass er Interesse hat für das, was da auf dem Herd passierte.

Hast du Kochen gelernt?
Kai: Nö.

Andere Haushaltsdinge?

Kai: Dass man Fenster mit Zeitungspapier putzt. Aber natürlich hab ich einiges gelernt, ich hatte ja Pflichten und Aufgaben. Mülleimer raustragen hab ich gehasst, abwaschen, den üblichen Kram eben.

Wie hast du deine Erziehung im Vergleich zu deinen Freunden empfunden?

Kai: Ich wurde nicht verdroschen wie andere. Ich hab schon sehr früh gespürt, dass meine Spielkameraden anders erzogen wurden als ich. Was nichts mit Jungen- oder Mädchenerziehung zu tun hatte. Meine Eltern waren der Meinung, Erklärungen seien besser als Zwangsmaßnahmen. Das fand ich furchtbar anstrengend, manchmal hätte ich mir statt einer viertelstündigen Predigt eher eine Maulschelle gewünscht. Im Nachhinein finde ich die Methode gut, ich werde sie wohl auch mal anwenden.

Gab es die Sorge, dass der Junge zu weich, zu sensibel ist und sich nicht behaupten kann?

Brigitte: Durchaus, denn er war die ersten Jahre sehr spillerig und zart. Und er war verschlossen, introvertiert. Irgendwann aber haben wir mitbekommen, dass er sich auf eine sehr pfiffige und selbstständige Art zu wehren versteht.

Kai: Ich war mir immer selbst genug. Im Kindergarten hat das keine Rolle gespielt, aber in der Schule habe ich mich als Außenseiter empfunden. Relativ schnell habe ich entdeckt, dass ich keine Kraft brauche, um mich zu wehren und das zu kriegen, was ich will, also lernte ich, mit dieser Rolle umzugehen und sie ganz nett zu finden.

Musste der Junge zum Sport, um stark zu werden?

Brigitte: Wir hätten es gern gesehen, wenn er Sport getrieben hätte, so wie wir in unserer Jugend. Aber in den siebziger Jahren war es in der DDR nicht möglich, auf vernünftige Art und Weise Sport zu machen – entweder Leistungssport oder gar nix. Und Fußball interessierte ihn nicht. Die Funktionäre vom nahe gelegenen Wachregiment guckten sich in den Schulen die Kinder an, wir sollten dort antanzen, weil Kai ihnen für Geräteturnen geeignet schien. Danke schön. Wir wohnten am Stadtrand, er konnte rumstromern, Rad fahren – es hatte sich irgendwann erledigt.

Kai: Na – sie haben eine ganze Zeit lang massiv und wiederholt Einfluss nehmen wollen, was immer in langen Erklärungen gipfelte, wie gesund Sport sei. Sie wollten mir jede Sportart ermöglichen, Hauptsache, ich hätte Lust dazu. Hatte ich aber nicht. Ich saß lieber vorm Fernseher oder las Bücher oder guckte in die Luft, und das fanden sie furchtbar. Dann sollte ich noch Klavier spielen oder Geige, nee, ich hatte keine Lust.

Keine Lust – das klingt nach Pubertät?

Brigitte: Stimmt, da war er elf, zwölf. Er ließ seine Sachen fallen, wo er stand, knallte die Türen, war zu kaum einer Aktivität zu bewegen.

Kai: Ich verstehe heute jeden Zwölfjährigen. Es war mir alles zuwider, schon den Arm zu heben, war mir zu viel. Es reichte, um den Fernseher einzuschalten oder den Kassettenrecorder. Oder mit Freunden im Birkenwäldchen rumzuhängen. Aber meine Eltern waren nett und ernährten mich ...

Gab es Dinge, die nur zwischen deiner Mutter und dir stattgefunden haben?

Kai: Es gab die traditionelle Rollenteilung: Mein Vater war der klassische Vater, der abends kommt, was zu essen kriegt, müde ist, entweder fernsieht oder gleich ins Bett geht. Wenn mein Vater was mit mir gemacht hat – Segelflugzeuge bauen, Schiffe schnitzen –, war das immer etwas Besonderes. Und das passierte nur am Wochenende oder im Urlaub. Dann spielte er auch kurz mal eine erzieherische Rolle. Der Alltag lief mit meiner Mutter ab. Deshalb hatte ich immer eine engere Beziehung zu ihr. Sie hat mich zum Kindergarten gebracht und wieder abgeholt, an- und ausgezogen, ernährt und gereinigt, zu Bett gebracht, mir vorgelesen und all diese Dinge.

Hattest du mal das Gefühl, mit deinem Sohn nicht mehr fertig zu werden?

Brigitte: Als er körperlich stark wurde und auf kein Argument mehr einging, kam ich nicht mehr an ihn ran. Einmal hat er mich derart gereizt, dass ich ihm eine klatschen wollte. Ich hab mir die Armbanduhr am Türpfosten zerschmettert. Schlimmer war für mich das Gefühl, ihn emotional nicht mehr zu erreichen. Aber das ist wahrscheinlich völlig normal bei einem Sohn in der Pubertät. Ich habe auf die ersten Jahre gebaut, in denen wir den Grundstein gelegt haben für ein gutes Verhältnis, für Vertrauen und Sicherheit. Und darauf, dass Pubertät einmal ein Ende hat.

Wie neugierig darf eine Mutter sein in den Phasen ohne Zugang?

Brigitte: Wäre ich nicht Elternsprecherin gewesen, hätte ich nicht mal gewusst, dass dieses Kind überhaupt täglich in der Schule erscheint. Wenn Kai keine Lust hat, gibt er keine Auskünfte. Das war schon so, als er sprechen lernte. Was habt ihr im Kindergarten gespielt? Nichts. Und was gab es zu essen? Nichts. Gab es etwas Besonderes in der Schule? Nein. Bis heute: Was esst ihr eigentlich am Wochenende? Dies und das. Geht ihr essen oder kocht ihr selbst? Kommt drauf an. Worauf kommt es an? Wozu wir Lust haben. Und wer kocht, wenn ihr dazu Lust habt? Manchmal sie, manchmal ich. Ich habe mich damit abgefunden, über den Alltag meines Sohnes recht wenig zu wissen.

Kai: Meine Mutter schweigt auch, wenn sie will. Ich hab mal nach der Scheidung meiner Eltern gefragt, ob sie während der Ehe Liebhaber hatte oder immer treu war. Die Antwort lautete sibyllinisch: Mein Haus blieb immer sauber. Ich weiß bis heute nicht, was genau sie mir damit sagen wollte, genauer hab ich's nie bekommen.

Brigitte: Wirst du auch nicht. Das ist aber etwas völlig anderes.

Gibt es bei euch Tabus?

Kai: Nein. Aber es gibt Dinge, die müssen Mütter nicht erfahren. Und meine Mutter ist der Meinung – siehe oben –, dass es Dinge gibt, die Kinder nicht wissen müssen. Das ist ganz normal. Seit wir uns auf dieser Ebene bewegen, können wir über alles reden, über Ängste, Hoffnungen, tägliche Sorgen, Probleme, über Literatur, Filme. Über das Universum, den Untergang der Welt ... ach nein, das war mit meinem Vater.

Wie war das mit der Aufklärung?

Kai: Sehr süß. Einmal kam meine Mutter, schon im Nachthemd, auf den Flur, als ich weggehen wollte, und fragte ganz vorsichtig: Du, Kai, schützt du dich? Ich konnte sie beruhigen.

Nee, klassische Aufklärung kenne ich nicht. Das wurde während des Alltags mit erledigt. Auf jede Frage gab es eine Antwort.

Wie hast du erlebt, dass er ein Mann wurde?

Brigitte: Wir haben ziemlich frei gelebt, waren an der Ostsee am FKK-Strand, akzeptierten aber, wenn Kai eine Badehose anziehen wollte. Auch dass er sich später im Bad einschloss und sich nur noch im Slip zeigte. Als er etwa siebzehn war, sah ich ihn zufällig mal nackt – ich war so erschrocken: Aus meinem niedlichen Kind, das ich gebadet und gewickelt hab, war plötzlich ein richtiger Kerl geworden – ein schöner!

Eine für mich schlimme Phase gab es, nachdem er ausgezogen war. Er war unglaublich schroff, hatte sich zurückgezogen, meldete sich kaum. Da hatte ich wirklich Angst, ihn verloren zu haben. Als das überstanden war, konnte ich ihn gut und gern als Mann akzeptieren, als Gesprächspartner, als Freund, als hilfsbereiten Kollegen. Das genieße ich jetzt sehr.

Wie habt ihr wieder zueinander gefunden?

Kai: Wir waren nie getrennt. Ich habe nur unterschieden zwischen der emotionalen Bindung zu meiner Mutter und dem tatsächlichen Kontakt, den ich eine Zeit lang beschränken wollte. Ich musste einfach wissen, wer ich bin, wenn ich auf mich allein gestellt bin. Das hatte nichts damit zu tun, dass ich meine Mutter abweisen wollte, sie blieb immer meine Mutter.

Brigitte: Einmal hat er mir nicht zum Geburtstag gratuliert, erst Tage später angerufen. Das hat mich tief gekränkt. Als ich ihn darauf ansprach, sagte er schlicht: vergessen. Da hab ich ihm erklärt: Ich erwarte das, ich brauche es, dass du mich zu Silvester oder Neujahr anrufst und zum Geburtstag, das muss einfach sein.

Kai: Hinterher hab ich ja eingesehen, dass es für meine Mutter eine sehr große emotionale Bedeutung hat. Ich habe nicht verstanden, dass sie es als Zurückweisung empfunden hat. Aber sie hatte das Gefühl, sie sei mir nicht mehr wichtig, das hatte ich nicht bedacht.

Und wann hast du deine Mutter als Frau wahrgenommen?

Kai: Ich war dreizehn oder vierzehn und wollte wieder mal weggehen, da machte meine Mutter Anstalten, mich in den Arm zu nehmen, ich hab mich weggedreht. Da stand sie wirklich da wie eine beleidigte Geliebte: So, jetzt küssen dich also andere Frauen. Das war sehr süß. Ich war erstaunt, dass sie so eifersüchtig ist, das hatte ich vorher nie so erlebt.

Brigitte: Eifersüchtig? Mir war wichtig, dass er einmal eine ältere Freundin hat, die ihm zeigt, wie das so geht mit dem Sex. Das kann man ja als Mutter nun wirklich nicht. Als er seinen Zivildienst in einem Altenpflegeheim machte, war da eine blonde, langhaarige, fünf Jahre ältere Schöne schwer zugange. Das hab ich mit Wohlwollen betrachtet, zumal sie mir mal vorschwärmte, was für ein aufmerksamer, zärtlicher Mann mein Sohn sei. Ich wurde nur nervös, als sie ihn unbedingt heiraten wollte. Aber das hat sich dann vertanzt mit der Dame. Seine jetzige Freundin gefiel mir auf Anhieb, ich hab mich gefreut für die beiden.

Kai: Natürlich ist eine Mutter immer auch eine Frau, das habe ich nie vollkommen ausgeblendet. Aber so richtig als Frau wahrgenommen hab ich meine Mutter nach der Scheidung von meinem Vater, als sie die ersten Männer anschleppte. Sie verliebt zu sehen, zu erleben, dass sie Bedürfnisse hat und ein eigenes Leben, das war vollkommen neu für mich.

Hast du diese Männer kritisch beäugt?

Kai: Nö, nach einer gewissen Zeit wurden sie artig vorgestellt: Das ist mein Sohn, das ist mein Freund, dann wurde Kaffee getrunken, aber keiner von denen zog bei uns ein, das blieb unsere Wohnung.

Mich hat sehr beeindruckt, mit welcher Kraft und Energie meine Mutter nach der Scheidung ein anderer Mensch geworden ist, wieviel reicher ihr Leben inzwischen ist. Sie hat sich aufgerappelt, Talente entdeckt, Dinge gemacht, die sie sich vorher nie getraut hätte – allein auf sich gestellt. Das fand ich

Klasse, und ich hab sie darin immer unterstützt. Männer gehörten zu diesem neuen Leben dazu, das fand ich völlig in Ordnung.

Spürtest du Eifersucht? Keinen Hauch?
Kai: Nee, es gab keinen Grund. Artig wie eine wohlerzogene Tochter hat sie immer gesagt, mit wem sie wo wie lange ist. So genau wollte ich das gar nicht wissen, ich wollte ja auch nicht danach gefragt werden.

Welche Werte hast du ihm vermittelt?
Brigitte: Anstand ist für mich ein hoher Wert. Mir war wichtig, dass er aufrichtig und geradlinig ist. Er soll so handeln, dass es ihm gut geht, auch wenn das nicht immer opportun ist. Dass er auf seine Mitmenschen, besonders seine Partnerin, achtet. Ich finde, Höflichkeit und Freundlichkeit machen das Leben angenehmer. Wenn man die Spielregeln kennt, lebt es sich heiterer und leichter, also habe ich ihm sehr früh gutes Benehmen beigebracht: Wer begrüßt wen zuerst, wer stellt wen vor, wie benimmt man sich im Restaurant.

Was hast du davon übernommen?
Kai: Die Mütter meiner Freundinnen mögen mich. Auch die Tante meiner Lebensgefährtin mag mich sehr. Sie ist 84 und schätzt es, wenn man ihr Feuer gibt, ihr in den Mantel hilft – es ist also einiges hängen geblieben. Vielleicht bin ich durch diese Erziehung arroganter geworden, als meine Eltern vorhatten. Es gab eine Zeit, da kümmerte ich mich etwas mehr um das, was mir gut tut, als um das Wohl anderer. Inzwischen kann ich das steuern. Aber ich kann auch hervorragend abschalten und ziemlich rüde werden, sagen, was ich denke. Vielleicht hat meine Mutter zu viel dafür getan, dass ich mir meiner selbst bewusst bin – ein bisschen weniger hätte auch gereicht.

Aber eine Regel, die ich von Mutter gelernt habe, finde ich sehr wahr: Wer sich zu Hause bewegt wie in der Gesellschaft, ist in der Gesellschaft zu Hause. Also: Es ist wichtig, die Regeln zu kennen, dann darf man sie auch mal verletzen.

Mein Vater hat mir auch Werte vermittelt, aber mehr unbewusst, es war eher ein Rollenlernen, ein Nachmachen.

Hat deine Mutter dein Frauenbild geprägt?

Kai: Es ist eine Binsenweisheit, dass die spätere Partnerwahl durch solche Rollenvorbilder beeinflusst ist. Ich weiß nicht, ob das wesentlich ist: Meine Freundin ist so groß wie ich, promoviert, sie führt ein eigenständiges Leben, hat eigene Freunde. Wäre es nicht so, würde ich wohl nicht klarkommen, ich will keine andere Frau.

Was gefällt euch am anderen?

Kai: Ich finde sehr interessant an meiner Mutter, dass sie auf den ersten Blick etwas verhuscht wirkt, ein bisschen still, zurückgenommen. Das täuscht ganz furchtbar, hat schon viele überrascht. Sie hat einen sehr eigenen Willen, den sie auf ihre stille Art durchsetzt. Immer. Wenn sie sich etwas in den Kopf gesetzt hat, kann die Welt untergehen, aber das wird erst mal passieren. Das gefällt mir. Auch fragt sie siebenunddreißig Mal, ob sie das eine tun oder das andere lassen sollte. Aber sie wird den Teufel tun und sich an irgendwelche Ratschläge halten. Sie weiß ja vorher, was sie will. Sie ist eine selbstbewusste, starke Frau, und man sieht ihr das gar nicht so an, das finde ich sehr angenehm. Sie tut eben, was sie mag.

Sie hatte mal eine ganz furchbare lila Hose, aus irgendeinem Westpaket, die war scheußlich, und das hab ich ihr gesagt.

Brigitte: Er hat nur gesagt: Lila Hosen machen einsam. Ich habe sie sofort weiter verschenkt. Sein Urteil war mir immer schon wichtig.

Ich sehe meinen Sohn gern an, finde ihn schön und stark. Er ist gescheit, denkt nach, seine Film- und Literaturtipps greife ich gern auf, er ist ein anregender Gesprächspartner. Mir gefällt, wie seine Freundin und er miteinander leben, dass sie sich Freiräume lassen. Wir können gegenseitig unsere Texte redigieren, was ich sehr schätze. Und ich kann mit ihm darüber reden, wie Männer ticken. Wie sonst erfährt eine Frau, was Männer denken, wenn sie schweigen? Vom eigenen Mann doch nicht.

Pique Dame: Mütter und Söhne. ORB-Rundfunk,
gesendet am 12. Mai 2002.

Adressen

Isolde Schaugg
Praxis für systemische Einzel-, Paar- und Familienberatung
Lindenspürstraße 33, 70176 Stuttgart
Tel.: 07 11/6 33 39 91
www.schaugg.de, E-mail: isolde@schaugg.de

Theo Gilbers
BALANCE
Zentrum für Familienplanung und Sexualität
Mauritius-Center
Mauritius-Kirch-Str. 3, 10365 Berlin
Tel.: 030/5 53 67 92
www.fpz-berlin.de, E-mail: gilbers@fpz-berlin.de

Dagmar Häuser
Psychologische Beratungsstelle für Familien,
Eltern, Jugendliche und Kinder
Hessenwinkler Str. 1, 15537 Erkner
Tel.: 0 33 62/47 15

Wolfgang Bergmann
Kinder- und Familientherapeutische Praxis
Blumenstraße 2, 30159 Hannover
Tel.: 05 11/3 63 11 12

Arbeitsgemeinschaft für Erziehungshilfe (AFET) e.V.
– Bundesvereinigung –
Osterstr. 27, 30159 Hannover
Tel.: 05 11-35 39 91-3, Fax: 05 11-35 39 91-50
E-mail: info@afet-ev.de

Kinder- und Jugendtelefon
Die Telefone sind bundesweit montags bis freitags
von 15–19 Uhr besetzt. Aus ganz Deutschland können
Kinder und Jugendliche unter der bundesweiten
Rufnummer 0800/111 03 33 kostenlos anrufen.
www.kinderundjugendtelefon.de

Das Elterntelefon
ist unter der einheitlichen Telefonnummer
0800/111 05 50 bundesweit zu erreichen.
Beratungszeiten:
Montag und Mittwoch 9–11 Uhr,
Dienstag und Donnerstag 17–19 Uhr.

Deutscher Kinderschutzbund
BAG Kinder- und Jugendtelefon e.V.
Kleiner Werth 34, 42275 Wuppertal
Tel: 0202/25 90 59-0, Fax: 0202/25 90 59-19
www.dksb.de (Deutscher Kinderschutzbund e.V.)

Verband allein erziehender Mütter und Väter
Bundesverband e.V.
Beethovenallee 7, 53173 Bonn
Tel.: 0228/35 29 95, Fax: 0228/35 83 50
www.vamv.de
E-mail: vamv-bv@t-online.de

Don-Bosco-Werk
(Jugendarbeit, Jugendsozialarbeit, Hilfe zur Erziehung)
Salesianer Don Boscos Süddeutsche Provinz,
S.-Wolfgang-Platz 10, 81089 München
Norddeutsche Provinz:
Rixdorfer Straße 15, 51063 Köln
www.donbosco.de

Ev. Jugend- und Fürsorgewerk
Finckensteinallee 23-27, 12205 Berlin
Tel.: 030/84 38 89 63, Fax: 030/84 38 89 69
E-mail: Info@ejf.de

Fluchtpunkt – Verein für Jugendpflege
und Jugendhilfe e.V.
Landsbergerstr. 289, 80687 München
Tel: 089/89 22 33 26, Fax: 089/89 22 33 28
Notruf: 01 71/3 80 32 79
www.fluchtpunkt.de
E-mail: info@fluchtpunkt.ccn.de

Gesellschaft für Jugend- und Familienhilfe
www.familienhilfe.net

Jugendlinie
Jugendliche beraten Jugendliche am Telefon,
per E-mail oder per Chat,
jeden Mittwoch von 15–18 Uhr, zu allen Themen,
die der Alltag von Jugendlichen so mit sich bringt.
Tel. 08 00/1 46 14 61
www.jugendlinie.de

Danksagung

Wir danken allen Müttern, dass sie mit uns über ihre Söhne gesprochen haben, über ihre Liebe, ihre Ängste, ihren Frust.

Wir danken allen Söhnen, dass sie so offen über ihre Mütter geredet haben, obwohl sie wussten, dass diese es eines Tages lesen werden.

Wir bitten alle Väter um Verständnis dafür, dass sie hier kaum auftauchen.

Eine Beziehung zwischen Mutter und Kind ist ohne einen Vater nicht möglich; uns ging es jedoch um diese ganz besondere Verbindung zwischen einer Mutter und einem Sohn. »Väter sind zweitrangig, sie sind nicht das Problem. Es ist ungerecht, aber es ist so«, sagt der Psychotherapeut Wolfgang Bergmann und bestätigt damit, was wir bis dahin nur geahnt haben.

Dafür danken wir den Experten: Sie haben nicht die Protokolle begutachtet, sondern uns das Einzigartige dieser Beziehung erklärt.